35d.

10112 Uep
85,-

B8

Porträts
Deutscher
Werbeagenturen
1982/83

Impressum

Porträts Deutscher Werbeagenturen 1982/83
15. Jahrgang 1982
Verlag: märkte & medien verlagsgesellschaft mbh
Große Elbstraße 14, 2000 Hamburg 50
Tel. 040/31 14 41, Telex: 02 15 681

Konzeption/Durchführung/Anzeigen:
Beate Grabenstein, Volker Meidinger
Umschlag: Bodo Rakow
Umschlaglithographie: Werner Hirte KG
Umschlagkarton: 300 g/qm ikonofix/ZANDERS
Papier: 115 g/qm Planoprint/Feldmühle
Satz: DREI EULEN VERLAG GMBH, Hamburg
Druck: LN-Druck, Lübeck
©Copyright 1982 by märkte & medien verlagsgesellschaft mbh
Nachdruck, auch auszugsweise, nur mit schriftlicher
Genehmigung des Verlages

ISSN: 0171-3353
ISBN: 3-88546-008-4

Was haben Sie davon, daß der rotring 2000 isograph einen hydrophobierten Tuschetank, ein großvolumiges Atmungssystem, eine patentierte Steckhülse, ein neues Röhrchenprofil*, eine Doppeldichtung aus EPDM und eine Ausdrehhilfe hat?

Vorteil über Vorteil beim Tuschezeichnen.

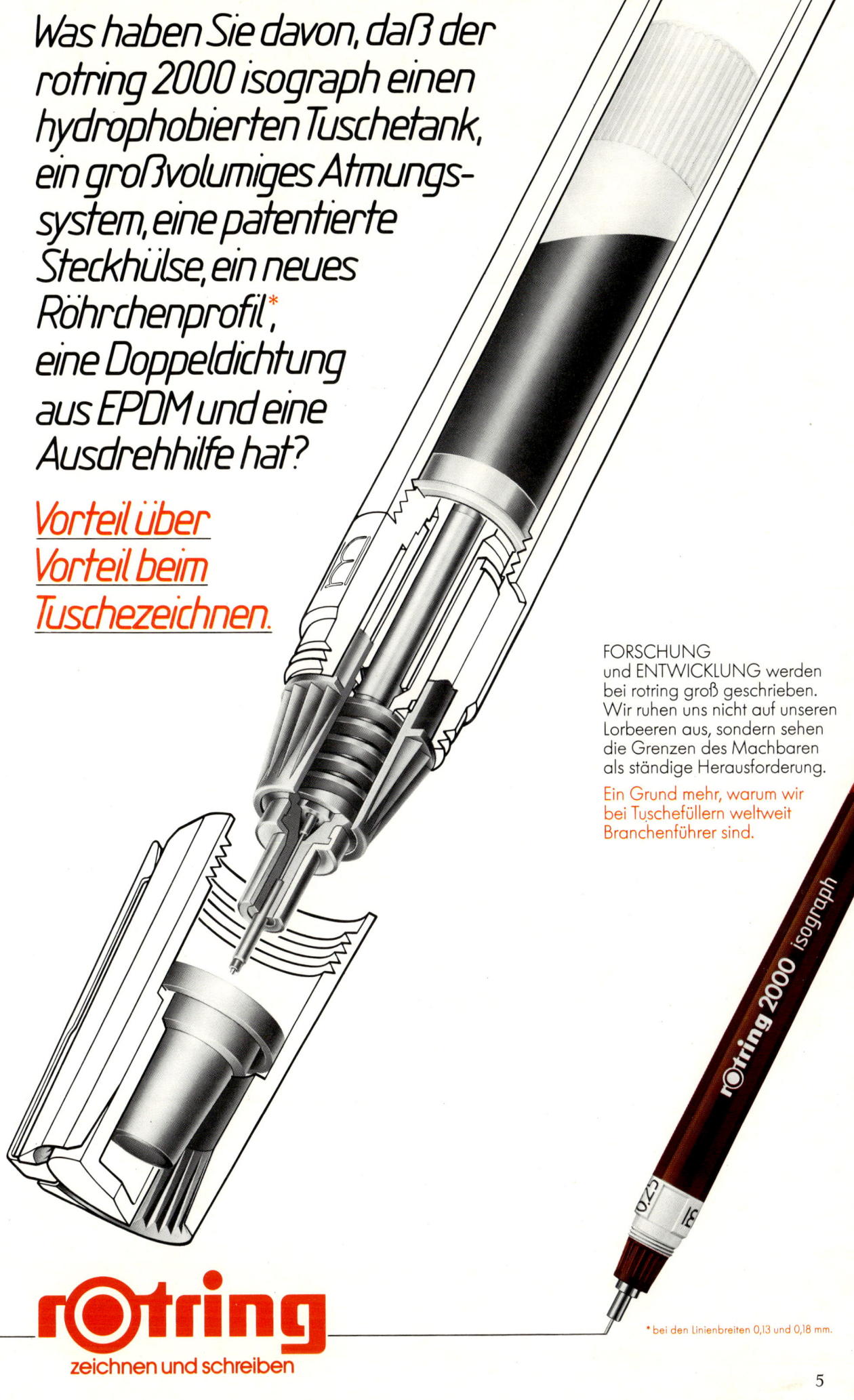

FORSCHUNG und ENTWICKLUNG werden bei rotring groß geschrieben. Wir ruhen uns nicht auf unseren Lorbeeren aus, sondern sehen die Grenzen des Machbaren als ständige Herausforderung.

Ein Grund mehr, warum wir bei Tuschefüllern weltweit Branchenführer sind.

rotring
zeichnen und schreiben

* bei den Linienbreiten 0,13 und 0,18 mm.

Setzen Sie auf uns.
Wir haben eine Menge auf dem Kasten.

Ihr Artwork und unsere moderne Drucktechnik machen uns zu guten Partnern.

LN-DRUCK · LÜBECKER NACHRICHTEN GMBH

Königstraße 55
2400 Lübeck 1
Telefon (0451) 1441

Telekopierer:
Siemens Hellfax -0451-144 452
Fernschreiber 026801

**LN-DRUCK
Lübecker Nachrichten GmbH**

Geschäftsführer:
Charles Coleman
Jürgen Coleman
Bernd Ehrlich
Dr. Günter Semmerow
Jürgen Wessel

Verkaufsleitung:
Werner Nimmich
0451/144310
Rudolf Buse
0451/144315

Gründungsjahr:
1882 (Charles Coleman)

Größe:
6100 m^2
Prod./Verwaltung/Lagerhaltung

Zahl der Mitarbeiter
360

Standort:
Hansestadt Lübeck

Handelsregistereintrag:
Amtsgericht Lübeck HRB 269

TECHNIK

Satz

Bildschirmorientierte Lichtsatz-System-Anlage Atex mit Belichtungseinheit Linotron 606:
für universellen Satz von Großmengen im Schwierigkeitsbereich von glattem bis wissenschaftlichem Satz. Schriftgrößen: 4 bis 84 p. Satzbreite bis 90 Cicero. Die Anlage besteht aus 7 Rechnern mit 9 Plattenlaufwerken und einer nutzbaren Speicherkapazität von 270 Millionen Zeichen. Für die Texterfassung stehen der Druckerei 30 Bildschirme zur Verfügung. Die Ausgabe über zwei Belichter Linotron 606 kann wahlweise auf Papier oder Film erfolgen.

Linotronic: sehr leistungsfähig in stark gegliederten Satzarbeiten mit unterschiedlichen Schriftgraden. Setzbar in Größen von 4 bis 48 p und 305 mm Breite. Erfassung und Speicherung auf Magnetplatte mit Abruf- und Korrekturmöglichkeit über Bildschirm.

Titelsetzgeräte: für Überschriften, auch ab 1 cm und größer; linksbündigen Flattersatz, Tabellen usw., stufenlos von 4 bis 36 p Größe.

Repro

Lithos – Nyloprint: Farbarbeiten direkt und indirekt gerastert. Moderne Vertikal- und Horizontal-Kameras bis zum Aufnahmeformat 80 x 80 cm, über Projektion bis 130 x 170 cm. Normale Vergrößerungs- und Verkleinerungsmöglichkeiten von 200 bis 20 Prozent, über Horizontalkameras von 1000 bis 7 Prozent. Alle gängigen Rasterweiten von 20 bis 80 Linien pro cm. Programmierte Belichtungssteuerung. Maximale Filmgröße 130 x 170 cm. Ganzseiten-Reproduktions-Kameras. Copyproofs über RPS 5000. Nyloprintanlage. Andruck auf Auflagen-Maschine. Cromalin-Farbprüfverfahren.

Druck

Offset-Einfarben GTO
bis 32 x 46 cm

Offset-Einfarben KOR
bis 40 x 57 cm

Offset-Einfarben SORM
bis 52 x 74 cm

Offset-Zweifarben, Speedmaster
bis 72 x 102 cm

Offset-Vierfarben mit RCI-Farbsteueranlage RVK 3 B
bis 72 x 102 cm

Offset-Zweifarben RZU 5 W
bis 92 x 130 cm

Offset-Vierfarben RVU 5 W
bis 92 x 130 cm

Buchdruck-Schnellpresse OHZ
bis 56 x 77 cm

Buchdruck-Schnellpresse Condor
bis 72 x 101 cm

Hochdruck-Rotation:
Vier 16seitige Druckwerke mit Farbeindruck- und Panorama-Möglichkeiten. Nyloprintplatten. Rheinisches Format.

1/1 Seite
Papierformat 36 x 53 cm
Satzspiegel 72 x 107 Cicero

1/2 Seite
Papierformat 26,5 x 36 cm
Satzspiegel 50 x 72 Cicero

Verarbeitung

Falzmaschinen (auch Fensterfalz)
Broschüren-Fließstrecken
(bis 7 Anleger)
Zusammentragmaschine
(18 Stationen)
Klebebinde-Automat
(Blockstärke 3 – 45 mm)
Faden-Buchheftautomaten
Buchdecken-Automat
Prägepresse
Buchfertigungsstraße
(Blockstärke 6 bis 60 mm)

kd

Fachkundige Gesprächspartner informieren und beraten.
Sie vermitteln Fotomodelle, Mannequins und Dressmen.

1 BERLIN 15	Kurfürstendamm 210 Telefon 030/8 82 73 11 Fernschreiber 01-83 529	
2 HAMBURG 1	Adenauerallee 10 Telefon 040/24 84 41 Fernschreiber 02-163 213	
3 HANNOVER-1	Altenbekener Damm 82 Telefon 05 11/8 00 41 Fernschreiber 09-22 722	
4 DÜSSELDORF-30	Am Bonneshof 6 Telefon 02 11/4 30 61 Fernschreiber 08-584 633	
6 FRANKFURT/M. 71	Saonestraße 2-4 Telefon 06 11/6 67 01 Fernschreiber 04-11 601	
7 STUTTGART 1	Lange Straße 51 Telefon 07 11/22 50 35-38 und 22 43 82 Fernschreiber 07-23 404	
8 MÜNCHEN 2	Sonnenstraße 2/IV Telefon 0 89/53 08 41 Fernschreiber 05-215 695	

Künstlerdienste
der Bundesanstalt für Arbeit

Inhalt

Leitzonen-Spiegel	10 - 13
Porträts firmenalphabetisch	16 - 261
Verzeichnisse	263

Leitzonen-Spiegel

2

Bremen:
Brasilhaus No. 8 GmbH, Werbeagentur im	42 - 43
WÄCHTER Industrie- und Wirtschaftswerbung GmbH	238 - 239

Hamburg:
AD'AGE Werbeagentur GmbH	20 - 21
Bockelmann & Partner	40 - 41
Brasilhaus No. 8 GmbH, Werbeagentur im	42 - 43
Brodersen Stampe Partner Werbeagentur GmbH	44 - 45
CCK Günter W. Koppe, Creative Consultant	48 - 49
Economia Werbeagentur Manfred Baumann KG	68 - 69
GGK Hamburg, Werbeagentur	94 - 95
HEYE, NEEDHAM & PARTNER GMBH	120 - 121
H·M·K Werbeagentur Hamburger Marketing Kommunikation	124 - 125
ICW Wilkens Werbeagentur GmbH	132 - 133
O.O.P. & P. von Oertzen, Olsen, Dr. Plesse & Partner	172 - 173
P.C.S. Pomplitz Creative Service GmbH	176 - 177
RA.Co. Werbeagentur GmbH	188 - 189
ROSENBAUER●LABAN WERBEAGENTUR GMBH	192 - 193
Scholz & Friends GmbH	208 - 209
Wolff & Winderlich und Co. GmbH	258 - 259

Jesteburg:
CCK Günter W. Koppe, Creative Consultant	48 - 49

Oldenburg:
FRESE & WOLFF GMBH	86 - 87

1

Berlin:
COMmunication Agency Köchel GmbH	56 - 57
CONNEX Kommunikations-Service Werbeagentur GmbH	58 - 59
DORLAND Werbeagentur GmbH & Co	64 - 65
UNICONSULT Gesellschaft für System-Kommunikation	236 - 237
W. A. F. Werbegesellschaft mbH	240 - 241

Leitzonen-Spiegel

3

Braunschweig:

Nord, Werbeagentur, Berenfeld & Hirschberger KG	168 - 169

Hannover:

Intensiv-Werbung GmbH	134 - 135
INTRODUCT Werbeagentur GmbH & Co	136 - 137
Professional Partners Gesellschaft für Absatzförderung mbH	180 - 181
Tostmann Werbeagentur GmbH	234 - 235

Bielefeld:

Omnia Werbegesellschaft mbH & Co KG	170 - 171

Blomberg:

FAIR Marketing- und Werbe-GmbH & Co	78 - 79

Bochum:

MMB Markt- und Media-Beratung GmbH	164 - 165

Dortmund:

ICW Wilkens Werbeagentur GmbH	132 - 133
WDD Werbeg. Dettmar mbH	242 - 243

4

Düsseldorf:

ADP. Michael Beilke Werbeagentur GmbH	22 - 23
Adpoint Werbeagentur GmbH	24 - 25
Agentur für Werbung Ludwig Steinmetz	28 - 29
BAUMS, MANG und ZIMMERMANN Werbeagentur GmbH & Co KG	36 - 37
ERDMANN & PARTNER Werbeagentur GmbH	72 - 73
Ernst & Partner Werbeagentur GmbH	74 - 75
FAIR Marketing- und Werbe-GmbH & Co	78 - 79
GGK Düsseldorf, Werbeagentur	90 - 91
Go Werbeagentur GmbH	96 - 97
HAKUHODO (Deutschland) GmbH	104 - 105
HEYE, NEEDHAM & PARTNER GMBH	120 - 121
HILDMANN, SIMON, REMPEN & SCHMITZ/SMS	122 - 123
H.M.P. Werbeagentur GmbH	126 - 127
IMPARC Werbeagentur GmbH & Co KG	128 - 129
Markenplan Werbeagentur GmbH	156 - 157
medical innovation	158 - 161
MPW Univas Werbeagentur GmbH & Co. KG	166 - 167
Partner Media Agentur GmbH	174 - 175
Scharke, Werbeagentur GmbH	198 - 199
Steinbock & Steinbock Werbeagentur GmbH	220 - 221
strategy Marketing- und Werbeagentur GmbH & Co KG	222 - 223
Struwe & Partner, Werbeagentur GmbH & Co KG	226 - 227

Duisburg:

gst-Werbeagentur	100 - 101

Essen:

Schlüter, Harald, Werbeagentur GmbH	200 - 201

Münster:

Agenta Werbeagentur	26 - 27
Promotex Werbeagentur GmbH	182 - 183

Neuss:

SCHUSTER + PARTNER Werbeagentur	210 - 211

Osnabrück:

T/O/P Gesellschaft für Wirtschaftswerbung mbH & Co.	232 - 233

Leitzonen-Spiegel

6

Frankfurt:
A.B.S. & Boebel, Bieberstein Werbeagentur GmbH	16 - 17
Aschke, Achim, Werbeagentur GmbH	32 - 33
CERCA GmbH, Werbeagentur	52 - 53
contur Werbeagentur GmbH	60 - 61
F & L Fanghänel & Lohmann GmbH	80 - 81
GGK Frankfurt, Werbeagentur	92 - 93
Wolfgang Gottesleben Werbegesellschaft mbH	98 - 99
Gültig & Hoffmeister Werbeagentur GmbH	102 - 103
Hamberg GmbH, Atelier	106 - 107
Heßler + Kehrer, Werbeagentur GmbH	116 - 117
KONSELL PARTNERS Werbegesellschaft mbH	144 - 145
Life Werbeagentur, Gesellschaft für Marketing- und Konzeptionsentwicklung mbH	152 - 153
macona Werbeagentur GmbH	154 - 155
Schmidt und Schmidt Marketing-Kommunikation	204 - 205
Selecta Werbung GmbH	212 - 213
SIMA Communication GmbH	216 - 217
TBWA Tragos Bonnange Wiesendanger Ajroldi GmbH	230 - 231

Heidelberg:
Impuls Werbung Horst Kraus GmbH	130 - 131
v. Mengersen & Sennholz KG, Werbeagentur	162 - 163

Mainz:
Frenz GmbH, Werbeagentur	84 - 85

Mannheim:
Schaller & Partner GmbH, Werbeagentur	196 - 197

Mörfelden-Walldorf:
Wolfgang Gottesleben Werbegesellschaft mbH	98 - 99

Bad Nauheim:
Hamberg GmbH	106 - 107

Neu-Isenburg:
ART-GROUP GmbH	30 - 31

Viernheim:
WOB-Werbeagentur GmbH	252 - 253
WOB-Werbeagentur GmbH	254 - 255

5

Bonn:
Intensiv-Werbung GmbH	134 - 135

Köln:
acon Gesellschaft für Werbung und Kommunikation mbH	18 - 19
HASS & PARTNER Gesellschaft für Kommunikation mbH	108 - 109
Herrwerth & Partner, GmbH Werbeagentur	114 - 115
KDM & P. Werbeagentur GmbH	140 - 141
Pütz, Robert, Werbeagentur GmbH & Co	184 - 185

Solingen:
von Mannstein'design	158 - 161
von Mannstein'werbeagentur GmbH	158 - 161
medical innovation GmbH & Co KG	158 - 161
political communication	158 - 161

Leitzonen-Spiegel

7

Bietigheim:
BSS Werbeagentur Spieler Sachse GmbH   46 - 47
Freiburg:
Strehlau + Hofe GmbH   224 - 225
Woerlen
Wirtschaftswerbung GmbH, WWW   256 - 257
Heilbronn:
Hettenbach GmbH + Co.   118 - 119
Pragma Werbung GmbH   178 - 179
Karlsruhe:
Krais Werbeagentur GmbH   146 - 147
Schwäbisch Gmünd:
Eberle GmbH Werbeagentur   66 - 67
Sindelfingen:
CCM-Werbeagentur GmbH   50 - 51
WERBUNG etc.
Werbeagentur GmbH & Co   248 - 249
Stuttgart:
Bäuerle & Partner   34 - 35
Bilek, Stoffel Werbeagentur GmbH   38 - 39
BSS Werbeagentur Spieler Sachse GmbH   46 - 47
CfW. Creativteam für Wirtschafts-
werbung GmbH   54 - 55
Dewe Werbung GmbH   62 - 63
europa Gesellschaft für
Wirtschaftswerbung mbH   76 - 77
FDS Dressel Schlichenmaier
Werbeagentur GmbH   82 - 83
Froh, Claus A., Creative Consultant   88 - 89
Fuhrmann & Franz Werbeagentur   206 - 207
interactio KG   54 - 55
Leonhardt & Kern
Conception & Graphic Design   150 - 151
RAC Werbeagentur GmbH & Co.   186 - 187
RTS Rieger Team Werbeagentur GmbH   190 - 191
Schäfer & Partner, WBS Werbeagentur   194 - 195
Schmittgall GmbH Werbeagentur   206 - 207
WENSAUER & PARTNER
Werbeagentur GmbH   244 - 245
WENSAUER & PARTNER
Werbeagentur GmbH   246 - 247
Wündrich-Meissen GmbH Werbeagentur   260 - 261

8

München:
Agentur für Werbung Ludwig Steinmetz   28 - 29
EILER & RIEMEL/BBDO
Werbeagentur GmbH   70 - 71
H.T. & P. Hengstenberg,
Tischhauser & Partner GmbH   110 - 111
Herrwerth & Partner, Werbeagentur GmbH   112 - 113
HEYE, NEEDHAM & PARTNER GMBH   120 - 121
KATH & KRAPP
WERBEAGENTUR GMBH   138 - 139
von Khuon-Wildegg & Partner, Agentur
für Werbung und Verkaufsförderung GmbH   142 - 143
L & S WERBEAGENTUR GMBH,
LEHNER, SCHUMACHER & CO.   148 - 149
von Mannstein'werbeagentur GmbH   158 - 161
medical innovation GmbH & Co KG   158 - 161
SCHMID-PREISSLER GMBH
WERBEAGENTUR AGAB   202 - 203
SERVICEPLAN Marketing-
Gesellschaft mbH   214 - 215
Sportive Werbeproduktion GmbH & Co   218 - 219
Taeschner und Wolter Werbeagentur GmbH   228 - 229
Wiesmeier, RG, Werbeagentur GmbH   250 - 251
Nürnberg:
Intensiv-Werbung GmbH   134 - 135

Wir setzen, lithographieren und drucken für Sie.

DREI EULEN VERLAG GMBH
HOLSTENSTRASSE 1 · 2000 HAMBURG 50 · TELEFON 040 / 31 43 69 u. 319 26 10

Porträts

Die folgenden Porträts sind firmenalphabetisch gegliedert. Zusätzlich bietet ein Leitzonen-Spiegel eine zonenspezifische Agentur-Übersicht.

Die Gestaltung der Bildseiten wurde den Agenturen freigestellt. Das Schema der Textseiten wurde aus Gründen der Effektivität und Einheitlichkeit vom Verlag empfohlen. Die veröffentlichten Daten basieren auf Angaben der Agenturen.

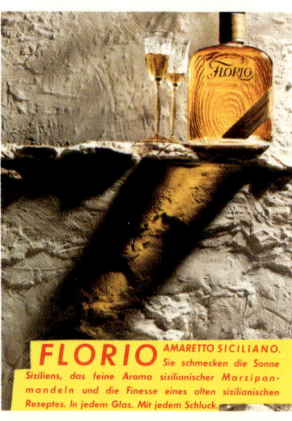

FERNSEH-FILM

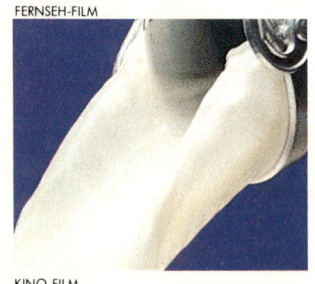

KINO-FILM

A.B.S. & BOEBEL, BIEBERSTEIN.

WIR MACHEN MARKEN

FULL-SERVICE-AGENTUR

UMSATZ 1981: DM 54 MIO

UMSATZERWARTUNG 1982: DM 60 MIO

GESELLSCHAFTER/GESCHÄFTSFÜHRER:

HARALD ADAM

ERHARD BOGDAN

MICHAEL BOEBEL

AXEL BIEBERSTEIN

FINANZEN:

JÜRGEN FINKE, PPA

KUNDEN:

AIRTOURS INTERNATIONAL

BADISCHE TABAKMANUFAKTUR

BASF LUDWIGSHAFEN

CHAMBOURCY/NESTLÉ

CINZANO DEUTSCHLAND

INFOTEC KOPIERSYSTEME

PENTHOUSE

SCHLOSS-BRAUEREI

TELEFUNKEN

TOYOTA DEUTSCHLAND

A.B.S. & BOEBEL, BIEBERSTEIN.

WERBEAGENTUR GMBH

ZEPPELINALLEE 35

6000 FRANKFURT 1

TELEFON: 0611/77 0271

TELEX: 4-11487 ABSF D

acon Gesellschaft für Werbung und Kommunikation mbH
Servatiusstraße 73
5000 Köln 91
Telefon: 0221/8 99 01-0
Telex: 8 873 547

Gründung: 1965
Stammkapital: 240.000,– DM
Umsatz 1981: 82,5 Mio DM
Umsatzerwartung 1982:
82,5 Mio DM
Durchschnittsalter: 40 Jahre
Pro-Kopf-Umsatz 1981: TDM 1.195

Etatgrößen:
Über 3.0 Mio	26 %
zwischen 1.5 und 3.0 Mio	37 %
zwischen 500.000,– u. 1.5 Mio	29 %
unter 500.000,–	8 %

Zahl der Mitarbeiter
am 31.12.1981: 69

Gegenwärtige
Mitarbeiterzahl: 64

Davon: Kontakt 18
      Atelier 7
      Text 4
      Media 11
      Produktion 4
      Rechnungswesen 6
      Verwaltung 5
      Sonstige 9

Zahl der Etats:
Seit über 2 Jahren	2
Seit über 5 Jahren	14
Seit über 10 Jahren	6

Etatverteilung:
Verbrauchsgüter	40 %
Dienstleistungen	27 %
Institut. Werbung	33 %

Inhaber/Gesellschafter:

AB Förenade ARE Bolagen,
Stockholm

Beteiligungsgesellschaft für
Gemeinwirtschaft AG.,
Frankfurt am Main

co op Aktiengesellschaft,
Frankfurt am Main

Gewerbebauträger GmbH,
Hamburg

Leitende Mitarbeiter:
Rudi Iffland (52), Gf-Beratung
Wilfried Kruggel (51), Gf-Beratung
Rudolf Tadge (59), Gf-Finanzen,
    Rechnungswesen, Personal
Manfred Fietkau, ED (Prok.)
Bernhard Günther, CD (Prok.)
Karlgeorg Schledermann, ED (Prok.)
Eckhard B. Wendig, ED (Prok.)
Helmut Oelkers, Media (Prok.)
Klemens Latz, Rechnungswesen
F. W. Hauptmann, Verwaltung

Kundenliste:

ACE auto club europa e.V.,
Stuttgart

Bundesanstalt für Arbeit,
Nürnberg

Bundesanstalt für Arbeitsschutz und Unfallforschung,
Dortmund

Bundesministerium für Arbeit und Sozialordnung,
Bonn

Bundesministerium für Verkehr,
Bonn

Bundesverband der Ortskrankenkassen,
Bonn Bad-Godesberg

Bundeszentrale für gesundheitliche Aufklärung,
Köln

co op AG,
Frankfurt am Main

Deutsche Bundesbank,
Frankfurt am Main

Deutscher Entwicklungsdienst Gemeinnützige Gesellschaft mbH,
Berlin

Deutscher Gewerkschaftsbund,
Düsseldorf

Deutscher Immobilien Fonds AG,
Hamburg

Deutsche Pfandbriefanstalt,
Wiesbaden

Krupp Stahl A.G.,
Siegen

Ministerium für Arbeit, Gesundheit und Soziales des Landes NRW,
Düsseldorf

Nordwestdeutsche Siedlungsgesellschaft mbH,
Hamburg

Royalin Tiernahrung GmbH,
Köln

Unternehmensgruppe Neue Heimat,
Hamburg

Unternehmensgruppe Volksfürsorge,
Hamburg

Verband der Automobilindustrie,
Frankfurt am Main

WTB Westdeutsche Kreditbank GmbH, Köln

AD AGE

„Jeden Morgen geht die Sonne auf,   und Birkin bringt frische Kraft ins Haar!"   Birkin. Das Shampoon... ...bringt frische Kraft ins Haar.   Birkin. Die natürliche Haarpflege. Von Dralle. All unser Wissen für Ihr Haar.

AD'AGE Werbeagentur GmbH

Isestraße 115
2000 Hamburg 13
Telefon: 040/47 70 61, Telex: 02 - 17 4847 age d

Gründung: 1.1.1976
Umsatz 1981: 25 Mio
Umsatzerwartung 1982: 25 Mio
Pro-Kopf-Umsatz 1981: 1 Mio

Etatgrößen:
Über 3.0 Mio	2
zwischen 1.5 und 3.0 Mio	3
zwischen 500.000,– u. 1.5 Mio	4

Zahl der Mitarbeiter
am 31.12.1981: 24

Gegenwärtige
Mitarbeiterzahl: 24

Davon:	Kontakt	3
	Atelier	9
	Text	2
	Media	2
	Produktion	2
	Marktforschung	1
	Verwaltung	4
	Sonstige	1

Inhaber/Gesellschafter:
Lothar Böhm
Dietrich Harmel

Kundenliste:

Beiersdorf AG,
Hamburg
bio medica,
Gesundheitspflegemittel-Sortiment
Entwicklungsaufgaben

Deutsche Grammophon Ges., TE
Hamburg
Bereich Polystar

Deutsche Texaco AG, TE
Hamburg
Teilbereiche

Georg Dralle AG,
Hamburg
Birkin Haarwasser,
Birkin Shampoon,
Neril Haarwasser,
Neril Shampoon,
Coiffeur Division,
Entwicklungsaufgaben

HONDA Deutschland GmbH,
Offenbach/Main
Automobile,
klassische Werbung,
Coop-Werbung,
Händler-Betreuung

Jahreszeiten-Verlag,
Hamburg
Objekt „selber machen"

Omni-Pac,
Hamburg
Verpackungsmittel

**National Panasonic
Vertriebsges. mbH,**
Hamburg
institutionelle Kampagne,
TV/HiFi Produktkampagne
Autoradio

Technics HiFi

Die Referenzliste einer Agentur dient weniger der Präsentation ihres Könnens, als vielmehr dem Beweis überlegter Unternehmerentscheidungen:

Bankhaus Hermann Lampe, Dr. Oetker, R. J. Reynolds, Bertelsmann, De Beukelaer, Prior, Pruvé, 4711, Trumpf, Regent, Mauxion, Thompson Siegel, Henkel, Paul Keune GmbH & Co. KG., ZentRa, König Pilsener, Brauerei Becker, Dortmunder Kronen, Dortmunder Union, Villeroy & Boch, Ceresit Werke, Maschinenfabrik Niehoff, Du Pont, General Elektrik, Karstadt, Theodorus Niemeyer, Plange Weizenmühle (Diamant Mehl), Tomy Spielwaren GmbH., Philip-Morris, Zentis Marzipan/Marmeladen, Markenentwicklungen für Aldi und Rewe...

ADP.

BEILKE & REINING ADVERTISING & PROMOTION GMBH
FREILIGRATHSTRASSE 27 4000 DÜSSELDORF 30
TELEFON 02 11 / 49 91 41 / 42 TELEX 08 584 078

ADPOINT
Werbeagentur GmbH

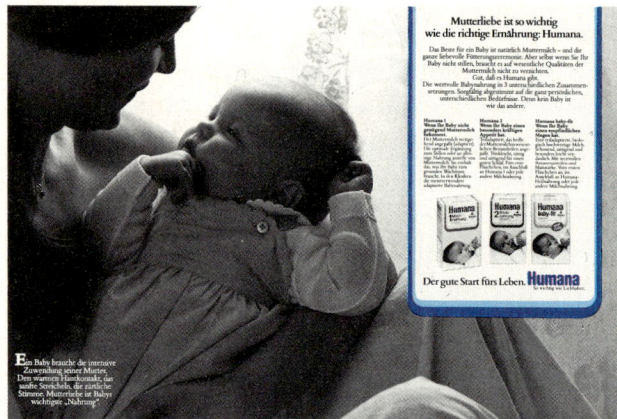

ADPOINT Werbeagentur GmbH

Rennbahnstraße 22
4000 Düsseldorf 12
Telefon: 0211/62 65 53, Telex: 8 587 946

Gründung: 1979
Stammkapital: 250.000,– DM
Umsatz 1981: 37,5 Mio
Umsatzerwartung 1982: 38,0 Mio
Durchschnittsalter: 34
Pro-Kopf-Umsatz 1981: 1,1 Mio

Etatgrößen:
Über 3.0 Mio	21 %
zwischen 1.5 und 3.0 Mio	51 %
zwischen 500.000,– und 1.5 Mio	21 %

Zahl der Mitarbeiter
am 31.12.1981: 33

Gegenwärtige
Mitarbeiterzahl: 32

Davon:	Kontakt	10
	Atelier	10
	Text	3
	Media	3
	Produktion	2
	Verwaltung	4

Zahl der Kunden: 11

Zahl der Etats: 18

Etatverteilung:
Verbrauchsgüter	70 %
Gebrauchsgüter	30 %

Mediaverteilung:
Publ. Zeitschriften	53 %
Fachzeitschriften	7 %
Werbefernsehen	16 %
Werbefunk	2 %
Sales Promotion	22 %

Inhaber/Gesellschafter:
Peter Busch
Hans Kurwig
Wilfried Neumann

Kundenliste:

Deutsche Chefaro GmbH
Lünen
A-GEN 53 Kontrazeptivum
AKIBA Akne-Creme
PREDICTOR-Schwangerschafts-
test GE

Erdal Rex GmbH
Mainz
EMSAL Bodenvollpflege
GLÄNZER Bodenpflege
MAXIMUS Haushaltsreiniger
TARAX WC-Reiniger GE

Gruner + Jahr AG
Hamburg
SCHÖNER WOHNEN Wohn-
zeitschrift
HÄUSER Spezialzeitschrift GE

**Eberhard Hoesch & Söhne
Kunststoffwerk KG**
Düren
SANICRYL Badewannen
FITLINE Fitness-Programm GE

Kléber Reifen GmbH
Mettmann
KLEBER Fahrzeugreifen GE

Leithäuser GmbH & Co
Hamm und Wuppertal
Leithäuser Mäntel und Anzüge
BENVENUTO Sportswear GE

Milchwerke Westfalen e. G.
Herford
HUMANA-Babynahrung GE

Ruhrkohle-Verkauf GmbH
Essen
RUHRKOHLE
Hausbrandprodukte GE

**Schüco Heinz Schürmann
GmbH & Co.**
Bielefeld
SCHÜCO Fenstersysteme GE

Schwab Versand
Hanau
SCHWAB Versandhaus GE

Shark Wassersportgeräte GmbH
Bassum
SHARK Surfboards GE

AGENTA

Publikumsanzeige

Publikumsanzeige

Aktionsplakat mit Aktionsposter

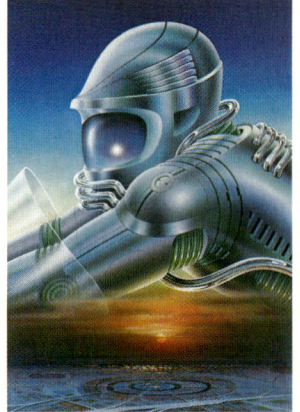

Publikumsanzeige

Publikumsanzeige

Fachhandelaussendung

Plakat 18/1

Fachanzeige

Gründung: 1961

Umsatz 1982: DM 38 Mio.

Zahl der Mitarbeiter: 45

Etatverteilung:
Verbrauchsgüter 25%
Gebrauchsgüter 25%
Dienstleistungen 50%

Betreuungsdauer:
seit über 2 Jahren 15%
seit über 5 Jahren 40%
seit über 10 Jahren 40%

Inhaber/Gesellschafter:
Esther Mikus, Lothar Mikus

Geschäftsführer:
Alexander Kaluza,
Jürgen Kleine

Beratung:
Jutta Fricke,
Peter Peters,
Sigrid Schneider,
Ralf Wandelt

Creative Director:
Michael Funke

Text:
Bernd Camen,
Michael Funke, Rolf Korff

Art:
Adolf Broll, Roy Hutt,
Hasso Lange

Produktion:
Burkhard Petras

Media/
Finanzen/Rechnungswesen:
Ludwig Laumann

AGENTA

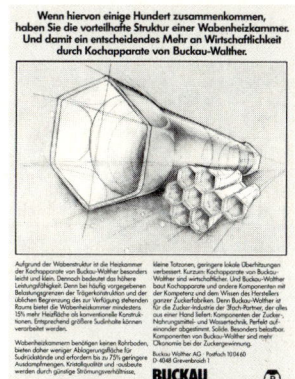
Fachanzeige

Fachanzeige

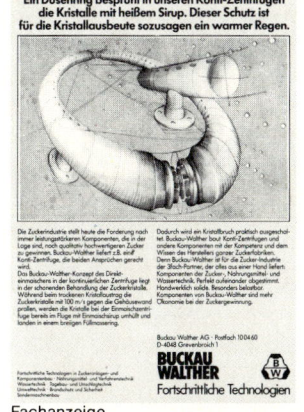
Fachanzeige

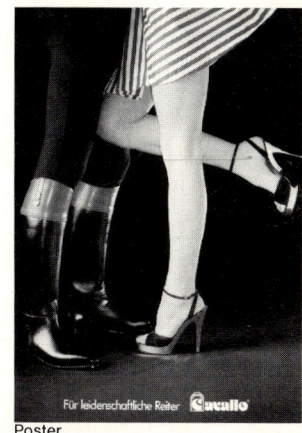
Poster

Publikumsanzeige

Publikumsanzeige

Plakat 18/1

Fachanzeige

Fachanzeige

Plakat

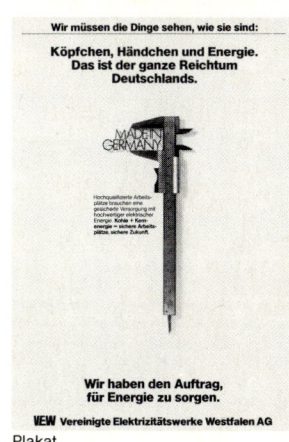
Plakat

Kundenliste

Dienstleistungen:
Atlas Autoleasing,
Bismark – rent a car,
LBS Immobilien GmbH,
Stadt Münster,
Nordwestlotto (Teilaufgaben),
Provinzial Versicherungen,
Stadtsparkasse Köln,
Stadtwerke Münster,
Treufinanz,
VEW Vereinigte Elektrizitäts-
werke Westfalen AG,
Westdeutsche Landesbank,
Westfälisch-Lippischer
Sparkassen- und Giro-
verband,
ZGW Zeitungsgruppe
Westfalen

Verbrauchs- und
Gebrauchsgüter:
Buckau-Walther AG,
I. B. Berentzen (Entwick-
lungsaufgaben),
Cavallo Lederreitstiefel,
Germania Brauerei,
Glasurit GmbH,
Reinert Wurst und Schinken,
Sauerstoffwerk Westfalen AG,
Segger KG, Spritzguß
Schmelter & Claas (Kommu-
nikationssysteme),
Trelock Fahrradzubehör,
Winkhaus Schließtechnik,
Wyeth Pharma

Unsere Anschrift:

Agenta Werbeagentur WDW
Postfach 1103
Engelstraße 68
4400 Münster

Telefon (0251) 4 07 31
Telex 8 92 619

 AGENTA WERBEAGENTUR

AGENTUR FÜR WERBUNG
LUDWIG STEINMETZ
DÜSSELDORF/MÜNCHEN

DSL BANK / PUBLIKUM

MM / PUBLIKUM

RHENANIA / PUBLIKUM

STIEBEL ELTRON / PUBLIKUM

MM/FACH

 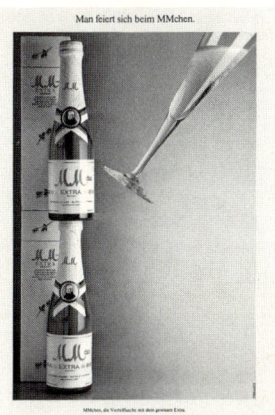

KÖNIGSALLEE 34A
TELEFON 0211.320161
TELEX 8582288
TELEFAX 0211.320165

NIEDERLASSUNG MÜNCHEN
HOHENZOLLERNSTRASSE 29
8000 MÜNCHEN 40
TELEFON 089.398033
TELEX 8582288
TELEFAX 089.398034

GRÜNDUNG: 1975
UMSATZ 1981: DM 27 MIO
UMSATZERWARTUNG 1982: DM 33 MIO
DURCHSCHNITTSALTER: 31 JAHRE

MITARBEITERZAHL 31.12.81: 20
MITARBEITERZAHL 82: 20
DAVON: KONTAKT 3/ATELIER + FFF 8/
TEXT 2/MEDIA 2/PRODUKTION 1/
VERWALTUNG 4

INHABER:
LUDWIG STEINMETZ

LEITENDE MITARBEITER:
RAIMUND BAISCH (DÜSSELDORF)
PETER SKOPINSKI (DÜSSELDORF)
REINHARD G. MODRITZ (MÜNCHEN)

ZAHL DER KUNDEN: 5

ETATGRÖSSEN ÜBER 3,0 MIO: 40%
ZWISCHEN 1,5 UND 3,0 MIO: 30%
ZWISCHEN 500.000 UND 1,5 MIO: 30%

ETATVERTEILUNG VERBRAUCHSGÜTER: 30%
GEBRAUCHSGÜTER: 57%
INSTITUTIONELLE WERBUNG: 13%

MEDIAVERTEILUNG:
PUBLIKUMSZEITSCHRIFTEN: 50%
FACHZEITSCHRIFTEN: 11%
TV/KINO: 6%
BOGENANSCHLAG: 9%
VERKAUFSFÖRDERUNG: 24%

KUNDENLISTE:

DSL BANK, BONN/BERLIN
(FINANZIERUNG/IMAGE)

FRIEDRICH VERLAG, SEELZE/BERLIN
(THEATER HEUTE)

MATHEUS MÜLLER KG a.A., ELTVILLE
(MM SEKT/HOEHL SEKT)

RHENANIA BRAUEREI/ROBERT WIRICHS KG,
KREFELD
(RHENANIA ALT)

STIEBEL ELTRON GMBH & CO. KG,
HOLZMINDEN
(WARMWASSERGERÄTE/HEIZSYSTEME/
IMAGE/CI)

ART-GROUP

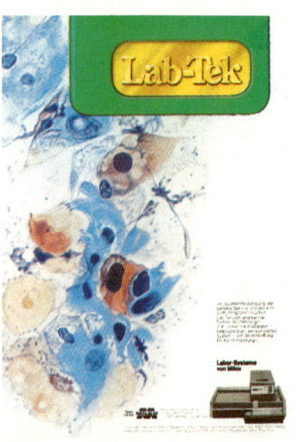
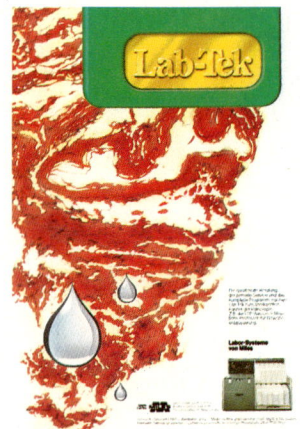

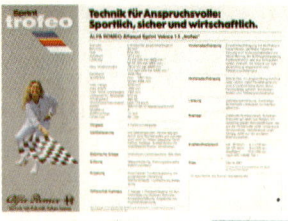

Diese Seite lithografierte

Wilhelm Völkl KG
Mörfelder Landstr. 68
6000 Frankfurt
Telefon 0611 / 61 80 90

30

ART-GROUP GmbH
Gesellschaft für Werbung und Verkaufsförderung

Herderstraße 6-8
6078 Neu-Isenburg
Telefon: 06102/80 66-67

Gründung: 1969
Durchschnittsalter: 32 Jahre

Etatgrößen:
zwischen 1,5 und 3,0 Mio   10%
zwischen 500.000,– und 1,5 Mio   25%
unter 500.000,–   65%

Gegenwärtige
Mitarbeiterzahl: 10

Zahl der Kunden: 20

Etatverteilung:
Verbrauchsgüter   30%
Gebrauchsgüter   50%
Dienstleistungen   10%
Institut. Werbung   10%

Inhaber/Gesellschafter:
Rolf Siegfried Schultes

Kundenliste:

ALFA ROMEO
PKW

ANZAG
Pharmagroßhandel

APECO
Kopierer

BIRKARD
Transport

BÖRNER
Lichtkuppeln

CLAIROL

COPRO
Industrieanlagen

E. P. G.
Pharma

FAGRO

FERRERO

HASSIA
Verpackungsmaschinen

HONDA

KALLE

LISNER
Fischdelikatessen

MILES

PECOTEX
Jeans & Sportwear

SONNENSCHEIN

STRYKER
medizinische Instrumente

TETRA PAK
Entwicklung VKV

TIDERTA
Ölfilter

Werbeagentur Achim Aschke GmbH

Werbeagentur Achim Aschke GmbH

Grüneburgweg 103
6000 Frankfurt/Main 1
Telefon: 0611/71 72 36, Telex: 412 738

Gründung: 1950
Stammkapital: 100.000 DM
Umsatz 1981: 34,0 Mio
Umsatzerwartung 1982: 34,5 Mio
Durchschnittsalter: 35 Jahre
Pro-Kopf-Umsatz 1981:
1.030.000,– DM

Etatgrößen:
Über 3.0 Mio	18 %
zwischen 1.5 und 3.0 Mio	12 %
zwischen 500.000,– und 1.5 Mio	48 %
unter 500.000,–	22 %

Zahl der Mitarbeiter
am 31.12.1981: 33

Gegenwärtige
Mitarbeiterzahl: 33

Davon: Kontakt	8
Atelier	6
Text	2
Media	5
Produktion	1
Marktforschung	2
FFF	1
Verwaltung	4
Sonstige	4

Zahl der Kunden: 19

Zahl der Etats: 36
Seit über 2 Jahren	5
Seit über 5 Jahren	13
Seit über 10 Jahren	10

Etatverteilung:
Verbrauchsgüter	82 %
Gebrauchsgüter	8 %
Dienstleistungen	8 %
Institut. Werbung	2 %

Mediaverteilung:
Publ. Zeitschriften	37 %
Fachzeitschriften	4 %
Tageszeitungen	26 %
Werbefernsehen	8 %
Werbefunk	10 %
Werbefilm/Dia	1 %
Direktwerbung	1 %
Bogenanschlag	3 %
Sales Promotion	10 %

Inhaber/Gesellschafter:
Geschäftsführende Gesellschafter:
Achim Aschke (Vorsitzender)
Peter Aschke
Werner Göldner
Adelheid Priemer

Leitende Mitarbeiter:
Beratung:
Peter Aschke, Werner Göldner
Beratung und Neugeschäft:
Klaus G. Grimm
Marketing,
Forschung und Konzeption:
Adelheid Priemer
Art:
Achim Per Krämmer, Horst Penns
Text:
Gerd Ziegler
Media:
Willi Schrimpf
Administration: Carl Homann

Niederlassung:
Werbeagentur
Achim Aschke GmbH
Suessenguthstr. 13
8000 München 60

Schwestergesellschaft:
Werbeagentur
Rhein-Main GmbH u. Co. KG
Grüneburgweg 103
6000 Frankfurt am Main 1
Telefon: 0611/71 72 36

Kundenliste:

Berlejung, Frankfurt am Main
Finanzvermittlung

Deinhard & Co. KGaA, Koblenz
Deinhard Lila Imperial

Deutsche Pfandbriefanstalt
Wiesbaden

Elida Gibbs
Entwicklungsaufgaben

Epikur GmbH, Koblenz
Lémon Hart Rum, Pommery Champagner, Bénédictine-Likör, NAVIP-Slivovitz, Sherry Dry Sack (Williams & Humbert),
Liqueur Pippermint Get,
Tanqueray Gin

**Kaiser's Kaffee-Geschäft/
Tengelmann, Plus, Grosso**
(Gestaltungsaufgaben)
Viersen/Mülheim/Rhld.
Lebensmittelfilialbetrieb

Kaufhaus m. schneider
Frankfurt am Main
Textil und Mode

OREG-Ondal Regeltechnik
Hünfeld

MSM SANYO
Unterhaltungs-Elektronik
(TV, Video, HiFi, Portables)

**Steigerwald
Arzneimittelwerk GmbH**
Teilaufgaben

Taylorix
Teilaufgaben

Tetra Pak, Verpackungen
Teilaufgaben

Wella AG, Darmstadt
Haarpflegeserie Wella for Men,
Crisan Spezial-Shampooserie,
system professional,
Spezialserie für den Kabinettbereich,
Institutionelle Werbung für den
Friseur,
Regenal forte Haarwasser,
Reamin Handcreme,
aucola Färbeprodukte für
Wimpern und Augenbrauen,
Koleston Färbeprodukte,
effecton-Tönungsprodukte,
New Wave Wet Gel

Welonda Einrichtung,
Darmstadt
Einrichtung und Geräte für
Friseure

BÄUERLE + PARTNER Agentur für Absatz und Werbung · Mörikestraße 24 A · 7000 Stuttgart 1

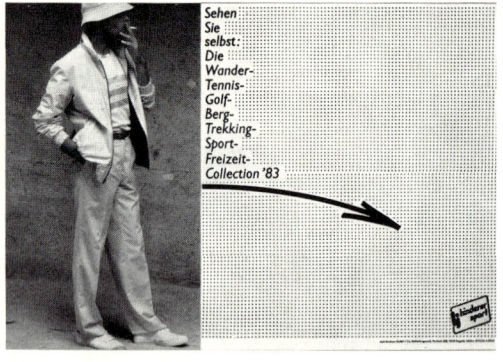

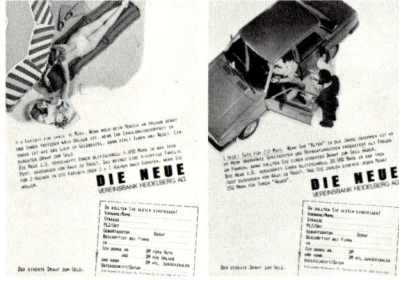

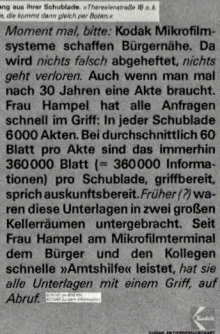
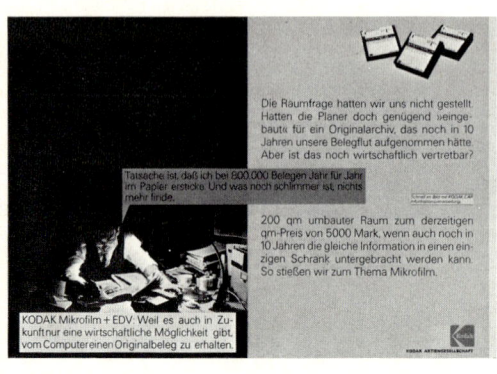

*Gesprächspartner:
Dieter Bäuerle
07 11–6 49 10 13
Hans-R. Schlecht
07 11–6 49 10 14*

 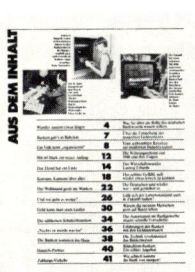   

 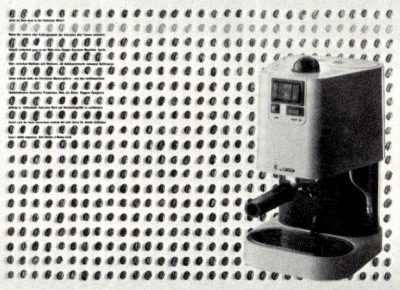 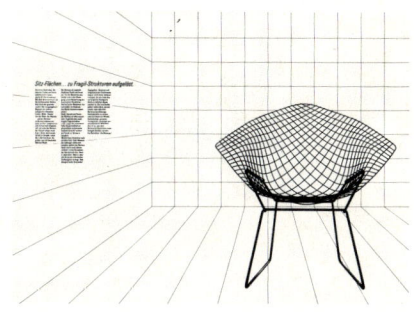

BAUMS, MANG und ZIMMERMANN
WERBEAGENTUR GMBH & CO. KG

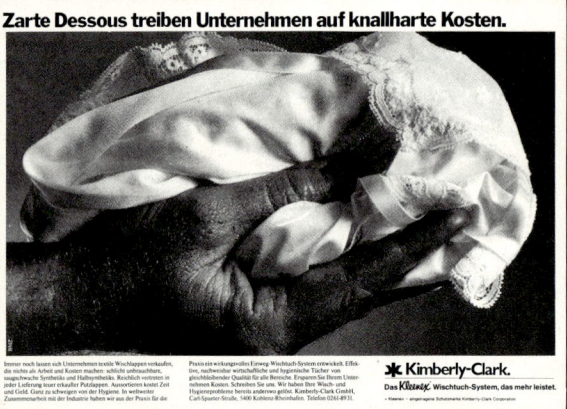

BAUMS, MANG und ZIMMERMANN Werbeagentur GmbH & Co KG

Rolandstraße 27
4000 Düsseldorf
Tel.: 0211/49 78-0, Telex: 08 586 543

Gründung: 1.10.1971
Stammkapital: GmbH 21.000,– DM
              KG 100.000,– DM
Umsatz 1981: 80,4 Mio DM
Umsatzerwartung 1982: 84,0 Mio DM
Durchschnittsalter: 34 Jahre
Pro-Kopf-Umsatz 1981:
1.148.000,– DM

Etatgrößen:
Über 3,0 Mio   45%
zwischen 1,5 und 3,0 Mio   25%
zwischen 500.000,– und 1,5 Mio 30%
Zahl der Mitarbeiter
am 31.12.1981:   70

Gegenwärtige
Mitarbeiterzahl: 70

Davon: Kontakt   23
         Art   16
         Text   7
         Media   5
         Produktion/Artbuying   3
         Verwaltung   8
         Reinzeichnung   8

Zahl der Kunden: 24

Zahl der Etats: 25
seit über 2 Jahren   12
seit über 5 Jahren   7
seit über 10 Jahren   2

Etatverteilung:
Verbrauchsgüter   31%
Gebrauchsgüter   34%
Dienstleistungen   22%
Institut. Werbung   5%
Handel   8%

Mediaverteilung:
Publ. Zeitschriften   48%
Fachzeitschriften   5%
Tageszeitungen   15%
Werbefernsehen   15%
Werbefunk   7%
Werbefilm/Dia   5%
Bogenanschlag   5%

Inhaber/Gesellschafter:
Georg Baums, Geschäftsführer
Peter Klein, Beratung
Thomas Mang, Creation
Bernward Müller, Creation
Klaus-Jürgen Müller, Beratung
Peter Zimmermann, Creation

Leitende Mitarbeiter:
Bernd Hagenbusch, Creation
Volker Neumann, Media
Gina Tschohl, Beratung

Kundenliste:

Robert Bosch GmbH, Stuttgart
Kraftfahrzeugausrüstungs-Produkte
Bauer Filmkameras und -projektoren

Bosch Dienste
(830 selbständige Unternehmen)
Kfz-Dienstleistungen

Daimler-Benz AG, Stuttgart
PKW-Etat

3M Deutschland GmbH, Neuss
Institutionelle Werbung

Handelsblatt GmbH, Düsseldorf
„DM" Das kritische Verbraucher-Magazin

Heineken International Beheer B.V.
Amsterdam
Bokma Genever

Henkel KGaA, Düsseldorf
Pattex

Herberts GmbH, Wuppertal
Fahrzeuglacke (Hoechst-Gruppe)

Höhn + Höhn GmbH, Haan
Woolite Feinwaschmittel

Honda Deutschland GmbH
Offenbach, Motorräder
Rasenmäher, Einachsschlepper,
Außenbordmotoren, Stromerzeuger

Horten Aktiengesellschaft
Düsseldorf, TE

Jumbo Vertriebs GmbH,
Herscheid-Spielberg
Spiele

Kimberly-Clark GmbH
Koblenz
Kleenex Großverbraucher-Produkte

KKB Bank KGaA, Düsseldorf

Klöckner & Co., Duisburg
Heizsysteme

Leonberger Bausparkasse AG
Leonberg

Örtliche Fernsprechbücher
Düsseldorf

Romika Lemm & Co. GmbH, Trier
Schuhe

Seiko Time GmbH
Düsseldorf

Uniroyal Englebert Reifen GmbH
Aachen

Victoria Versicherungs AG
Düsseldorf

Wilkinson Sword GmbH
Solingen
Scheren und Messer

Mitglied:

WDW
Wirtschaftsverband Deutscher
Werbeagenturen,
Düsseldorf

GIAA
Group of Independent Advertising
Agencies
(in Europa, Amerika, Australien)

38

Gegründet wurde die Bilek, Stoffel Werbeagentur GmbH am 1. Juli 1981. Geschäftsführende Gesellschafter sind Michael Bilek und Dieter Stoffel. Der Umsatz beläuft sich im ersten Geschäftsjahr auf DM 4,5 Mio. Die Agentur beschäftigt 5 Mitarbeiter.

Die Bilek, Stoffel Werbeagentur GmbH arbeitet für Markenartikel, für Investgüter, für Einzelhandelsketten und für einen Verlag.

Die Kunden: Wand & Boden, Märkte für Raumbedarf, BRD und West-Berlin. Thienemann, Kinder- und Jugendbuch-Verlag. 3 F-Design, Einrichtungshaus. Heimwerker 2000, Märkte für do-it-yourself, BRD und West-Berlin. Blanco Metallwarenfabrik, Unternehmensbereich Küchenzentren, Unternehmensbereich Großverpflegung. E.G.O. Elektrogerätebau.

Wir haben sechs Fallstudien vorbereitet, die Ihnen zeigen, wie wir an die Aufgaben herangehen, wie wir zu Konzepten finden, wie wir in Wort und Bild oder Ton umsetzen. Wir schicken Ihnen diese Darstellungen auf Wunsch gerne zu.

BILEK, STOFFEL
WERBEAGENTUR GMBH

Die Agentur hat ihren Sitz in 7000 Stuttgart 1, Hasenbergsteige 90. Telefon 0711/65 95 46-47, Telex 07-21 834.

„Ein Motorrad-Motor ist doch kein Auto-Motor."

Alle Welt redet heute über psychologische Positionierungen und in Verlängerung dann über emotionale Werbung. Die Wirkung eines Satzes, wie „Verrat in Bonn", zur Hessen-Wahl im September 1982 plakatiert, hat sicher vielen in Wirtschaft und Werbung deutlich gemacht, was möglich ist: In einer Woche von 31 auf 41%. Das muß man sehen.

Ein starker Satz ist durch nichts zu ersetzen. Das galt eigentlich schon immer. Auch und gerade für langfristig angelegte Markenwerbung. Wenn heute markenprägende Aussagen vermißt werden – Sätze, die Bedürfnisse, Gefühle und Einstellungen von Zielgruppen aufnehmen und dann auch noch in eine originale Verbindung zum Produkt gebracht werden – dann hat das Gründe. Zum Beispiel mangelndes Talent. Und zwar bei dem einen oder anderen, der Werbung macht, beurteilt, verabschieden darf.

Die Deutsche Shell Aktiengesellschaft wußte um unsere Einstellung zur Werbung, vielleicht auch um unser Talent, psychologische Positionierungsmöglichkeiten aufzuspüren und emotionale Werbung kreieren zu können. Das Ergebnis ist die Einführungskampagne für ein Motorenöl für 4-Takt-Motorräder: Shell Quadro TX. Wer die Situation im Motorenölmarkt kennt und weiß, was Motorradfahrer bewegt, der spürt, was dieser Satz „Ein Motorrad-Motor ist doch kein Auto-Motor" leistet.

Die Beiersdorf AG mag von ähnlichen Überlegungen ausgegangen sein wie die Deutsche Shell AG, als sie uns mit einer langfristigen Aufgabe im Bereich der Corporate Communications betraute. Was dabei herausgekommen ist, liest sich einfach: „Ideen fürs Leben". Eintausendvierhundert Produkte bekamen eine emotionale Identität.

Die Deutsche Lada Import GmbH hatte ganz andere Probleme, als es um die Einführung eines neuen Pkw-Modells ging. Massive Vorurteile galt es zu überwinden. Das Klima für die Marke hatte sich zwar verbessert. Dafür hatte bereits eine Image-Kampagne gesorgt: „Mit einem Lada kann man leben". Aber dennoch, wenn man gleich sagt, daß es sich bei dem neuen Modell um einen Lada handelt, spricht man wohl nur noch mit 5% des Marktes. Das stand fest. Also hieß es: „Ist das nicht der neue...?". Die Marke wurde nicht genannt und so überproportional viel Interesse produziert.

Bei der Lugato Chemie Hamburg ging es schlicht darum, einen Fliesenklebstoff zu vermarkten. Drauf+Sitzt war die Antwort auf die Anonymität der anderen Fliesenkleber. Und der Schrei einer Fliese „Hilfe, ich rutsche" die Kampagnen-Idee.

Bitte schauen Sie sich einmal die Anzeigen auf der anderen Seite an. Eines gilt für alle: Ein starker Satz ist durch nichts zu ersetzen.

Seit einem Jahr voll da für:
Beiersdorf AG: Corporate Communications, Hidrofugal. Carlsen Verlag: Comics – Schlümpfe, Gaston, Spirou, Gin und Fizz. Delius Klasing Verlag: Yacht, boote, surf, regatta, Gute Fahrt. Deutsche Lada Import GmbH: Pkw – Lada Nova, Geländewagen – Lada Niva. Deutsche Shell Aktiengesellschaft: Shell Quadro TX, Shell Heizungs-Dienst. Ess-Food Handels-GmbH: vakuumverpacktes Frischfleisch aus Dänemark, GV-Produkte der Marke Dänenfürst. Hoffmann und Campe Verlag: Merian. Jahreszeiten-Verlag GmbH: architektur & wohnen, Feinschmecker, Charme, zuhause (Teiletat). Lugato Chemie Hamburg: Drauf + Sitzt, Trock'ne Mauer, Fließt & Fertig und weitere bauchemische Markenprodukte. Verbraucherbank AG. Verlag Paul Parey: wild und hund, fisch und fang, reiten und fahren.

BOCKELMANN & PARTNER
Creative Consultants

Alsterkamp 17, 2000 Hamburg 13, Tel. 410 46 15, 410 38 15

WERBEAGENTUR IM BRASILHAUS № 8 GMBH

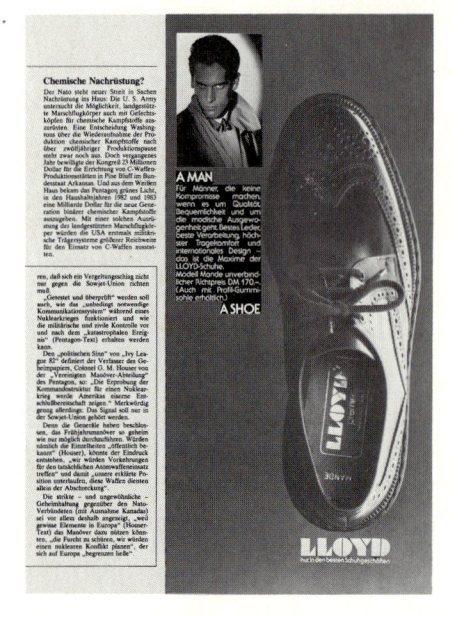

Werbeagentur im Brasilhaus No. 8 GmbH

Tiefer 8,
2800 Bremen
Telefon: 0421/32 16 76, Telex: 24 64 34 bras d

Gründung: 1969
Stammkapital: 50.000,– DM
Umsatz 1981: 7,1 Mio DM
(ohne Atelier)
Durchschnittsalter: 34 Jahre
Pro-Kopf-Umsatz 1981:
950.000,– DM

Zahl der Mitarbeiter
am 31.12.1981: 7

Gegenwärtige
Mitarbeiterzahl: 8

Davon: Kontakt 2
Text 1
Media 1
Produktion 1
FFF 1
Verwaltung 2

Zahl der Kunden: 18

Zahl der Etats:
Seit über 2 Jahren 6
Seit über 5 Jahren 6
Seit über 10 Jahren 2

Etatverteilung:
Verbrauchsgüter 18 %
Gebrauchsgüter 34 %
Dienstleistungen 18 %
Institut. Werbung 30 %

Inhaber/Gesellschafter:
Fritz Haase
Ingo Löbert – Geschäftsführer
Dietz Ralle
Peter Schnorrenberger

Leitende Mitarbeiter:
Ingo Löbert, Beratung / Creation
Dietz Ralle, AD
Detlef Blumentritt, Beratung/FFF
Creation
Renate Minkwitz, Media
Fritz Haase, Art/Foto (Atelier)

Filiale:
Werbeagentur im Brasilhaus No. 8
Johnsallee 14, 2000 Hamburg

Kundenliste:

Mit der Agentur assoziiert ist das
Atelier Haase & Knels (10 Mitarbeiter). Hier werden u.a. betreut:
VFW-Fokker, Bremen
Erno, Bremen (Luft- und Raumfahrt)
Brillantleuchten, Gnarrenburg
(Lampen)
Böttcherstraße GmbH, Bremen
(Image)
Nordmende, Bremen (Design)

Kundenliste Brasilhaus:

ABBA AB, Schweden
Abba GmbH, Hamburg
Fischdelikatessen GE

Angestelltenkammer, Bremen GE

Deutsche Factoring Bank,
Bremen GE

ELCO Ölfeuerungen, Berlin GE

Fachausstellungen Heckmann,
Hannover, Bremen
Boot, hafa, Wein GE

HADAK AB, Schweden GE

Dr. Herbst, Berlin
Klimatechnik GE

Hussel Holding TE

IKEA Einrichtungs GmbH,
Stuhr GE

Karstadt, Bremen
Funkwerbung TE

Klöckner Baubedarf,
Bremen TE

LLOYD Schuhfabrik, Sulingen
Herrenschuhe GE

AB MARABOU, Schweden
MARABOU GmbH, Hamburg
Schokolade GE

Myresjö-Bau, Bremen TE

Seestadt Bremerhaven
Imagewerbung GE

**Senat der Freien Hansestadt
Bremen,** Image TE

**Sozialdemokratische Partei
Deutschland,** Bremen
Bürgerschaftswahlen GE

**Verkehrsverein der Freien
Hansestadt Bremen e.V.**
Touristik TE

Windsor, Bielefeld GE

BRODERSEN > STAMPE > PARTNER
WERBEAGENTUR GMBH

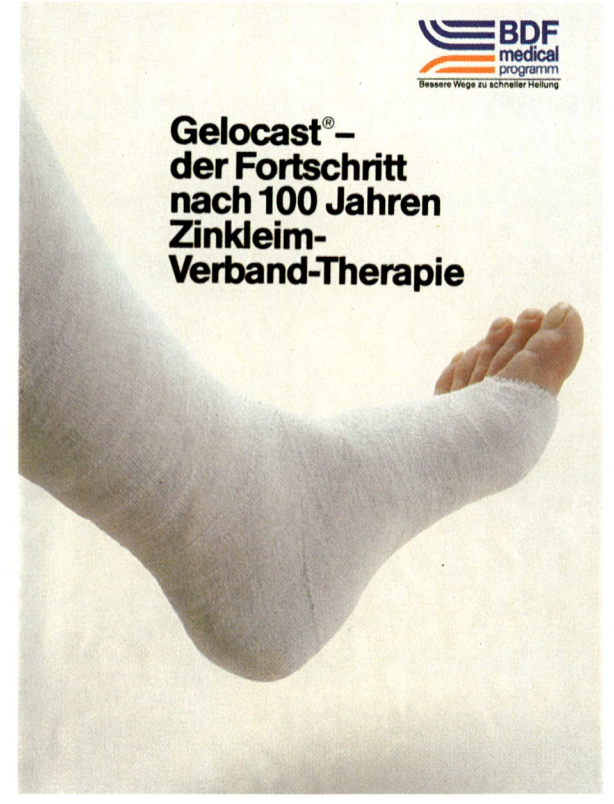

BRODERSEN › STAMPE › PARTNER ›

Agenturdaten

Gründung:	1968
Umsatzerwartung 1983:	DM 20 Mio
Gegenwärtige Mitarbeiterzahl:	16
Beratung:	5
Gestaltung:	6
Media:	2
Produktion:	2
Verwaltung:	1
Zahl der Kunden:	10
Zahl der Etats:	24
Inhaber/Gesellschafter:	Aribert Brodersen Horst Stampe
Leitende Mitarbeiter:	Kurt Moderhack Peter Rönck Birko Achenbach

Kundenliste:

Andresen, Flensburg
- Andresen Rum
- Double Q Scotch
- Californischer Wein
- Weinwürfel
- Import-Spirituosen

Beiersdorf, Hamburg
- tesa Industrie-Klebebänder
- BDF medical professional
- ABC-Pflaster/Salbe/Wäsche
- Cornina Fußpflegeprogramm
- Produktentwicklungen

McCain, Frankfurt
- TK Kartoffel-Produkte
- Produktentwicklungen

Dibona (Dr. Oetker), Ettlingen
- Langnese Honig
- Langnese Honigspezialitäten
- Ültje Knulli Bullis
- Produktentwicklungen

Peter Kölln, Elmshorn
- Köllnflocken
- Müsli
- Babynahrung
- Haferfleks
- PEKA Heimtierkost
- Produktentwicklungen

Komrowski, Hamburg
- Maschinenanlagen

Schulte & Dieckhoff, Horstmar
- Opal Feinstrümpfe
- Opal Strickstrümpfe

Schurpack, Flensburg
- Verbundfolien
- Schrumpfbeutel

Scholtz, Hamburg
- Transportbänder   TE

BSS

	BSS Werbeagentur	**Tochter-Gesellschaften**
	Spieler Sachse GmbH Seewiesenstraße 2 7120 Bietigheim/Stuttgart Tel. (0 71 42) 60 87* Telex 7 24 220	Personalmarketing Öffentlichkeitsarbeit
Mitglied im weltweiten BBDO-Agenturnetz Gründung: 1. Juli 1966 Stammkapital: DM 220.000,- Umsatzerwartung 1982: 24 Mio. Mitarbeiter: 27 Zahl der Kunden: 14	**Kunden (Juli 1982):** **AMANN** Bönnigheim Nähgarne **BEKA** Tübingen Koch- und Tafelgeschirre, Schnellkochtöpfe **BEURER KG** Ulm Schmiegsame Wärmegeräte **DANZER KG** Kehl Programm für den Innenausbau **DLW Aktiengesellschaft** Bietigheim Bodenbeläge, Baufolien, Bauelemente **GARDENA** Ulm Garten- und Hausgeräte **GEZE GmbH** Leonberg Skibindungen und Wintersportartikel	**IWB Industrie- und Wohnbau** Heilbronn Eigentumswohnungen **MILU Milchwerk** Ludwigsburg Milch und Milchprodukte **NEFF-WERKE** Bretten Elektrogeräte **OLYMP** Bietigheim Herrenhemden **OTTO TEXTILWERKE** Wendlingen Luxorette Bett- und Tischwäsche **YARELL** Darmstadt Damen-Strickmoden **CARL ZEISS** Oberkochen Bereich Augenoptik

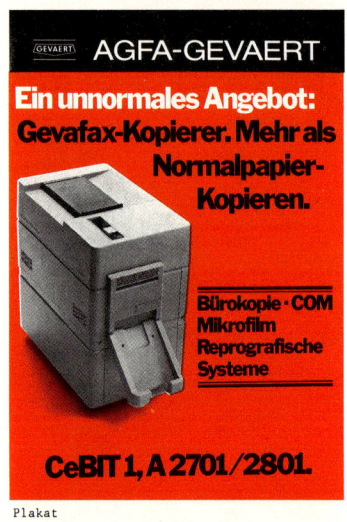

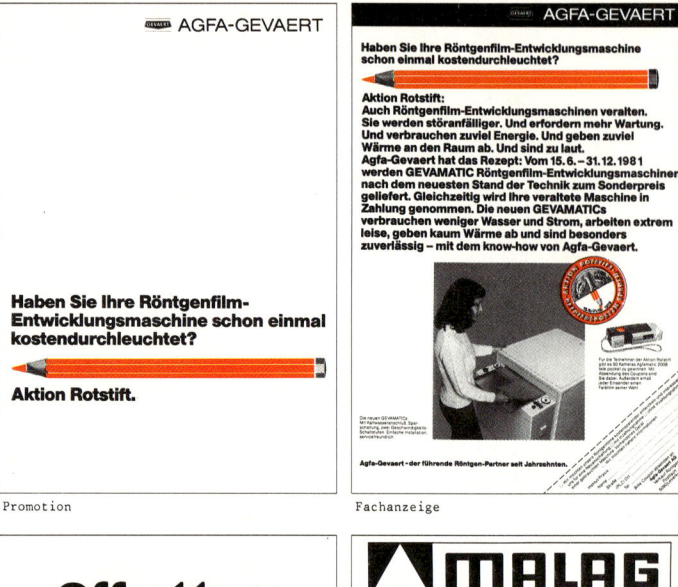

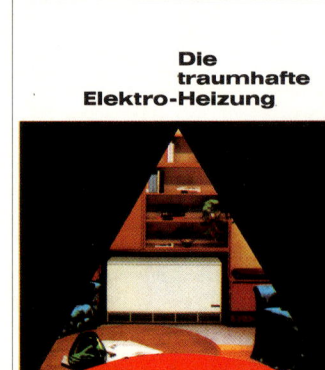

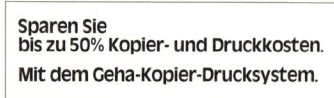

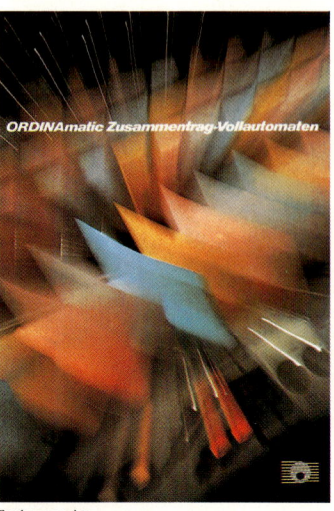

Publikumsanzeige Plakat Promotion Fachanzeige

Publikumsanzeige Streuprospekt Publikumsanzeige Streuprospekt

Publikumsanzeige Fachanzeige Fachprospekt

Streuprospekt Fachprospekt Fachanzeige Packung

CCK
Günter W. Koppe
Creative Consultant
Agentur für Werbung
und Verkaufsförderung
Harburger Straße 18
Postfach 1172
D-2112 Jesteburg
Telefon 0 41 83/57 70
Telex 2-189 345

Ab 1983:
Auch in Stuttgart

Weil der Ernst des Lebens mit der Schule beginnt.
SIESA zum Frühstück, das ist der gesunde Auftakt für einen anstrengenden Tag. SIESA enthält natürliche Vitalstoffe, die unser Körper täglich braucht, um fit zu sein. Wertvolle Vitamine, Mineral- und Ballaststoffe – viele lebensnotwendige Substanzen, die in unserer Alltagskost oftmals fehlen, sind in SIESA kombiniert. 2 Eßlöffel täglich sichern eine regelmäßige Versorgung mit den wichtigen Vitaminen B 1, B 2, B 6, C und E. SIESA wirkt gegen Mangelerscheinungen infolge einseitiger Ernährung. Es baut auf bei hoher Beanspruchung in Beruf und Schule. Steigert die körperliche und geistige Leistungsfähigkeit und fördert die natürliche Darmtätigkeit.
Vitalstoff-Konzentrat
für Energie und Wohlbefinden.

Weil es ohne Nachtleben einfach nicht geht.
SIESA zum Frühstück, das ist der gesunde Auftakt für einen anstrengenden Tag. SIESA enthält natürliche Vitalstoffe, die unser Körper täglich braucht, um fit zu sein. Wertvolle Vitamine, Mineral- und Ballaststoffe – viele lebensnotwendige Substanzen, die in unserer Alltagskost oftmals fehlen, sind in SIESA kombiniert. 2 Eßlöffel täglich sichern eine regelmäßige Versorgung mit den wichtigen Vitaminen B 1, B 2, B 6, C und E. SIESA wirkt gegen Mangelerscheinungen infolge einseitiger Ernährung. Es baut auf bei hoher Beanspruchung in Beruf und Schule. Steigert die körperliche und geistige Leistungsfähigkeit und fördert die natürliche Darmtätigkeit.
Vitalstoff-Konzentrat
für Energie und Wohlbefinden.

Bis zur Igedo Dessous bleibt der Hahn im Käfig.
Der Hahn mit neuen Federn. Aufregend-schöne Dessous, die nicht nur den Umsatz anregen.
SYLVIA HAHN MODEN
Silvia Hahn Moden GmbH
7311 Hochdorf

Tragen ist schöner als Ausziehen.
Dessous von Sylvia Hahn . . .
und exklusive Mode beginnt auf der Haut.
SYLVIA HAHN MODEN
Sylvia Hahn Moden GmbH
7311 Hochdorf

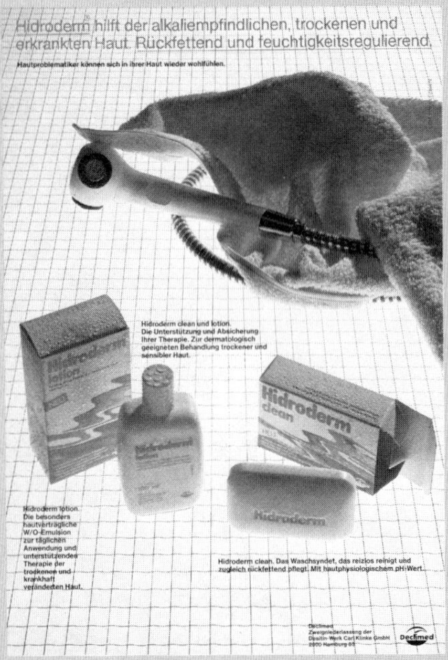
Hidroderm® hilft der alkaliempfindlichen, trockenen und erkrankten Haut. Rückfettend und feuchtigkeitsregulierend.
Hautproblematiker können sich in ihrer Haut wieder wohlfühlen.
Hidroderm clean und lotion. Die Unterstützung und Absicherung Ihrer Therapie. Zur dermatologisch geeigneten Behandlung trockener und sensibler Haut.
Hidroderm lotion. Die besonders hautverträgliche W/O-Emulsion zur täglichen Anwendung und unterstützenden Therapie der trockenen und krankhaft veränderten Haut.
Hidroderm clean. Das Waschsyndet, das reizlos reinigt und zugleich rückfettend pflegt. Mit hautphysiologischem pH-Wert.
Hidroderm
Zweigniederlassung der
Desitin-Werk Carl Klinke GmbH
2000 Hamburg 63

SCHNELLES ARBEITEN IST PRÄZISIONSSACHE.
EBA-PAPIERSCHNEIDEMASCHINEN.
DAMIT SIE IN ZUKUNFT BESSER ABSCHNEIDEN.
EBA PRÄZISION

Das Salz, das der Gesundheit bekommt.

Wenn wir unseren Speisen eine Prise mehr Geschmack verleihen wollen, greifen wir meist zum Salz. Und das, obwohl in vielen unserer Lebensmittel bereits reichlich davon steckt. Das Gefährliche daran ist, daß Kochsalz sehr viel Natrium enthält, was den Organismus belastet und Bluthochdruck verursachen kann. Verständlich, daß Mediziner zunehmend vor dem erhöhten Kochsalzverbrauch warnen. Ein Salz, das auch der Gesundheit bekommt, gibt es jetzt im neuform-Reformhaus: frema Salz.

Dieses Salz läßt einem die gesunde Freude am pikanten Essen. Weil es streng natriumarm ist, aber reich an Kalium. Dadurch kann es sogar helfen, einen erhöhten Bluthochdruck wieder zu senken.

Geben Sie Ihren Speisen, was Ihrer Gesundheit bekommt.

"Das Leben ist eine reine Nervensache"

frema Energetten mit Magnesium und Calcium. Mit den Mineralstoffen, die jeder von uns braucht. Für Herz und Nerven. Für einen aktiven Tag. frema Energetten aus dem Reformhaus.

Für alle mit Bluthochdruck und Übergewicht

Jetzt gibt es im Reformhaus ein Salz, das einem den gesunden Appetit am schmackhaften Essen nicht verdirbt. Dieses neue frema Salz ist streng natriumarm, dafür reich an Kalium. Dadurch kann es einem gleich doppelt helfen: Zum einen vermeiden Sie mit frema Salz das stark natriumhaltige Kochsalz, das der Gesundheit schaden kann. Zum anderen tun Sie gezielt etwas gegen zu hohen Blutdruck. Denn frema Salz enthält sehr viel Kalium, was nach wissenschaftlichen Erkenntnissen den Blutdruck senken kann.

Geben Sie Ihren Speisen, was Ihrer Gesundheit bekommt.

WIDER GUTGLÄUBIGKEIT UND LEICHTSINN. EBA-DATENVERNICHTER. SICHERHEIT FÜR IHR UNTERNEHMEN.

CCM Werbeagentur GmbH

Goldmühlestraße 11 · 7032 Sindelfingen
Tel. 07031-82016 · Gründung 1980
Geschäftsf. Gesellschafter: Erwin Meier
Kunden: Declimed, Hamburg (Pharma)
EBA, Balingen (Bürotechnik)
J.G. Fink, Herrenberg (Arzneimittel, Diätetika)
frema Gesundkost, Gültstein (Lebensmittel)
Sylvia Hahn Moden, Hochdorf (Dessous)
pan Adress, Planegg (Ärzte-Infodienste)
Schober, Böblingen (Dübel)
Stadt Sindelfingen (Instit. Werbung)
Reformölmühle Weingarten (Lebensmittel)

cerca

CERCA GmbH
Werbeagentur und Gesellschaft für Handelskommunikation

Mendelssohnstraße 75
6000 Frankfurt 1
Telefon: 0611/74 02 71, Telex: 04 189 191

Gründung: 1973
Stammkapital: 50.000,– DM
Umsatz 1981: 21 Mio DM
Umsatzerwartung 1982: 22 Mio DM
Durchschnittsalter: 36 Jahre
Pro-Kopf-Umsatz 1981: 1 Mio DM

Etatgrößen:
Über 1 Mio	55 %
zwischen 500.000,– u. 1 Mio	30 %
unter 500.000,–	15 %

Zahl der Mitarbeiter
am 31.12.1981: 21

Gegenwärtige
Mitarbeiterzahl: 21

Davon: Kontakt 11
       Creation 10

Zahl der Kunden: 20

Etatverteilung:
Verbrauchsgüter	40 %
Gebrauchsgüter	30 %
Dienstleistungen	20 %
Institut. Werbung	10 %

Inhaber/Gesellschafter:
TED BATES WORLDWIDE, INC.

Leitende Mitarbeiter:
Ulrich Abraham, CD
Asko Witzel, Geschäftsführer
Peter Wolf, Geschäftsführer

Filialen:
CERCA INTERNATIONAL IST
VERBUNDEN MIT DEM
WELTWEITEN
TED BATES-AGENTURNETZ.

Kundenliste:

Benckiser Wassertechnik, GE
Schriesheim

BOGE GmbH, GE
Eitorf/Sieg

büro actuell, TE
Nieder-Erlenbach

Caramba Chemie GmbH, TE
Duisburg

CILLICHEMIE,
Ernst Vogelmann GmbH & Co.,
Heilbronn GE

CWS-Lackfabrik, GE
Düren

Brauerei Eder, GE
Großostheim

ESSO-Chemie GmbH, TE
Köln

Fürstliche Brauerei
Thurn und Taxis,
Regensburg GE

Gail Architektur-Keramik, GE
Gießen

Genossenschaftsverband, TE
Neu-Isenburg

Grace GmbH, GE
Norderstedt

DEUTZ-FAHR, GE
Köln/Gottmadingen

Ernst Leitz GmbH, GE
Wetzlar

Messe- und
Ausstellungs-GmbH, TE
Frankfurt

Main-Taunus-Zentrum, GE
Sulzbach

Parker Pen GmbH, TE
Baden-Baden

PRISMA Einkaufs- und
Marketinggesellschaft mbH, GE
Köln

Rhein-Neckar-Zentrum, GE
Viernheim

CfW.

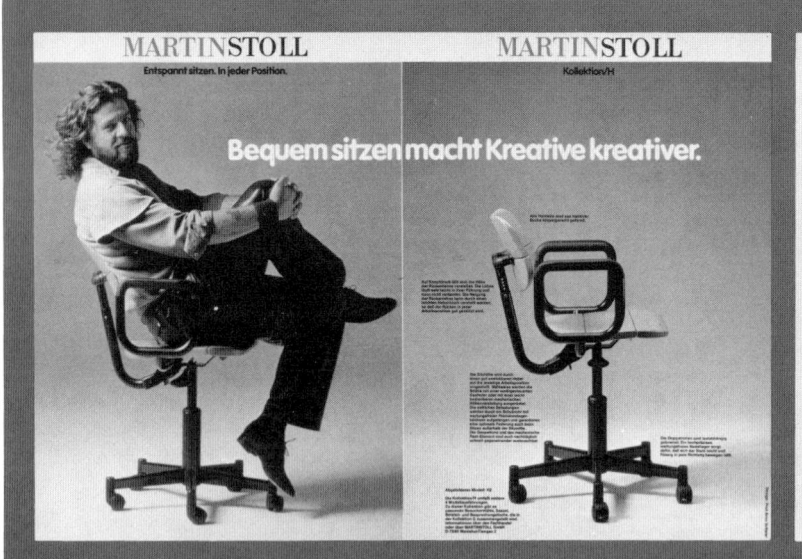

CfW. Creativteam für Wirtschaftswerbung GmbH

Lenzhalde 77
7000 Stuttgart 1
Telefon: 0711/22 80 86/87, Telex: 7 22 502

Gründung:	1965
Zahl der Mitarbeiter am 31.12.1981	10
Gegenwärtige Mitarbeiterzahl:	10
Davon: Kontakt	3
Atelier	3
Text	2
Verwaltung/Sekretariat	2

Etatgrößen:
Über 3.0 Mio 10 %
zwischen 1.5 und 3.0 Mio 45 %
zwischen 500.000 und 1.5 Mio 45 %

Zahl der Kunden: 11

Zahl der Etats: 13
Seit über 2 Jahren 7
Seit über 5 Jahren 3
Seit über 10 Jahren 2

Etatverteilung:
Verbrauchsgüter 45 %
Gebrauchsgüter 45 %
Dienstleistungen 10 %

Inhaber/Gesellschafter:
Rolf Mayer
Hans Nauber
Dieter Spehr

Tochtergesellschaft:

interactio KG
Creativteam für Kommunikation durch Aktion
Calwer Straße 54
7000 Stuttgart 1
Telefon: 0711/22 57 25
Geschäftsführer: Walter Barner

Kundenliste   September 1982

Wilh. Gallion GmbH, Stuttgart
Groß- und Einzelhandel für Raumausstattung

Haniel Handel GmbH, Hamburg
Heizöl

IBM Deutschland GmbH, Stuttgart
Personal, Publikationen

iwz Illustrierte Wochenzeitung, Stuttgart
Supplement

Landesgirokasse, Stuttgart

E. Merck, Darmstadt
Nasivin

Philip Morris GmbH, München

Schwarzwälder Bote, Oberndorf
Tageszeitung

Sparkassenverlag, Stuttgart
Gemeinschaftswerbung Sparkassen
Konzeption und Gestaltung

MARTINSTOLL, Tiengen
Bürostühle

Wella AG, Darmstadt
Wellaflex Haarspray
Entwicklungen

COM

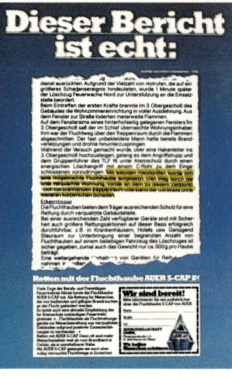

COMMUNICATION AGENCY KÖCHEL GMBH

Anschrift:
Droysenstraße 15
1000 Berlin 12
Telefon: 030/3 23 90 63/64
Telex: 184 164 com d

Gründung:
1978

Umsatz 1982:
8 Mio. DM

Durchschnittsalter:
35 Jahre

Inhaber:
Paul Bodo Köchel

Strategie und Beratung:
Paul Bodo Köchel

Text:
Andreas Wiechmann

Art:
Manfred Siegler
Dorothea Steinhof

Media und Administration:
Paula Petrik

Kundenliste Juli 1982:

Auergesellschaft GmbH, Berlin
Gesamtetat

Cora Verlag GmbH & Co.,
Hamburg
(Springer Verlag, Hamburg)
Natalie

**Gebr. Kömmerling
Kunststoffwerke GmbH,**
Pirmasens
Kunststoff-Fenster

Hoechst Aktiengesellschaft,
Frankfurt
Hostalit Z
Trevira

Technologie-Vermittlungs-Agentur, Berlin
(Bundesminister für Forschung und Technologie, Bonn)

CONNEX

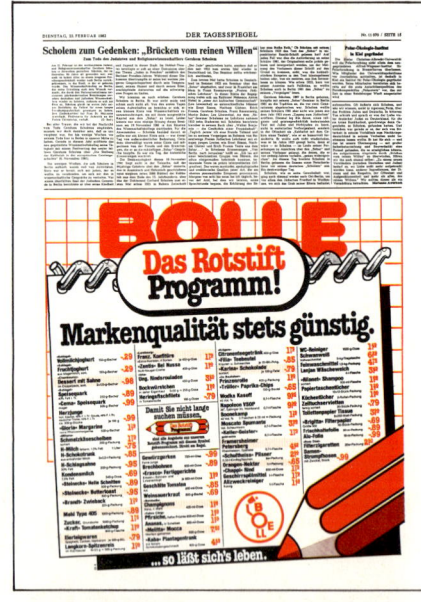

CONNEX Kommunikations-Service Werbeagentur GmbH

Kronberger Straße 10
1000 Berlin 33
Telefon: 030/8 25 50 60, Telex: 183 161

Gründung: 1968
Stammkapital: 21.000,– DM
Umsatz 1981: 8 Mio. DM
Umsatzerwartung 1982:
9,5 Mio. DM
Durchschnittsalter: 33 Jahre
Pro-Kopf-Umsatz 1981:
680.000,– DM

Zahl der Mitarbeiter
am 31.12.1981: 10

Gegenwärtige
Mitarbeiterzahl: 12

Zahl der Kunden: 18

Inhaber/Gesellschafter:
Wilfried Mühlhausen
Peter Schmidt

Kundenliste: Juli 1982

Bankengemeinschaftswerbung,
Berlin, Geldautomaten

BETEGE,
Berlin,
dentamint (Mundwasser)

Meierei C. Bolle
Berlin,
Imagewerbung, Produktwerbung,
Verkaufsförderung

**Bundesverband
Flächenheizungen (bvf),**
Hattingen,
Gemeinschaftswerbung,
Informationsbroschüren

Deutsches Kupfer-Institut,
Berlin,
Gemeinschaftswerbung,
Informationsbroschüren,
Lernprogramme

Freie Volksbühne e. V. Berlin
Institutionelle Werbung,
Mitgliederwerbung

Möbelhaus Hendel,
Berlin,
Verkaufsförderung

Hans K. Herr GmbH,
Berlin,
(Wohnbauträger) Imagewerbung,
Verkaufsförderung

Hotel Wastlsäge,
Bischofsmais,
Gästewerbung, Tagungs- und
Veranstaltungswerbung

**ITAG Immobilien Treuhand und
Vermögens AG,**
Berlin,
Imagewerbung

Kabel- und Metallwerke
Gutehoffnungshütte AG,
Hannover,
Energie-Dach & Wand,
FLEXWELL- Fernheizkabel,
Imagewerbung,
kabelmetal-Stahlmantelrohr
Kompaktflächentauscher,
PREMANT-Fernheizrohr

One Drop Only GmbH,
Berlin,
Nur 1 Tropfen (Mundwasser)

**R. & G. Schmöle Metallwerke
GmbH & Co. KG,**
Menden,
HAWE®-Sicherheitsrohr

Schramm-Sortimenter GmbH,
München,
decent-S (Dekorationssysteme)

Axel-SpringerVerlag,
Berlin,
Berliner Morgenpost,
Anzeigenwerbung,
Imagewerbung,
Leserwerbung

**Technowa, Gesellschaft für
Ingenieurleistungen GmbH,**
Berlin,
Imagewerbung

Paul Thor GmbH,
Berlin,
Büroorganisation,
Imagewerbung,
Verkaufsförderung

wiele-interieur,
Berlin,
Imagewerbung,
Verkaufsförderung

Concentrierte Communication:
contur macht das Produkt zum dramatischen Hauptdarsteller...

(siehe »10 Grundsätze der contur-Arbeit«.)

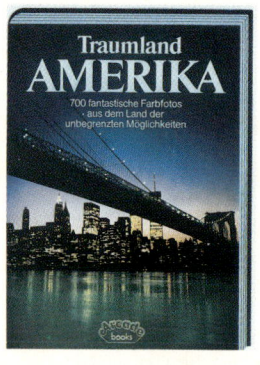

contur

Werbeagentur
GmbH
Friedrichstraße 59
6 Frankfurt am Main 1
Telefon 72 02 51
Telex 4-16 558

contur Werbeagentur GmbH

Friedrichstraße 59
6000 Frankfurt/M. 1
Telefon: 0611/72 02 51, Telex: 416 558

Gründung: 1969
Stammkapital: 101.000,00 DM
Umsatz 1981: 23.5 Mio
Umsatzerwartung 1982: 25 Mio
Durchschnittsalter: 33 Jahre
Pro-Kopf-Umsatz 1981: 1,02 Mio

Etatgrößen:
Über 3.0 Mio	23 %
zwischen 1.5 und 3.0 Mio	27 %
zwischen 500.000,– und 1.5 Mio	45 %
unter 500.000,–	5 %

Zahl der Mitarbeiter
am 31.12.1981: 23

Gegenwärtige
Mitarbeiterzahl: 23

Davon:	Kontakt	9
	Atelier	4
	Text	2
	Media	3
	Produktion	3
	Verwaltung	2

Zahl der Kunden: 16

Zahl der Etats: 18
Seit über 2 Jahren 13
Seit über 5 Jahren 7
Seit über 10 Jahren 1

Etatverteilung:
Verbrauchsgüter	70 %
Gebrauchsgüter	25 %
Dienstleistungen	5 %

Mediaverteilung:
Publ. Zeitschriften	33 %
Fachzeitschriften	7 %
Tageszeitungen	10 %
Werbefernsehen	29 %
Werbefunk	10 %
Bogenanschlag	2 %
Sales Promotion	8 %
PR	1 %

Inhaber/Gesellschafter:
Compton GmbH
Ernst Barth
Walther Rissel

Leitende Mitarbeiter:
Heidemarie Bald (40)
Ernst Barth (41)
Walther Rissel (42)

Filialen in allen werbewichtigen Ländern Europas und in Übersee.

Kundenliste:

Allgäuer Alpenmilch AG
München, (Alete) GE

American Motors Company
New York/USA, (Jeeps) GE

**Arcade Records
Deutschland GmbH,** Frankfurt TE

Arcade Video Deutschland GmbH
Frankfurt TE

**Berliner Marzipanmassenfabrik
Georg Moll,** Berlin GE
(Moll Marzipan)

Bongrain Gérard
Guyancourt/Frankreich
(Géramont) GE

Coberco Milchwerke
Deventer/Niederlande
(B & B, Lecker-leicht, Flipje Vla)
(Entwicklungen) GE

Daimon GmbH
Köln, (Batterien) TE

Deutsches Weinsiegel
Frankfurt GE

Deutscher Kinderschutzbund
Hamburg TE

FriKi frisch GmbH
Essen, (Frischgeflügel) GE

Messe- und Ausstellungs-GmbH
Frankfurt, (Heimtextil) TE

Nestlé Diät GmbH
München, (Beba) GE

Pelikan AG
Hannover, (Bürobedarf) TE

Plukon
Wezep/Niederlande,
(Frischgeflügel) GE

Sheraton International
Boston TE

---

10 Grunsätze der contur-Arbeit:

- Besonderen Wert legen wir auf die **Qualität der persönlichen Beratung.** „Account-Assistants", die sich auf Kosten mittlerer Auftraggeber ihre Sporen verdienen, gibt es bei contur nicht.

- **Wir kosten weniger,** weil wir weniger Kosten haben als die großen Agenturen.

- Wir sorgen dafür, daß unser **Full-Service** nie mittelmäßig ist. Gerade, weil wir eine mittlere Agentur sind.

- **Unsere Verkaufsförderungs-Aktionen** sind nicht nur ideenreich, sondern **funktionieren** auch im Handel.

- Unsere Spezialität: **Marken- und Packungs-Entwicklung.**

- Vor der Kreativität kommt bei contur eine ausgeprägte analytische Phase – vor dem Wie das Was. **Was haben wir dem Verbraucher zu sagen, damit er unser Produkt allen anderen vorzieht?**

- Über unsere **Kreativität** können wir Ihnen viel erzählen. Wir meinen jedoch, hier muß unsere bisherige Arbeit überzeugend für sich selbst sprechen.

- **Wir konzentrieren die Kommunikation** – sagen das, was am meisten zählt, so kurz, verständlich und aufmerksamkeitsstark wie möglich.

- Wir bauen die Kampagne um das Produkt. **Das Produkt wird zum dramatischen Hauptdarsteller der Kampagne.**

- **Unsere Maxime:
Das Produkt ist die Botschaft.**

DEWE WERBUNG GMBH

Dewe Werbung GmbH

Agentur für Marketing und Wirtschaftswerbung
Schelmenäckerstraße 28
7031 Hildrizhausen
Telefon: 07034/50 16, Telex: 7 265 684

Gründung: 1968
Stammkapital: 200.000,– DM
Umsatz 1981: 29,6 Mio DM
Umsatzerwartung 1982:
30,0 Mio DM
Durchschnittsalter: 35 Jahre
Pro-Kopf-Umsatz 1981:
1,14 Mio DM

Etatgrößen:
Über 3.0 Mio	70 %
zwischen 1.5 und 3.0 Mio	12 %
zwischen 500.000,– u. 1.5 Mio	8 %
unter 500.000,–	10 %

Zahl der Mitarbeiter
am 31.12.1981: 26

Gegenwärtige
Mitarbeiterzahl: 26

Zahl der Kunden: 9

Inhaber/Gesellschafter:
Monika Zell
Lothar Schlegel

Leitende Mitarbeiter:
Kurt Mugele,
Geschäftsführung und Beratung

Jörg Herterich
Ingeborg Livaditis
Werner Oehl

Schwestergesellschaft:
Dewe Studios GmbH
Film Ton Fotografie
Studio für AV-Produktionen
7031 Hildrizhausen

Kundenliste: Juli 1982

Alfred Ritter Schokoladefabrik,
Waldenbuch

Bibliographisches Institut AG,
Mannheim

Brauerei Sanwald,
Stuttgart

Daimler-Benz Aktiengesellschaft,
Stuttgart

Dinkelacker Brauerei AG,
Stuttgart

HERMA Heinrich Hermann,
Stuttgart

Hetzel & Co.,
Stuttgart

IBM Deutschland GmbH,
Stuttgart

**TEKRUM-WERK
Theodor Krumm GmbH & Co. KG,**
Ravensburg

DORLAND

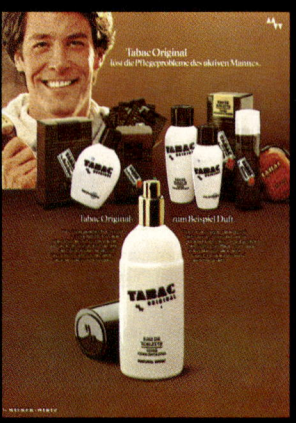

Dorland Werbeagentur GmbH

Keithstraße 2 – 4
1000 Berlin 30
Telefon: 030/2 11 90 71, Telex: 1/83 318
Bildschirmtext: * 823 #
Telefax: 030/211 90 71

Gründung: 1928
Stammkapital: 200.000,– DM
Umsatz 1981: 34,2 Mio
Umsatzerwartung 1982: 36 Mio
Durchschnittsalter: 39
Pro-Kopf-Umsatz 1981:
777.000,– DM

Etatgrößen:
Über 3.0 Mio   68 %
zwischen 1.5 und 3.0 Mio   10 %
zwischen 500.000,– und 1.5 Mio   15 %
unter 500.000,–   7 %

Zahl der Mitarbeiter
am 31.12.1981:   42

Gegenwärtige
Mitarbeiterzahl: 42

Davon: Kontakt   9
       Atelier   14
       Text   4
       Media   3
       Produktion   3
       Marktforschung   2
       PR   1
       Verwaltung   6

Zahl der Kunden: 20
Zahl der Etats: 23
Seit über 2 Jahren   5
Seit über 5 Jahren   4
Seit über 10 Jahren   9

Etatverteilung:
Verbrauchsgüter   50 %
Gebrauchsgüter   20 %
Dienstleistungen   20 %
Institut. Werbung   10 %

Mediaverteilung:
Publ. Zeitschriften   53 %
Fachzeitschriften   8 %
Tageszeitungen   24 %
Werbefernsehen   5 %
Werbefunk   1 %
Direktwerbung   1 %
Sales Promotion   7 %
Bildschirmtext   1 %

Inhaber/Gesellschafter:
K. W. Matthess
Lydia Matthess
Michael Matthess

Leitende Mitarbeiter:
K. W. Matthess (GF)
Günther Baier (GF)
Dr. Ernst Faltz (GF)
Günter Herrmann (Prok.)
Rolf-Dieter Neuburger (Prok.)
Günther Schnoor (Prok.)

Kundenliste:

ABC Barkredit-Bank GmbH,
Berlin, Bankwerbung   GE

BAR-Kreditbank, Frankfurt
Bankwerbung   GE

BAT Cigaretten-Fabriken GmbH
Hamburg
Krone   GE
Kurmark   GE

**Berliner Wasserwerke/
Berliner Entwässerungswerke**
Kommunikationsaufgaben   GE

Berthold AG, Berlin
Fotosatzmaschinen   GE

Effem GmbH, Verden/Aller
Tierfuttermittel
Verkaufsförderung   TE

**FKF BERLIN Fleischwaren-
und Konserven-Fabrik**
Fleischkonserven
Fertiggerichte
Gemeinschaftsverpflegung   TE

**FORUM STEGLITZ
Werbegemeinschaft,** Berlin
Einkaufszentrum   GE

Paul Hartmann AG
Heidenheim/Brenz
Watte und Verbandstoffe
Babyhygiene   GE

**Höffner Möbel-Gesellschaft
GmbH & Co KG**
Berlin
Einzelhandelsfilialist   GE

Hoh & Hahne Hohlux GmbH
Offenbach/Main
Repro-Kameras   GE

**it Gesellschaft zur Förderung
des internationalen turnier-
tennis Berlin e.V.**
Kommunikationsaufgaben   GE

Mäurer + Wirtz, Stolberg
Tabac Original
Granvalor
Azzaro   GE

Gebr. Manns GmbH & Co
Berlin
Lebensmittelfilialbetrieb   GE

Dr. Oetker Tiefkühlkost GmbH
Bielefeld
Entwicklungsaufgaben   TE

Polster Bär KG, Berlin
Einzelhandelsfilialist   GE

Spiegel Marketing GmbH
Berlin
Drogeriekette   TE

Weberbank KG, Berlin
Bankwerbung   TE

**Wirtschaftsvereinigung der
Berliner Ernährungsindustrie e.V.**
Gemeinschaftswerbung
Lebensmittel   GE

**WSK Grundstücks-
Verwaltungs-Gesellschaft mbH**
Berlin
Corporate Design   GE

Eberle GmbH

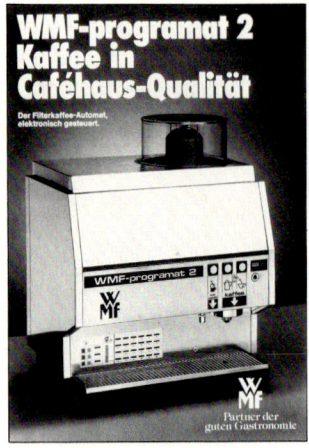

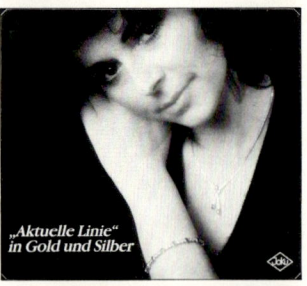

Werbeagentur · Graphisches Atelier · Fotostudio

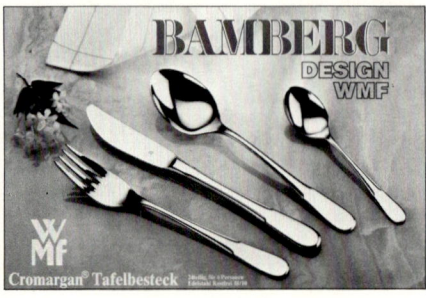

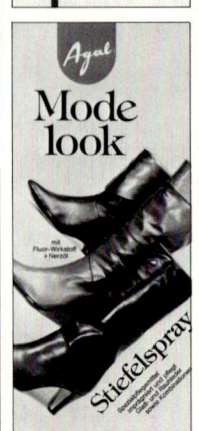

Eberle GmbH

Werbeagentur · Graphisches Atelier · Fotostudio

Goethestraße 115-117
7070 Schwäbisch Gmünd

Telefon 0 71 71/6 10 08
Telex 7 248 756

Gründung: 1961

Geschäftsführer: Gerd Eberle

Leitende Mitarbeiter:

Lotte Eberle
Peter Esser
Willy Hagg
Hubert Minsch, ppa.
Manfred Ruis

Zahl der Mitarbeiter*:

Gesamt: 21
Kontakt/Text: 4
Atelier/Gestaltung: 9
Media: 2
Fotostudio: 4
Verwaltung: 4

* verschiedene Mitarbeiter haben mehrere Aufgabengebiete

Zahl der Kunden: 18

Zahl der Etats: 20

Seit über 10 Jahren: 8
Seit über 5 Jahren: 9
Seit über 2 Jahren: 3

Kundenliste:

Augusta GmbH, Aalen/Württ.
(Pflegemittel)

J. A. Bäuerle GmbH, Böbingen/Rems
(Holzbearbeitungsmaschinen)

Braitsch & Plessing, Göppingen
(Dental-Depot)

Brandt-Gruppe, Hagen und Landshut
(Zwieback, Schokoladen, Biskuits)

Franke & Heydrich, Aalen/Württ.
(Präzisionsmechanik)

Hamol International Cosmetics GmbH,
Tübingen

Interessengemeinschaft Silberwaren e.V., Schwäb. Gmünd

Kavalier Verkaufs-GmbH, Aalen/Württ.
(Pflegemittel)

Mapal, Dr. Kress KG, Aalen/Württ.
(Präzisionswerkzeuge)

Gebrüder Nubert GmbH, Schwäb. Gmünd
(Friseureinrichtungen)

Fritz Reu & Co., Heubach/Württ.
(Metallverarbeitung, Münzen und Medaillen)

Stadt Schwäbisch Gmünd
(Fremdenverkehrswerbung)

Sügro Interchoc Handelsges., Hagen
(Süßwaren)

Schenk Filterbau GmbH, Schwäb. Gmünd
(Investitionsgüter)

August Schmid GmbH, Donzdorf
(Tanks, Auspuffanlagen)

Chocolat Tobler GmbH, Stuttgart

WMF - Württ. Metallwarenfabrik,
Geislingen/Steige
(Kaffeemaschinen, Hotel- und Anstaltsbedarf),
(Verpackungen, Entwicklungsaufgaben)

Zick Zack Werk, Heidelberg
(Getränke, Nahrungsmittel)

Wir machen vieles anders als die anderen 49 Agenturen unter Deutschlands Top Fifty.

Denn…

Economia

Manfred Baumann KG
An der Alster 38, 2000 Hamburg 1
Telefon: 040/24 66 44
Telex: 02/162590

Wenn man etwas kann, wenn man arbeitet, wenn man nach vorne will, wenn man sich ehrlich und herzlich engagiert – kann der Erfolg nicht ausbleiben.	Gründung: Stammkapital: Umsatz 1981: Umsatzerwartung 1982: Durchschnittsalter: Pro-Kopf-Umsatz 1981:	1966 DM 300.000,- DM 50 Mio. DM 60 Mio. 34 Jahre DM 781.250,-	Etatgrößen: Über 3,0 Mio. zwischen 1,5 Mio. u. 3,0 Mio. zwischen 500.000,- und 1,5 Mio. unter DM 500.000,-	30% 30% 25% 15%

Inhaber/Gesellschafter: Manfred Baumann, Kompl. Edda-Louise Brinkama, Komm. Geschäftsleitung: Hans-Joachim R. Almer Etat-Direktoren: Wolfganz Itzen Peter Klinz Willi Strübbe	Creativ-Direktoren: Karl-Heinz Häseler Friedrich W. Nagel Art-Direktor: Heiko Nagler Prod.-Leitung: Dieter Heinatz Foto: Klaus Strössner Account: Ingrid Veltrup	Zahl der Mitarbeiter am 31.12.1981 64 Gegenwärtige Mitarbeiterzahl: 64 Davon: Kontakt + GF 16 Atelier 19 Text 3 Media 3 Produktion 3 Foto 3 Verwaltung 10 Sonstige 7

…wir haben vor 16 Jahren dort angefangen, wo der Erfolg guter Werbung eigentlich erst sichtbar wird: am point of sale. Dort haben wir vom 1. Tag an den Verbraucher aus persönlicher Erfahrung kennengelernt – nicht nur aus Untersuchungen und Statistiken. Die intensive Zusammenarbeit mit dem Handel hat uns viele Theorien über Ein- und Verkaufsverhalten vergessen lassen. Die kontinuierliche Beschäftigung mit Mode hat unser Gespür für Trends geschärft, unsere Mannschaft aufs Härteste trainiert. Die besten Voraussetzungen für eine Zeit, in der es wieder auf Gefühl für Marktempfindungen, auf Sensibilität gegenüber sich wandelndem Verbraucherverhalten ankommt. Wenn Sie mehr über unsere Arbeit und unsere Vorgehensweise wissen möchten – dann rufen Sie uns doch einfach mal an. Telefon: 040/24 66 44

lucia · Duni · rotring zeichnen und schreiben · Castrol · Avenue

époque · PIONIER · Schiesser · vossen · lutz teunoff

FINK MODELL · MAROKKO · lebek · ardek · GOLF

PRO-MOTION · k+l ruppert · gruppe top textil · l'estelle · belami

· erle zf · cm creation mademoiselle ·

hadeka modegruppen · eickhoff · Ledermann · Gerich · GROHAG

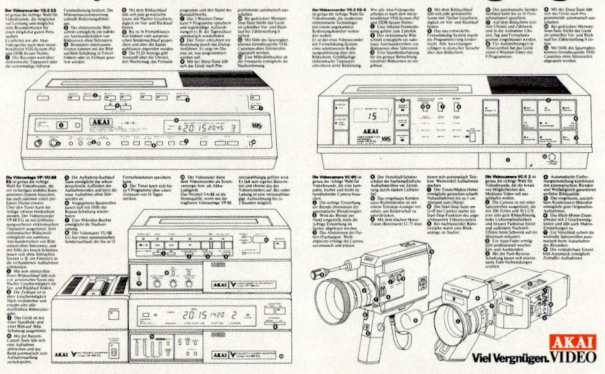

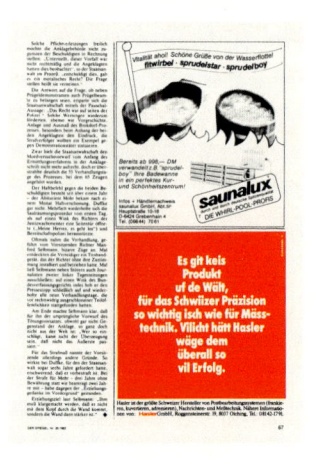

EILER & RIEMEL / BBDO

Eiler & Riemel / BBDO Werbeagentur GmbH

Herzog-Heinrich-Straße 9
8000 München 2
Telefon: 089/53 05 21, Telex: 0 529 007

Gründung: 1.10.1973
Umsatzerwartung 1982:
36 Mio
Durchschnittsalter: 30 Jahre
Pro-Kopf-Umsatz 1981: 1,2 Mio

Zahl der Mitarbeiter
am 31.12.1981: 30

Gegenwärtige
Mitarbeiterzahl: 30

Inhaber/Gesellschafter:
Frank Eiler
Fred Riemel
BBDO

Leitende Mitarbeiter:
Frank Eiler, Geschäftsführer
Traugott Massmann,
Geschäftsführer
Fred Riemel, Geschäftsführer
Ursula Büschler, Media
Dietrich Leszinski, Produktion
Jean-Remy von Matt, Gestaltung

Kundenliste September 1982

Akai Deutschland GmbH, Egelsbach — GE

Audi NSU, Ingolstadt — TE

BRW - Bayerische Rundfunkwerbung, München — GE

D.A.S. Deutscher Automobilschutz, München — TE

Gillette Deutschland GmbH, Frankfurt — TE

Paul Hartmann AG, Heidenheim/Brenz — TE

Hasler GmbH, Olching — GE

Kiessling + Partner, Gesellschaft für Fotovertrieb und Marketing mbH, Rödermark — GE

Lee Apparel ltd., Maidenhead/Berkshire uk — TE

Menley + James Laboratories (Pharma) GmbH, München — TE

Minox GmbH, Giessen — GE

Pernod Deutschland, Düsseldorf — GE

Pit Stop Autoservice GmbH, Offenbach — GE

Reynolds Tobacco GmbH, Köln

E&P
ERDMANN & PARTNER WERBEAGENTUR GMBH

E & P ERDMANN & PARTNER Werbeagentur GmbH

Emanuel-Leutze-Straße 17
4000 Düsseldorf 11
Telefon: 0211/59 77-0, Telex: 8 504 060

Kreativität aus Methodik

Wir setzen auf jene Art der Kreativität, die aus methodischer Vorarbeit resultiert; wir haben Belege für unsere These, daß Methodik und Kreativität sehr wohl in dem selben Beet gedeihen können.

Gründung: Oktober 1965
Stammkapital: 100.000,– DM
Umsatz 1981: 36.100.000,– DM
Umsatzerwartung 1982: 36.000.000,– DM
Durchschnittsalter: 34 Jahre
Pro-Kopf-Umsatz 1981: 1.128.125,– DM

Kundengrößen:
Über 3.0 Mio	40 %
zwischen 1.5 und 3.0 Mio	10 %
zwischen 500.000,– u. 1.5 Mio	20 %
unter 500.000,–	30 %

Zahl der Mitarbeiter
am 31.12.1981: 32

Gegenwärtige
Mitarbeiterzahl: 33

Davon: Beratung	7
Gestaltung	13
Media	3
Realisation	4
Verwaltung	4
Sonstige	2

Zahl der Kunden: 9

Zahl der Etats: 17
Seit über 2 Jahren 5
Seit über 5 Jahren 4
Seit über 10 Jahren 2

Etatverteilung:
Verbrauchsgüter	71 %
Gebrauchsgüter	11 %
Dienstleistungen	18 %

Mediaverteilung:
Publ. Zeitschriften	37 %
Fachzeitschriften	2 %
Tageszeitungen	7 %
Werbefernsehen	12 %
Werbefunk	8 %
Werbefilm/Dia	5 %
Direktwerbung	1 %
Bogenanschlag	10 %
Sales Promotion	18 %

Inhaber/Gesellschafter:
Fred T. Erdmann
Hartmut Eysell
Hans-Dietrich Kakuschke
Benno Klapp
Manfred Schulz

Leitende Mitarbeiter:
Fred T. Erdmann, Geschäftsführung/Beratung

Hartmut Eysell, Beratung

Hans-Dietrich Kakuschke, Finanzen/Verwaltung

Manfred Schulz, Gestaltung

Benno Klapp, Text

Gerd Erdmann, Media

Friedhelm Langen, Produktion

Günter Wolf, Reinzeichnung

Kundenliste:

Aachener und Münchener Versicherung AG
Aachen
alle Versicherungssparten
und Imagewerbung

Dortmunder Actien-Brauerei
Dortmund
alle Biermarken, vor allem
DAB Meister Pils.
Dortmunder Actien-Alt und
Dortmunder Actien-Original

Douwe Egberts Agio GmbH
Neukirchen-Vluyn
Gesamtsortiment Tabak:
Amphora, Drum, Mullingar's,
Buccaneer, Rider, Leiv Eirikson,
Winner, Egberts

Duewag Aktiengesellschaft
Krefeld-Uerdingen
Produktwerbung, Corporate Identity

International Standard Brands Inc.
New York
Planters Nuß-Snacks

Sektkellerei Carstens KG
Wiesbaden
Carstens SC weiß.
Carstens SC rot

Sperry Univac GmbH
Sulzbach/Ts.
Computer

August Storck KG
Halle
merci-Schokoladenriegel
und Entwicklungsaufgaben

AOK Düsseldorf
Mitglieder-Zeitschrift

ERNST & PARTNER

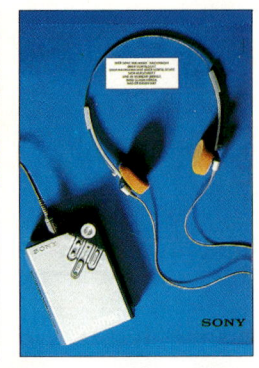

74

ERNST & PARTNER Werbeagentur GmbH

Jan-Wellem-Platz 1
4000 Düsseldorf
Telefon: 0211/32 02 71, Telex: 8 588 567

Gründung: 1. August 1978
Stammkapital: 100.000,– DM
Umsatz 1981: 32 Mio DM
Pro-Kopf-Umsatz 1981:
740.000,– DM

Etatgrößen:
über 3,0 Mio 65 %
unter 3,0 Mio 35 %

Zahl der Mitarbeiter
am 31.12.1981: 38

Gegenwärtige
Mitarbeiterzahl: 43

Davon: Kontakt/Marketing 11
       Atelier 15
       Text 4
       Media/Marktforschung 4
       Produktion 4
       Verwaltung 3
       Finanzen 2

Zahl der Kunden: 11

Zahl der Etats: 24

Inhaber/Gesellschafter:
Georg V. Ernst
Raymond Ch. Wire

Leitende Mitarbeiter:
Georg V. Ernst (Geschäftsführer)
Hansgerd Bär (Beratung)
Raymond Ch. Wire (Creation)
Reinhold F. Szallies
(Marktforschung/Media)
Melita Kahl (Finanz)
Annette Preissig (Personal)

Kundenliste: **Juli 1982**

Akutec
München
Produktbereich HiFly
Mediawerbung, Verkaufsförderung,
Verkaufsliteratur, Messen

Jacques Borel Deutschland AG
Düsseldorf
Produktbereich Churrasco
Mediawerbung, Verkaufsförderung
Produktbereich Barbecue Berlin
Mediawerbung, Verkaufsförderung
Produktbereich RS Restaurant
Service
Mediawerbung, Verkaufsförderung

Bremshey AG
Köln
Produktbereich Knirps (Schirme)
Media, Verkaufsförderung

Cokin Filter
Düsseldorf
Produktwerbung,
Verkaufsförderung

**Ericsson Information
Systems GmbH**
Düsseldorf
Firmen- und Produktwerbung,
Mediawerbung, Verkaufsförderung,
Verkaufsliteratur, Messen

Ford Werke AG
Köln
Firmenbereich Kundendienst
Mediawerbung, Verkaufsliteratur,
Förderungsmittel
Firmenbereich Ford sofort
Mediawerbung, Verkaufsförderung

Kalkhoff Werke GmbH
Cloppenburg
Produktbereich Fahrräder
Mediawerbung, Verkaufsförderung,
Verkaufsliteratur, Messen

Nikon GmbH
Düsseldorf
Verbraucher- und Industriebereich
Mediawerbung, Verkaufsliteratur,
Verkaufsförderung

Sony Deutschland GmbH
Köln
Alle Verbraucher- und Industrie-
bereiche
Mediawerbung, Verkaufsförderung,
Verkaufsliteratur, Messen

Sony Österreich
Wien
Alle Produktbereiche
Mediawerbung, Verkaufsförderung,
Verkaufsliteratur

Wega Elektronik
Köln
Produktbereich Unterhaltungs-
elektronik
Mediawerbung, Verkaufsförderung,
Verkaufsliteratur, Messen

europa

›europa‹ Gesellschaft für
Wirtschaftswerbung mbH
Heusteigstraße 11 · 7000 Stuttgart 1
Postfach 637 · Telefon 0711/24 65 41
Telex 07-23 561

Eigenes Fotoatelier (mit Küche)

Demonstration technischer Produktionsabläufe, Prospekte

Anzeigen in Tageszeitungen

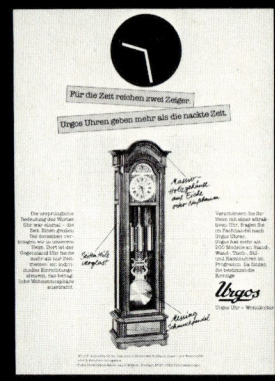

Anzeigen in Publikumszeitschriften und Fachzeitschriften

Kataloggestaltungen

Direktaktionen, Schulungsunterlagen

Signets

Funk- und Fernsehwerbung, Großplakatierung

Schematische Gliederung und übersichtliche Gestaltung von Preislisten und Verkaufsunterlagen

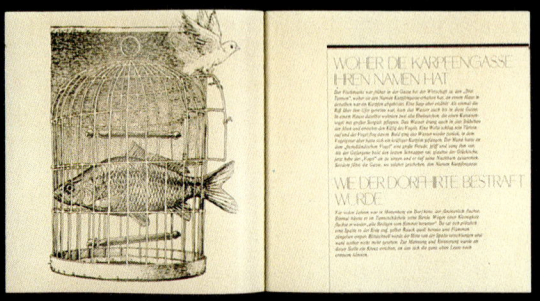

Illustrationen, Broschüren, Konzeptionen für Messen und Ausstellungen

Plakate

76

europa Gesellschaft für Wirtschaftswerbung mbH

Heusteigstraße 11,
7000 Stuttgart 1
Telefon: 0711/24 65 41-43, Telex: 7-23 561
Fernkopierer: 24 39 04

Gründung:	1952
Stammkapital:	100.000 DM
Umsatz 1981:	5,8 Mio.
Umsatzerwartung 1982:	6,2 Mio.
Durchschnittsalter:	33
Pro-Kopf-Umsatz 1981:	540.000,–

Etatgrößen:
Über 3.0 Mio	ca. 60 %
zwischen 500.000.-- und 1.5 Mio	ca. 40 %

Zahl der Mitarbeiter am 31.12.1981	10
Gegenwärtige Mitarbeiterzahl:	10
Davon: Kontakt	2
Atelier	5
Text	2
Media	1
Verwaltung	2

einzelne Mitarbeiter erfüllen mehrere Funktionen

Zahl der Kunden:	11
Zahl der Etats:	13
Seit über 2 Jahren	9
Seit über 10 Jahren	4

Etatverteilung:
Verbrauchsgüter	60 %
Gebrauchsgüter	31 %
Dienstleistungen	9 %

Medienverteilung:
Publ. Zeitschriften	10 %
Fachzeitschriften	28 %
Tageszeitungen	12 %
Werbefernsehen	40 %
Werbefunk	10 %

Inhaber/Gesellschafter:
Hartmut Eck
Gernot Graf
Herbert G. Werner

Leitende Mitarbeiter:
Hartmut Eck, Text und Kontakt
Gernot Graf, Atelier
Natascha Kochendörfer, Finanzen

Kundenliste:

Bellaplast GmbH, Wiesbaden GE

CBT Zentralbüro der Obst- und Gemüseversteigerungen in den Niederlanden, Den Haag GE

Columbus Globen,
Weinstadt 1 GE

Pap Star Vertriebsgesellschaft mbH, Kall/Eifel GE

PMF, Plastik-Maschinen-Folien GmbH, Heubach

Renz, Maschinenbau GmbH
Heubach GE

Südwestbank AG, Stuttgart GE

Techno Sportartikel GmbH,
München GE

Urgos-Uhrenfabrik,
Schwenningen GE

Sonstige

Fünf Kampagnen, die Sie sehr gut kennen.

Wenn Sie Melkanlagen brauchen… in Steinheim wohnen… Süßigkeiten herstellen…

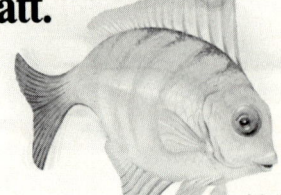

Fische füttern… …und gern Kartoffeln essen.

FAIR

FAIR Marketing- und Werbe-GmbH & Co

Heinrichstraße 118
4000 Düsseldorf
Telefon: 0211/63 10 47-48, Telex: 8 582 157

FAIR Marketing- und Werbe-GmbH & Co

Am Masper Teich 10 b
4933 Blomberg
Telefon: 05235/4 77-79, Telex: 9 35 890

Gründung: 1957
Umsatz 1981: 19,5 Mio
Umsatzerwartung 1982: 20,5 Mio
Durchschnittsalter: 30 Jahre
Pro-Kopf-Umsatz 1981: 890.000,– DM

Etatgrößen:
Über 3,0 Mio	30%
zwischen 1,5 und 3,0 Mio	20%
zwischen 500.000,– und 1,5 Mio	35%
unter 500.000,–	15%

Zahl der Mitarbeiter
am 31.12.1981: 22

Gegenwärtige
Mitarbeiterzahl: 22

Davon: Kontakt	4
Atelier	3
Text	3
Media	2
Produktion	1
Marketing	2
FFF	1
PR	2
Verwaltung	2
Messebau	1
Fotostudio	1

Zahl der Kunden:	27
Zahl der Etats:	35
Seit über 2 Jahren	13
Seit über 5 Jahren	11
Seit über 10 Jahren	8

Etatverteilung:
Verbrauchsgüter	30%
Gebrauchsgüter	40%
Dienstleistungen	15%
Institut. Werbung	15%

Mediaverteilung:
Publ. Zeitschriften	15%
Fachzeitschriften	10%
Tageszeitungen	10%
Werbefernsehen	10%
Werbefilm/Dia	5%
Direktwerbung	10%
Sales Promotion	15%
PR	20%
Verschiedenes	5%

Geschäftsführender Gesellschafter:
Rolf B. Bollmann

Leitende Mitarbeiter:
Manfred Rohde, Creativ-Director
Hans Koch, Etat-Director
Dr. Barbara Toillié, Public Relations
Brigitte Kipka, Finanzen u. Verwaltung
Heidemarie Bracht, Media
Gerhard Kratz, Art-Director
Claus Homann, Art-Director

Büros in:
Barcelona, Brüssel, Den Haag,
Lissabon, London, Mailand, Oslo,
Paris, Wien, Zürich

Kundenliste:

Arbeitsgemeinschaft GE
Raumluftreiniger, Hagen
Interessenvereinigung der Hersteller
von Raumluftreinigern

AVIKO B.V., Steenderen/NL GE
tiefgekühlte Kartoffelprodukte

Blomberger Holzindustrie GE
B. Hausmann GmbH & Co KG,
Blomberg, Spezial-Sperrholz

Böllhoff & Co, Bielefeld GE
Befestigungselemente

Caricor Ltd., London TE
Klimatechnik, Wärmepumpen

Carrier GmbH, GE
Rüsselsheim
Klimatechnik, Wärmepumpen

Deutsche Wurlitzer GmbH, GE
Hüllhorst
Musik- und Warenautomaten

Flohr Otis GmbH, Berlin TE
Aufzüge, Fahrtreppen

Forbo Tapijt B.V., Soest/NL TE
Teppiche, Teppichböden

Forbo Teppich GmbH, GE
Paderborn
Teppiche, Teppichböden

Frico/DOMO Konsumptiemelk- TE
bedrijven, Groningen/NL
Milchprodukte

FSB, Franz Schneider Brakel TE
Metallwerk

Graf Metternich-Quellen, GE
Vinsebeck
Mineralbrunnen, Limonaden

Ijsfabriek de Valk, GE
Hellendoorn/NL
Tiefkühlbackwaren, Eisprodukte

Joka Werkzeug- und GE
Maschinenbau GmbH & Co KG
Bielefeld, Stanzwerkzeuge

Karl H. Sengewald KG GE
Halle/Westf., Verpackungstechnik

Miele & Cie GmbH & Co, TE
Gütersloh, Gewerbliches Waschen,
Trocknen und Spülen, Kühlanlagen,
Melkanlagen, Medizin- und
Krankenhaustechnik, Luftreiniger

Hans Sievert GmbH, GE
Osnabrück, Produktions-, Handels-
und Transportunternehmen

Sollich GmbH & Co KG, GE
Bad Salzuflen, Spezialmaschinen für
die Schokoladenindustrie

Stadt Dülmen GE

Stadt Leer, Ostfriesland GE

Stadt Minden, Westf. GE

Stadt Paderborn GE

TetraWerke, GE
Dr. rer. nat. Ulrich Baensch GmbH
Melle, Aquaristik-Produkte

Teves Thompson GmbH, TE
Barsinghausen
Motorenteile, Ventile

United Technologies TE
Corporation, Hartford, Conn., USA
Internationaler Konzern, zu dem u. a.
folgende Gesellschaften gehören:
Pratt & Whitney, Sikorsky, OTIS,
Carrier, Mostek, Inmont und
Packard Instrument

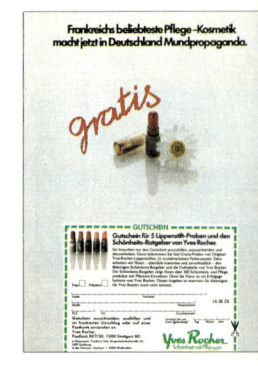

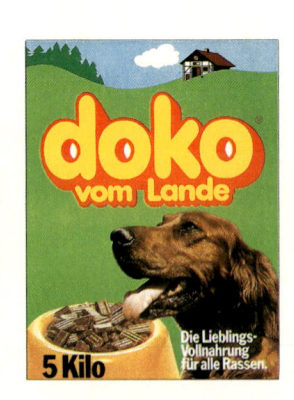

F & L Fanghänel & Lohmann GmbH
6 Frankfurt, Annastraße 7, Telefon: (0611) 55 07 63, Telex: 41 7261 fld

Auf deutsch: Dieser Platz ist reserviert für Sie und Ihre Freunde.

80

F & L Fanghänel & Lohmann GmbH

Annastraße 7
6000 Frankfurt 1
Tel.: 0611/55 07 63, Telex: 417 261 fl d

Gründung: 1979
Umsatz 1981: 13 Mio DM
Umsatzerwartung 1982: 16 Mio DM
Durchschnittsalter: 31 Jahre
Pro-Kopf-Umsatz 1981: 1,2 Mio DM

Etatgrößen:
Über 3,0 Mio	55%
zwischen 1,5 und 3,0 Mio	30%
zwischen 500.000,– und 1,5 Mio	12%
unter 500.000,–	3%

Zahl der Mitarbeiter
am 31.12.1981: 11

Gegenwärtige
Mitarbeiterzahl: 13

Zahl der Kunden: 11

Inhaber/Gesellschafter:
Hartmut Fanghänel
Reinhart Lohmann

Leitende Mitarbeiter:
Heribert Stoß, Grafik
Hans-Werner Burow, Kontakt
Edeltraut Moritz, Media

Filiale:

F & L, Fanghänel & Lohmann Inc.
New York, N. Y. 10001
875 Avenue of the Americas

Kundenliste:

Bofferding-Bier
Brasserie Nationale
Luxemburg

Dresdner Bank
Dresdner Bank AG
Frankfurt

IMS
International Moving Service
Frankfurt

Heym Jagdwaffen
Friedrich Wilh. Heym GmbH
Münnerstadt

Milkivit-Tiernahrung
Milkivit A. Trouw GmbH
Burgheim

Nord-West-Ring-Schuhe
Nord-West-Ring
Schuh-Einkaufsgenossenschaft
Frankfurt

Schächter-Schinken
Heinrich Schächter
Schinkenräucherei GmbH
Schüttorf

Schloss VAUX-Sekt
Eltville/Rheingau

Ültje-Erdnüsse
Dibona Markenvertrieb KG
Ettlingen

Yves Rocher-Kosmetik
Yves Rocher GmbH
Stuttgart

Westfell Pelzmoden
Westfell GmbH & Co, Frankfurt

FDS
Dressel Schlichenmaier Werbeagentur GmbH

FDS Dressel Schlichenmaier Werbeagentur GmbH

Mörikestraße 21, Postfach 340
7000 Stuttgart 1
Telefon: 0711/60 37 42 – 44 Telex: 7 21 788

Gründung: 1969
Stammkapital: 100.000,– DM
Umsatz 1981: 18 Mio DM
Umsatzerwartung 1982: 16 Mio DM
Durchschnittsalter: 32 Jahre
Pro-Kopf-Umsatz 1981:
760.000,– DM

Etatgrößen:
Über 3.0 Mio	17 %
zwischen 1.5 und 3.0 Mio	50 %
zwischen 500.000,– und 1.5 Mio	33 %
unter 500.000,–	17 %

Zahl der Mitarbeiter
am 31.12.1981: 22

Gegenwärtige
Mitarbeiterzahl: 18

Davon: Beratung und Text 8
      Atelier 4
      Media 1
      Produktion 1
      Verwaltung 3
      Sonstige 1

Zahl der Kunden: 5

Zahl der Etats: 6
Seit über 2 Jahren 1
Seit über 5 Jahren 2
Seit über 10 Jahren 2

Etatverteilung:
Verbrauchsgüter	16 %
Gebrauchsgüter	84 %

Mediaverteilung:
Publ. Zeitschriften	22 %
Fachzeitschriften	8 %
Tageszeitungen	10 %
Direktwerbung	6 %
Sales Promotion	54 %

Inhaber/Gesellschafter:
Armin Dressel
Frieder Schlichenmaier
Jochen Pläcking

Leitende Mitarbeiter:
Geschäftsführer:
Armin Dressel
Frieder Schlichenmaier
Jochen Pläcking
Art Direction:
Klaus Feil

Kundenliste:

Bergader
Bergader-Käsewerk
Basil Weixler GmbH,
Waging am See/Obb.
Käse-Spezialitäten   GE

Fiat
Fiat Automobil AG
Heilbronn
PKW-Programm
Verkaufsförderung   GE

Fiat Transporter
Fiat Automobil AG
Heilbronn
Transporter-Programm   GE

Märklin
Gebr. Märklin & Cie GmbH
Göppingen
Gesamtprogramm
Modelleisenbahnen
Modellbaukästen
Verkaufsförderung   GE

Smail
Konrad Hornschuch AG
Urbach
Bett- und Tischwäsche   GE

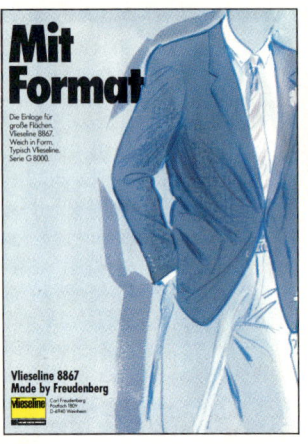

Werbeagentur FRENZ

84

Werbeagentur FRENZ GMBH
Inhaber: HASELBACH UND PARTNER

Alexander-Diehl-Straße 2 a
6500 Mainz 26
Postfach: 6500 Mainz 1, Nr. 19 20
Telefon: 06131/8 10 61, Telex: 04 187 760

Gründung: 1868
Stammkapital: 100.000,– DM
Umsatz 1981: 19,6 Mio DM
Pro-Kopf-Umsatz 1981:
754.000,– DM

Gegenwärtige
Mitarbeiterzahl: 26

Etatgrößen:
Über 500.000,– DM   64 %
unter 500.000,– DM   36 %

Geschäftsleitung:
Alexander Haselbach,
Geschäftsführender
Gesellschafter

Christoph Adam,
Geschäftsführender
Gesellschafter

Wilfried Guhlmann,
Finanzen und Verwaltung

Erich Scheibner,
Creation

Hans-Jürgen Weber,
Kundenberatung

Mitglied:
WDW (Wirtschaftsverband
Deutscher Werbeagenturen)

IAP (International Agency
Partners)

Kundenliste: Mai 1982

Asbach & Co., Rüdesheim
Asbach Uralt Fachanzeigen   TE

Autohaus Jacob, Rüsselsheim   TE

**Boehringer Ingelheim
Backmittel GmbH,** Ingelheim   GE

CELAMERCK GmbH & Co. KG,
Ingelheim
CELAMERCK-Gartenpflege
CELAMERCK-Pflanzenschutz
CELAMERCK-Haushalts-
Insektizid-Programm Nexa-Lotte
CELAMERCK-Insektenschutz
Jacutin
CELAMERCK-Kartoffelschutz
Tixit   GE

CIBA GEIGY GmbH, Frankfurt
Gesal-Spezialitäten
für den Garten   TE

Carl Freudenberg, Weinheim
Vlieseline   GE

**Deutsche Amphibolin-Werke
von Robert Murjahn**
Ober-Ramstadt
Caparol-Farbenprogramm
Alpinaweiß, Alpinacolor,
Muresko, Amphibolin,
Capacryl etc.   GE

Dyckerhoff-Zementwerke AG,
Wiesbaden
Sonderaufgaben

**inbau
Industrielles Bauen GmbH,**
Neu-Isenburg
(Tochter der Philipp Holzmann AG)
Wohnungsbau und
Nicht-Wohnungsbau   GE

Schott Glaswerke, Mainz
Sonderaufgaben

Leder-Viehoff, Emden, Bonn
Frankfurt, Garmisch-Partenkirchen,
Koblenz, Mainz, Münster,
Saarbrücken, Viernheim, Westerland,
Lederwarenbekleidung   GE

LBS Immobilien GmbH,
Frankfurt (Main)
Immobilien (Hessen)   GE

Mainzer Volksbank e. G., Mainz
regionale Bankwerbung   GE

**MAPA GmbH, Gummi- und
Plastikwerke,** Zeven
Verbraucherwerbung für NUK
(Bereiche Flaschen, Sauger, Spiel-
tiere und sonstige Babyartikel)   GE

**Norddeutsche Hagel Ver-
sicherungs-Gesellschaft a. G.,**
Gießen
Spezialversicherungen für
Hagelschäden   GE

**OfB Bauvermittlungs- und
Gewerbebau GmbH,** Frankfurt
(Tochter der Hessischen
Landesbank Girozentrale)
Immobilien   GE

**Resopal-Werke,
H. Römmler GmbH,**
Groß-Umstadt
Sonderaufgaben

Rheinhessenwein e. V., Mainz
Gemeinschaftswerbung
Weinanbaugebiet Rheinhessen   GE

**Rimbacher Gummiwaren-
fabrik GmbH**
Rimbach/Odenwald
Verbraucherwerbung für RIC
(Bereich Flaschen, Sauger, Spiel-
tiere und sonstige Babyartikel)   GE

**Rudolf Müller Splendid-
Sektkellerei KG,** Reil/Mosel
Splendid Sekt   TE

**Sparkassen- und Giroverband
Rheinland-Pfalz,** Mainz
Sparkassenwerbung   TE

**Sport-Toto GmbH,
Staatliches Zahlenlotto
Rheinkand-Pfalz,** Koblenz
Lotto, Toto, Rennquintett,
Spiel '77, Losbrief-Lotterie   GE

**Zentralkellerei Rheinischer
Winzergenossenschaften e. G.,**
Gau-Bickelheim
Weinwerbung   GE

Rothahn
EDV-Zubehör (GE)

Emco
Badausstattung, Heizung, Lüftung (GE)

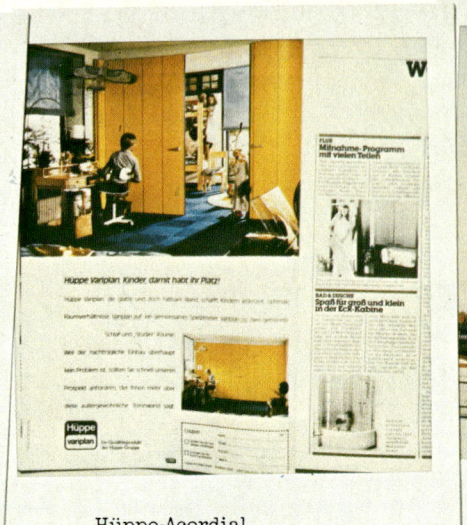

Hüppe-Acordial
Raumtrennungen (GE)

Focke &
Verpack

Werbeagentur Frese & Wolff GmbH, Heiligengeiststraße 10, 2900 Oldenburg, Tel. 0441/24324, Tele

BEZ
Butter- und
Eierzentrale (GE)

Justin Hüppe
Sonnenschutz (GE)

Büfa
Farben und Lacke (GE)

Jaso-Küchen HK
Küchen (GE)

Zahl der Kunden: 34. Zahl des Etats: 25. Inhaber: Friedhelm Frese, Hans-E. Wolff.

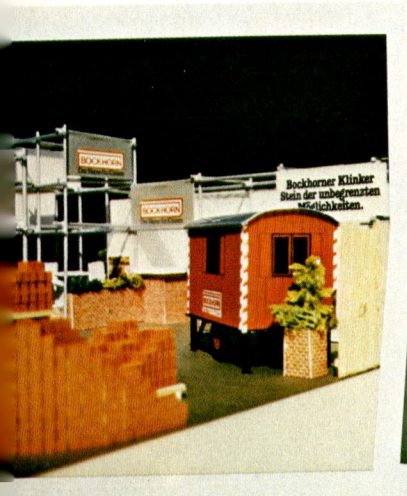

Vereinigte
Oldenburger Klinkerwerke (GE)

Öffentliche Versicherung
Versicherungen (GE)

Brötje-Werke
Werk für Heizungstechnik (GE)

SFB
Micro-Compute

...inen (GE)  Stadt Oldenburg (TE)  Babcock BSH AG (TE)  Katt Hemden (GE)

5769. Gründung: 1976. Gegenwärtige Mitarbeiterzahl: 22.

Bremer Vulkan Werft (GE) Hertie Warenhauskonzern (TE) Novus Hefttechnik (GE) Zeitungsregion NORDWEST (GE)

Becker Imbiss
Restauration und Imbiss-Kette (GE)
Bundesverband
Schlüsselfertiges Bauen e.V. (GE)
Energieversorgung
Weser-Ems AG (TE)
Deutsche ICI
Chemiekonzern (TE)
GSG
Gemeinnützige
Siedlungsgesellschaft (GE)
Korte-Licht
Lampi-Leuchten (GE)
Mettcker
Druckerei, Verlag (GE)
NWK
Nordwestdeutsche Kraftwerke AG (TE)
ÖBS
Bausparkasse (TE)

Inhaber:
Friedhelm Frese, Geschäftsführer
Kontakt (41)
Hans-E. Wolff, Geschäftsführer
Creation (35)
Leitende Mitarbeiter:
Hans-Christoph Kassmann
Prokurist (40)
H.-J. Ritz
Finanzen (35)
Eberhard Meyer
Art Direction (28)
Hartmut Peters
Reinzeichnung (36)
Ulrich Frese
Konzeption/Text (40)

87

DOLF SELBACH hat in Deutschland als erster bewiesen, daß Eleganz bequem sein kann. Wenn von Herrenmode die Rede ist, spricht man von ihm und seinen Geschäften – in Hamburg, in Düsseldorf und in Berlin. Er ist Begriff für guten Geschmack und international gültigen Stil, für das seltene Talent, Wechselndes mit Beständigem zu kombinieren. Mag sein, daß er deshalb die Herren-Hemden von **LORENZINI** so schätzt, führt und – wie man sieht – selber trägt.

Die Hemden mit dem Namen **LORENZINI** findet man eben nur bei den besten Herrenausstattern – in der ganzen Welt.

Das sind besonders kritische Leute, wenn es um die Qualität von Material und Verarbeitung geht, um Stil und Mode. Daß sie **LORENZINI** als eine Spezialität führen, hat viele handfeste Gründe.

Jedes dieser Hemden wird in Italien auf eine Weise gefertigt, die selten geworden ist in unserer industrialisierten Zeit. Nur reine Naturfasern sind dafür gut genug. Und jede Naht verrät die Sorgfalt ihrer Entstehung.

Darum werden sie von Kennern gerühmt und von Anspruchsvollen getragen –
die wahren Herren-Hemden
von LORENZINI.

JOCHEN HOLY hat es geschafft! In wenigen Jahren wurde sein 'Holy's' auf Stuttgarts Königstraße zum Inbegriff exquisiter Herrenmode – zu einem Haus, das weit über die schwäbische Metropole hinaus bekannt ist. Er, der selber zu den bedeutendsten Herstellern modischer Herrenkleidung gehört, pflegt mit bewundernswerter Konsequenz berühmte Kollektionen.

Deshalb führt und trägt er aus Überzeugung Herren-Hemden von **LORENZINI**. Die Hemden mit dem Namen **LORENZINI** findet man nur bei den besten Herrenausstattern – in der ganzen Welt. Das sind besonders kritische Leute, wenn es um die Qualität von Material und Verarbeitung geht, um Stil und Mode.

Daß sie **LORENZINI** als eine Spezialität führen, hat handfeste Gründe. Jedes dieser Hemden wird in Italien auf eine Weise gefertigt, die selten geworden ist in unserer industrialisierten Zeit. Nur reine Naturfasern sind dafür gut genug. Und jede Naht verrät die Sorgfalt ihrer Entstehung.

Darum werden sie von Kennern gerühmt und von Anspruchsvollen getragen –
die wahren Herren-Hemden **von LORENZINI.**

Gaggenau sagt Ihnen, was Sie vor dem Kauf von Küchen-Einbaugeräten wissen sollten.

Gaggenau, einer der führenden Hersteller von Kücheneinbaugeräten, gibt Ihnen auf dieser Seite einige Tips und Informationen, die Sie vor Ärger und Enttäuschungen schützen sollen, wenn Sie vor dem Kauf einer neuen Küchentechnik stehen.

1. Vergleichen Sie Preise und Leistungen! Der von Ihnen angesprochene Fachhändler sollte Ihnen nicht nur ein Preisangebot für Küchenmöbel und Einbaugeräte machen, sondern eine exakte Beschreibung aller seiner Leistungen geben. Dazu gehören: Beratung, Aufmaß der Küche in Ihren Räumen, Einrichtungs-Planung, Installations- und Fliesenplan, Elektro-Gas-Wasser-Installation (meist über Vertragshandwerker). Fragen Sie auch nach den Kosten für die Montage der Küchenmöbel und den fachgerechten Anschluß der Geräte. Informieren Sie sich gewissenhaft, denn oft sind »Rabatte« nur Preisnachlässe für weniger Service, weniger Leistung, weniger Qualität.

2. Verzichten Sie nicht auf den Fachmann! Eine funktionsgerechte Einbauküche kann man nicht raufstellen, wo gerade Platz ist. Erst die sinnvolle Ordnung aller Einrichtungsteile garantiert Arbeitserleichterung für die Hausfrau. Doch wer kennt schon alle Normen, Planungsregeln und Sicherheitsbestimmungen, die bei der Einrichtung moderner Küchen zu beachten sind? Das ist kein Feld für Hobby-Bastler, sondern die Arbeit eines geschulten und erfahrenen Fachmannes. Wer das mißachtete, mußte schon oft einsehen, daß ein vermeintlich billiger Kauf recht teuer wurde.

3. Wählen Sie Einbaugeräte mit Zukunft! Anhand einiger Beispiele möchten wir erläutern, worauf es unserer Meinung nach bei der Beurteilung zukunftssicherer Küchentechnik ankommt: die Details.

Feinschmecker wissen, daß ein Backofen eine besonders hohe Anfangs-Temperatur erbringen soll, damit ein Braten perfekt, also knusprig braun und innen zart rosa werden kann – aber wußten Sie, daß es einen neuen Heißluft-Backofen von Gaggenau gibt, der als erster „über eine Spitzen-Temperatur von 275°C verfügt?

Daß man in modernen Backöfen den Zeitpunkt und die Dauer des Back- oder Bratvorganges im voraus programmieren kann, ist Ihnen vielleicht bekannt – aber wußten Sie, daß es jetzt einen Gaggenau-Einbaubackofen mit Temperaturfühler gibt, der Sie durch Digitalanzeige und Piepton informiert?

Aufmerksame Hausfrauen haben gelesen, daß man in Heißluft-Backöfen auf mehreren Ebenen zugleich braten und backen kann, ohne Geruchsübertragung sogar Fisch, Fleisch und Gebäck – aber wußten Sie, daß es jetzt einen Gaggenau-Einbaubackofen mit integrierter Entlüftung gibt?

Gegrilltes ist gesund und schmackhaft, das ist weithin bekannt – aber wußten Sie, daß es von Gaggenau einen Elektro-Grill mit 12 Temperaturstufen gibt, der stets ohne besondere Vorbereitung und ohne daß Sie schmutzige Hände bekommen, »grillbereit ist?

Daß Küchenabzugshauben heute zur Standard-Ausstattung moderner Küchen gehören scheint selbstverständlich zu sein – aber wußten Sie, daß es von Gaggenau eine superflache Küchenabzugshaube gibt, die man nach Gebrauch in den Oberschrank zurückschieben kann?

Kenner wissen, daß Gaggenau seit Jahrzehnten Spezialist für die Lüftung der Küche ist – aber wußten Sie, daß diese Firma eine revolutionierend neuartige Muldenlüftung auf den Markt gebracht hat, mit der Kochdunst dort abgesaugt wird, wo er entsteht: unten?

Daß Kühl-Gefrier-Kombinationen in unzähligen Varianten angeboten werden, hat sich herumgesprochen – aber wußten Sie, daß es jetzt von Gaggenau den berühmten »Großen Amerikaner« gibt? Das ist eine 620-Liter-Kühl-Gefrier-Kombination mit drei Türen und einem praktischen, stets einsatzbereiten Eiswürfel- und Eiswasserspender.

»Gaggenau« ist die international anerkannte Marke für Kücheneinbaugeräte der Spitzenklasse – aber wußten Sie, daß schon die ersten Einbaugeräte, die in Europa auf den Markt kamen, diesen Namen trugen? Oder daß Gaggenau-Geräte mehrfach mit dem Prädikat »Gute Form« ausgezeichnet wurden?

Wollen Sie sämtliche Kücheneinbaugeräte von Gaggenau kennenlernen? Möchten Sie ausführliche Beschreibungen, Einbauskizzen, Maße und viele Bilder? Wir senden Ihnen gern das große Gaggenau-Magazin »Neue Einbaugeräte für die Küche« – kostenlos!

Schreiben Sie eine Postkarte an die Gaggenau Werke, Bereich 2, Postfach 1260, 7560 Gaggenau/Baden.

Gaggenau in Europa
Gaggenau
Hausgeräte GmbH
A-6023 Innsbruck
Abel Falisse S.A.
B-4000 Liège
Gaggenau
Apparate AG
CH-8117 Fällanden-ZH
Gaggenau Hellas A.E.B.E.
GR-Athina
Gaggenau France S.A.
F-67640 Fegersheim
Grossel Import S.A.S.
I-47038 Santarcangelo
Gaggenau Nederland BV
NL-3502 HA Utrecht
Gaggenau Scandinavia AB
S-21137 Malmö
Electric U.K.LTD
GB-London W3 8BL

GAGGENAU

Eine Küche ist so gut wie die Geräte, die darin eingebaut sind! Hier ein kleines Beispiel aus dem großen Programm der Gaggenau-Kücheneinbaugeräte: Elektrogrill, Muldenlüftung und Glaskeramik-Elektrokochfeld.

Claus A. Froh
Creative Consultant
7000 Stuttgart 40
Nachsommerweg 9
0711/84 22 62

89

GGK Düsseldorf

Wie weit es der Chef jetzt bis ins Lager hat:

Publikumsanzeige 3seitig

Publikumsanzeige 1seitig

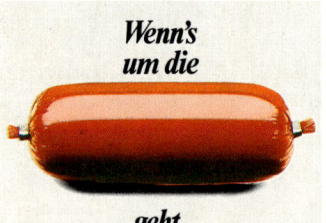

Wenn's um die geht, darf bei uns jeder wissen, was wir da reintun.

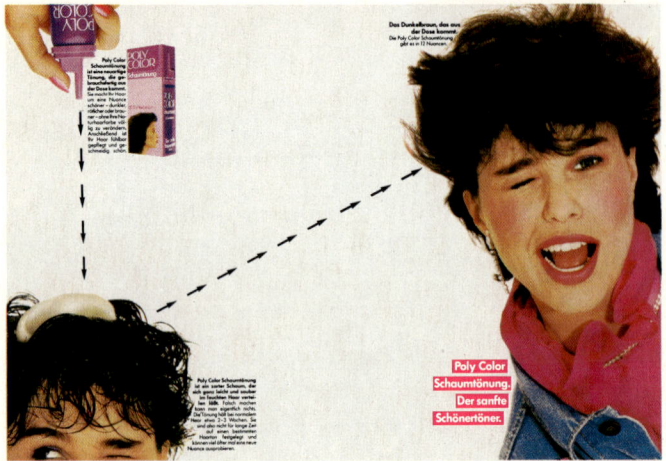

Publikumsanzeige 1seitig

Publikumsanzeige 1seitig

Je schräger, desto besser, sagte sich Herr Bach und nahm die Zwillinge.

Je schräger, desto besser, sagte sich Herr Knop und nahm die neuen SuperTwin.

Publikumsanzeige 2seitig

Jeans Käfer

Plakat 18/1

Voilà!

Publikumsanzeige 2seitig

Publikumsanzeige 2seitig

Tageszeitungsanzeige 2seitig

GGK Düsseldorf Werbeagentur GmbH
Immermannstraße 6, 4000 Düsseldorf 1
Telefon: 0211/3558–1, Telex: 8587636 und 8584124

Gründung: 1968
Stammkapital: 250.000 DM
Umsatz 1981: 110 Mio. DM
Umsatzerwartung 1982: 115 Mio. DM
Durchschnittsalter: 31
Pro-Kopf-Umsatz 1981: 1.116.000 DM

Zahl der Mitarbeiter am 31. 12. 1981: 105
Gegenwärtige Mitarbeiterzahl: 103
Kontakt 28
Text 15
Art-Direction 13
Atelier 11
Media 8
Marktforschung 2
FFF 2
Produktion 5
Verwaltung 17
Sonstige 2

Zahl der Kunden: 26

Zahl der Etats: 36
Seit über 2 Jahren 14
Seit über 5 Jahren 12
Seit über 10 Jahren 5

Etatgrößen:
Über 3,0 Mio. 29%
zwischen 1,5 und 3,0 Mio. 32%
zwischen 500.000,– und 1,5 Mio. 33%
unter 500.000,– 6%

Etatverteilung:
Verbrauchsgüter 53%
Gebrauchsgüter 18%
Dienstleistungen 12%
Institut. Werbung 17%

Mediaverteilung:
Publ. Zeitschriften 38%
Fachzeitschriften 8%
Tageszeitungen 9%
Werbefernsehen 12%
Werbefunk 3%
Werbefilm/Dia 1%
Bogenanschlag 3%
Sales Promotion 26%

Kundenliste:
Aluminium-Verlag GmbH, Düsseldorf
Gemeinschaftswerbung Aluminium-Fenster
Margaret Astor AG, Mainz
Herrenserie Care
Chemie-Wirtschaftsförderungs-GmbH, Frankfurt
Initiative „Geschützter leben"
Continental Gummi-Werke AG, Hannover
Reifen
Deutsche Bundespost, Bonn
Öffentlichkeitsarbeit
Eminence GmbH, Paris
Herrenwäsche
Feldmühle AG, Düsseldorf
Page, Servus
G.B.G. General Biscuits, Kempen
Keks-Sortiment
Gödecke AG, Berlin/Freiburg
Diätnahrung
HAG AG, Bremen
Onko
Heinze GmbH, Celle
Henkel Kosmetik GmbH, Düsseldorf
Nerval Royal, Poly Color, Poly Diadem, Schaumtönung, Secumed
Herta KG, Karl Schweisfurth GmbH & Co. KG, Herten
Wurst
IBM Deutschland GmbH, Sindelfingen
Image- und Produktwerbung
Neuer Konkret Verlag, Hamburg
Inserentenwerbung
W. Mast KG, Wolfenbüttel
Jägermeister
Osram GmbH, München
Image- und Produktwerbung
Photo Porst KG GmbH & Co., Schwabach
Foto- und Filmgeräte, Bilderservice
Presse- und Informationsamt der Bundesregierung, Bonn
Öffentlichkeitsarbeit
Ruhrgas AG, Essen
Imagewerbung
Schweppes GmbH & Co., Hamburg
Schweppes, McTwo
Sofex, Merzig
Supreme
SPD, Landesverband Bayern, München
Öffentlichkeitsarbeit
Stern Brauerei Carl Funke AG, Essen
Stern Pils
Superposter Werbegesellschaft mbH, Essen
Superposter
Vitamalz GmbH & Co. KG, Dortmund
Vitamalz
Volkswagenwerk AG, Wolfsburg
Händlerwerbung, Verkaufsliteratur, Direktwerbung, Schulung

Inhaber/Gesellschafter:
GGK Holding AG, Aeschengraben 20
CH-4051 Basel

Leitende Mitarbeiter:
Michael Schirner, Geschäftsführer (Kreation)
Helmut Sendlmeier, stellv. Geschäftsführer (Beratung)
Dr. Volkmar Günther (Finanz)
Peter C. Bury (Beratung)
Reinhold Scheer (Kreation)

Filialen:
GGK Amsterdam/KVH, Herengracht 392,
10106 CJ NL-Amsterdam
GGK Basel, Aeschengraben 20, CH-4051 Basel
GGK Frankfurt, Kennedyallee 111, D-6000 Frankfurt 70
GGK Hamburg, Alter Wall 36, D-2000 Hamburg 11
GGK Milano, Via Tranquillo Cremona, I-20145 Milano
GGK New York, 1515 Broadway, New York, N.Y. 10036
GGK Paris, 27-29, Rue des Poissonniers,
F-922000 Neuilly-sur-Seine
GGK São Paulo, Av. Dr. Cardoso de Mello,
1750-10° andar, 04548 Vila Olimpia/
São Paulo-SP/Brasilien
GGK Wien, Linzer Straße 375, A-1144 Wien
GGK Zürich, Seestraße 513, CH-8038 Zürich

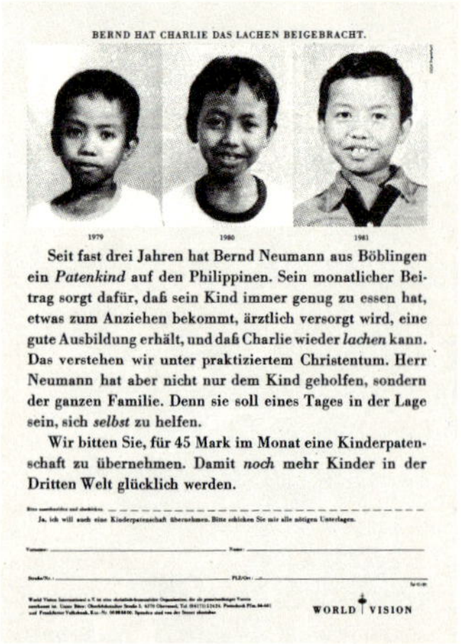

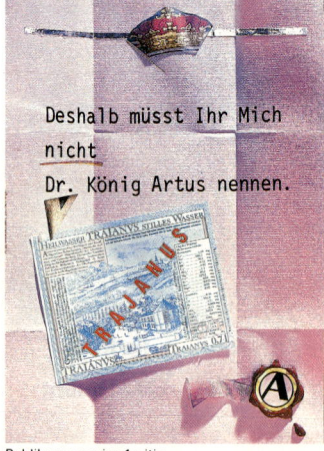

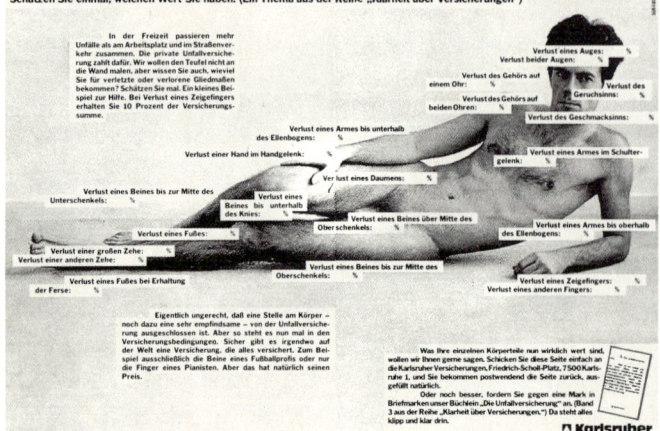

GGK Frankfurt

GGK Frankfurt Werbeagentur
Kennedyallee 111, 6000 Frankfurt am Main 70
Telefon: 0611/638081, Telex: 4189005

Gründung: 1973
Umsatz 1981: 10 Mio. DM
Umsatzerwartung 1982: 15 Mio. DM
Durchschnittsalter: 33
Pro-Kopf-Umsatz 1981: 720.000 DM

Zahl der Mitarbeiter am 31. 12. 1981: 14
Gegenwärtige Mitarbeiterzahl: 14
Kontakt 3
Text 3
Art-Direction 3
Atelier 2
Produktion 1
Verwaltung 2

Zahl der Kunden: 8

Zahl der Etats: 11
Seit über 2 Jahren 4
Seit über 5 Jahren 1

Etatgrößen:
über 3,0 Mio. 10%
zwischen 1,5 und 3,0 Mio. 80%
zwischen 500.000,– und 1,5 Mio. 10%

Etatverteilung:
Verbrauchsgüter 30%
Gebrauchsgüter 30%
Dienstleistungen 10%
Institut. Werbung 30%

Mediaverteilung:
Publ. Zeitschriften 35%
Fachzeitschriften 15%
Tageszeitungen 25%
Werbefunk 5%
Werbefilm/Dia 5%
Direktwerbung 5%
Bogenanschlag 10%

Kundenliste:
AEG-Telefunken Aktiengesellschaft, Frankfurt
Imagewerbung
AEG-Telefunken Anlagentechnik, Frankfurt
Fachwerbung
Artus Mineralquellen GmbH & Co. KG, Bad Hönningen
Erfrischungsgetränke
Internationales Baumwollinstitut, Frankfurt
Imagewerbung
Karlsruher Versicherung AG, Karlsruhe
Versicherung
Sozialdemokratische Partei Deutschlands
Tetra Pak Rausing & Co. KG, Hochheim
Verpackungen
World Vision International, Oberursel
Hilfsorganisation

Inhaber/Gesellschafter:
GGK Holding AG
Aeschengraben 20, CH-4051 Basel

Leitende Mitarbeiter:
Hartmut Grün, Geschäftsführer (Kreation)
Burkhard Zilinsky (Beratung)

Filialen:
GGK Amsterdam/KVH
Herengracht 392, 10106 CJ NL-Amsterdam
GGK Basel
Aeschengraben 20, CH-4051 Basel
GGK Düsseldorf
Immermannstraße 6, D-4000 Düsseldorf 1
GGK Hamburg
Alter Wall 36, D-2000 Hamburg 11
GGK Milano
Via Tranquillo Cremona, I-20145 Milano
GGK New York
1515 Broadway, New York, N.Y. 10036
GGK Paris
27-29, Rue des Poissonniers,
F-922000 Neuilly-sur-Seine
GGK São Paulo
Av. Dr. Cardoso de Mello, 1750-10° andar
04548 Vila Olimpia/São Paulo-SP/Brasilien
GGK Wien
Linzer Straße 375, A-1144 Wien
GGK Zürich
Seestraße 513, CH-8038 Zürich

GGK Hamburg

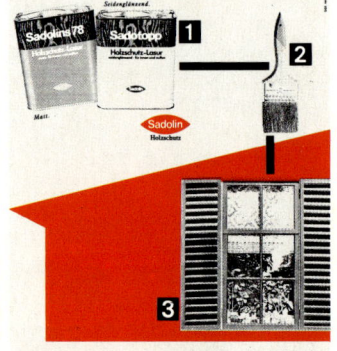

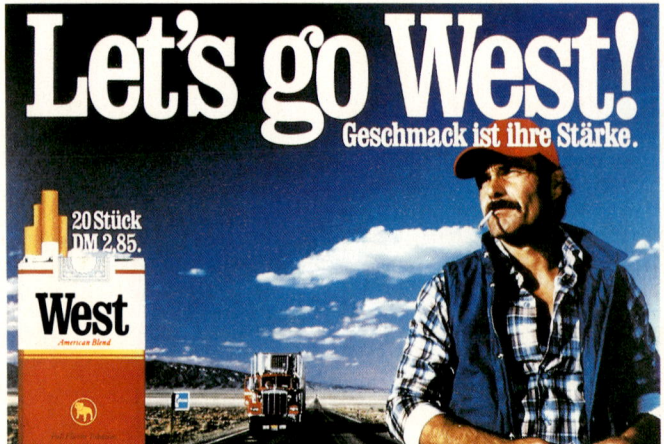

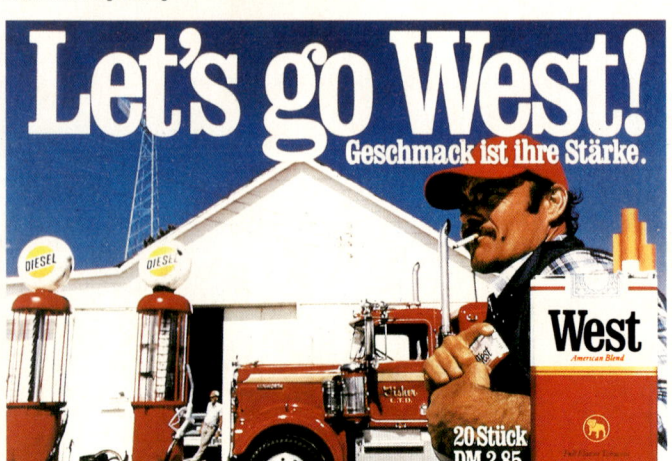

Publikumsanzeige 1seitig   Publikumsanzeige 1seitig   Publikumsanzeige 2seitig

Publikumsanzeige 2seitig   Publikumsanzeige 2seitig

Publikumsanzeige 2seitig   Publikumsanzeige 2seitig

Plakat 18/1   Plakat 18/1

GGK Hamburg Werbeagentur
Alter Wall 36, 2000 Hamburg 11
Telefon: 040/37 38 74, Telex: 2173 241

Gründung: 1977
Umsatz 1981: 12,0 Mio. DM
Umsatzerwartung 1982: 12,0 Mio. DM
Durchschnittsalter: 31
Pro-Kopf-Umsatz 1981: 1.091.000 DM

Zahl der Mitarbeiter am 31. 12. 1981: 11
Gegenwärtige Mitarbeiterzahl: 11
Kontakt 1
Text 2
Art-Direction 2
Atelier 3
Produktion 1
Verwaltung 2

Zahl der Kunden: 7

Zahl der Etats: 7
Seit über 2 Jahren 4

Etatgrößen:
über 3,0 Mio. 34%
zwischen 1,5 und 3,0 Mio. 11%
zwischen 500.000,– und 1,5 Mio. 22%
unter 500.000,– 33%

Etatverteilung:
Verbrauchsgüter 30%
Gebrauchsgüter 35%
Dienstleistungen 25%
Institut. Werbung 10%

Mediaverteilung:
Publ. Zeitschriften 57%
Fachzeitschriften 6%
Tageszeitungen 7%
Werbefernsehen 4%
Werbefunk 2%
Bogenanschlag 8%
Sales Promotion 16%

Kundenliste:
Norddeutsche Landesbank Girozentrale, Hannover
Bank
Krüger, München
Briefmarkenversand
Sadolin GmbH, Geesthacht
Lasuren
H.F. u. Ph.F. Reemtsma GmbH & Co., Hamburg
Zigarette (West)
Frankfurter Allgemeine Zeitung, Frankfurt
FAZ-Magazin
Küchenforum Heinrich Heiland KG, Bochum
Kücheneinzelhandel
Wilkhahn Wilkening & Hahne GmbH & Co., Bad Münster
Büromöbel

Inhaber/Gesellschafter:
GGK Holding AG
Aeschengraben 20, CH-4051 Basel

Leitende Mitarbeiter:
Fred Baader, Geschäftsführer (Kreation)
Wolfgang Behnken (Kreation)
Helmut Böning (Beratung)

Filialen:
GGK Amsterdam/KVH
Herengracht 392, 10106 CJ NL-Amsterdam
GGK Basel
Aeschengraben 20, CH-4051 Basel
GGK Düsseldorf
Immermannstraße 6, D-4000 Düsseldorf 1
GGK Frankfurt
Kennedyallee 111, D-6000 Frankfurt 70
GGK Milano
Via Tranquillo Cremona, I-20145 Milano
GGK New York
1515 Broadway, New York, N.Y. 10036
GGK Paris
27-29, Rue des Poissonniers,
F-922000 Neuilly-sur-Seine
GGK São Paulo
Av. Dr. Cardoso de Mello, 1750-10° andar
04548 Vila Olimpia/São Paulo-SP/Brasilien
GGK Wien
Linzer Straße 375, A-1144 Wien
GGK Zürich
Seestraße 513, CH-8038 Zürich

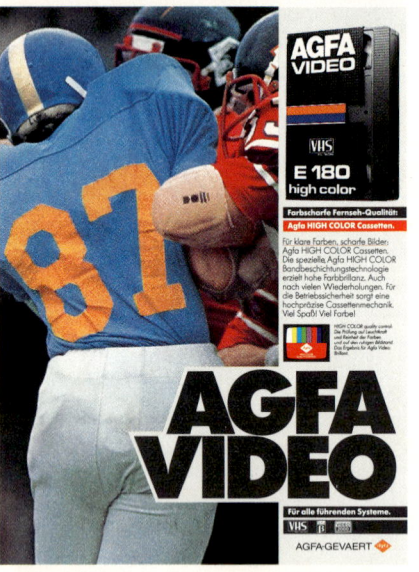

Go

GO Werbeagentur GmbH

Kaiser-Wilhelm-Ring 43
4000 Düsseldorf 11
Telefon: 0211/57 50 81 – 84,
Telex: 8 584 065 go ms d

„Kompakt-Agentur": Full Service mit dem Know How der Großagentur – in einer Größenordnung, die transparent und flexibel ist. Und: Wer präsentiert, betreut dann auch!

Gründung: 1973 (Umfirmierung)
Stammkapital: 24.000,– DM
Umsatz 1981: 11.0 Mio
Umsatzerwartung 1982: 12.0 Mio
Durchschnittsalter: 31 Jahre
Pro-Kopf-Umsatz 1981: 846.000,– DM

Etatgrößen:
Über 3.0 Mio	1
zwischen 1.5 und 3.0 Mio	3
zwischen 500.000,– und 1.5 Mio	3
unter 500.000,–	2

Zahl der Mitarbeiter
am 31.12.1981: 13

Gegenwärtige
Mitarbeiterzahl: 14

Davon: Kontakt	3
Atelier	4
Text	1
Media	2
Produktion	1
Verwaltung	3

Zahl der Kunden: 6

Zahl der Etats: 10
Seit über 2 Jahren 4
Seit über 5 Jahren 6

Etatverteilung:
Verbrauchsgüter	30 %
Gebrauchsgüter	70 %

Mediaverteilung:
Publ. Zeitschriften	35 %
Fachzeitschriften	15 %
Tageszeitungen	12 %
Werbefunk	12 %
Werbefilm	8 %
Bogenanschlag	18 %

Inhaber/Gesellschafter:
Hermann Geist

Kundenliste:

AGFA-Gevaert,
Leverkusen
(Audio- und Video-Cassetten) GE

Luxa d'or, Werther
(Freizeitbekleidung) GE

H. W. Meyer,
Werther
(Mäntel) GE

**Quellenhof Brunnenbetriebe
GmbH & Co. KG,**
Bochum GE

Stern-Brauerei Carl Funke AG,
Essen
(Stern-Gruppe, Stifts Pils,
Stiftsherren Pils, Dom Kölsch,
Funke Alt) GE

**Theodorus Niemeyer
Holland Tabac GmbH,**
Düsseldorf
(Roxy-Zigaretten) GE

Wg

Wolfgang Gottesleben Werbegesellschaft mbH

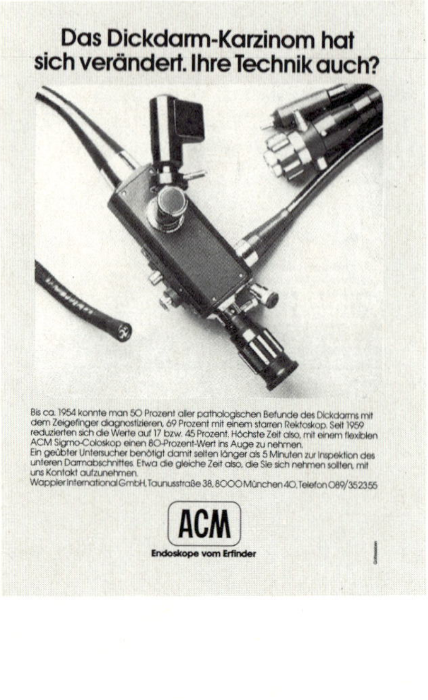

Wolfgang Gottesleben Werbegesellschaft mbH

Schwalbenweg 2
6082 Mörfelden-Walldorf
Telefon: 06105/60 34, Telex: 4 185 797

Agenturphilosophie:
Werbung, die keinen kurzfristigen Impact hat, kann auch langfristig nicht erfolgreich sein.

Gründung: 1981
Stammkapital: 50.000 DM
Umsatz 1981: 5 Mio DM
Umsatzerwartung 1982: 15 Mio DM
Durchschnittsalter: 30 Jahre

Etatgrößen:
Über 3.0 Mio	25 %
zwischen 1.5 und 3.0 Mio	25 %
zwischen 500.000,– und 1.5 Mio	37,5 %
unter 500.000,–	12,5 %

Zahl der Mitarbeiter
am 31.7.1982: 7

Gegenwärtige
Mitarbeiterzahl: 7

Davon: Kontakt 1
Atelier 3
Text 1
Media 1
Verwaltung 1

Zahl der Kunden: 8

Etatverteilung:
Verbrauchsgüter	20 %
Gebrauchsgüter	80 %

Mediaverteilung:
Publ. Zeitschriften	30 %
Fachzeitschriften	8 %
Tageszeitungen	20 %
Werbefunk	15 %
Sales Promotion	27 %

Inhaber/Gesellschafter:
Wolfgang Gottesleben

Leitende Mitarbeiter:
Klaus Blecher
Wolfram Blum
Barbara Gottesleben
Barbara Leist
Angelika Schildgen
Volkmar Wermter

Partner-Agenturen:

Niederlande:
SELL MORE B. V.
Sarphatikade 10 – 14
AMSTERDAM-C

Österreich:
Werbeagentur
G. Hauser GmbH & Co. KG
Kohlmarkt 5
1010 Wien

Kundenliste:

ACM Endoscopie GmbH
München　　　　　　　GE

Solitaire GmbH
Mainz　　　　　　　　TE

Küppersbusch AG
Gelsenkirchen
elektrische Hausgeräte　TE

Fiat Automobil AG,
Heilbronn
Lancia Automobile　　　TE

ZANKER HAUSGERÄTE GMBH
Tübingen
ZANKER Hausgeräte und Haustechnik, Linde Kühl- und
Gefriergeräte　　　　　GE

**ZENKER + QUELLE
Häuservertriebs GmbH**
Frankfurt　　　　　　　GE

PWA WALDHOF AG
Mannheim　　　　　　TE

**Société Arabe d'Edition
et de Presse**
Paris
Revue des Ingenieurs Arabes　GE

Durchschlagender Erfolg ist kein einmaliger Kraftakt...

...dazu gehört eine Menge Einfühlungsvermögen und die exakte Werbestrategie.

Denn gerade in der Werbung kommt es darauf an,
die ausgefahrenen Gleise zu verlassen
und für die verschiedenen Probleme
die richtige Werbestrategie zu entwickeln.

Nur so ist ein optimales Feedback gesichert.

Wir bieten Ihnen deshalb eine saubere Lösung
Ihrer kommunikativen Probleme an,
weil das unsere spezielle Stärke ist.

gst
WERBEAGENTUR

Günter Stoschek
Steinsche Gasse 4
4100 Duisburg 1
☎ 0203/29237

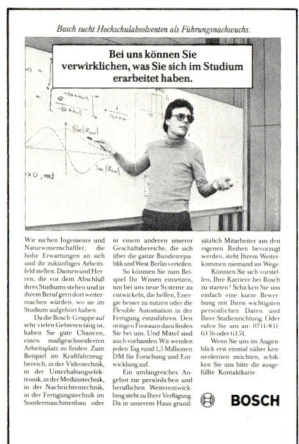

Gültig & Hoffmeister

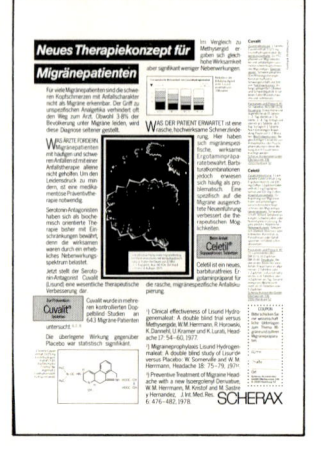

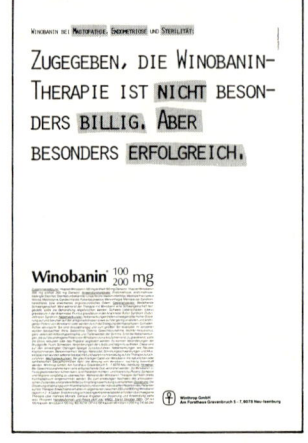

Gültig & Hoffmeister Werbeagentur GmbH

Eschersheimer Landstraße 8
6000 Frankfurt/Main
Telefon: 0611/590 950, Telex: 413714

Gründung:	1.1.1980
Stammkapital:	50.000 DM
Umsatz 1981:	10 Mio.
Umsatzerwartung 1982:	15 Mio.
Durchschnittsalter:	31
Zahl der Mitarbeiter am 31.12.1981	7
Gegenwärtige Mitarbeiterzahl:	8
Davon: Kontakt	2
Atelier	2
Text	2
Verwaltung	2
Zahl der Kunden:	13

Inhaber/Gesellschafter:
Niko Gültig
Peter Hoffmeister

Leitende Mitarbeiter:
Niko Gültig, Geschäftsführer, 32
Peter Hoffmeister,
Geschäftsführer, 34

Kundenliste

Aquata, Gesellschaft für Wassersport- und Meerestechnik GmbH & Co., Berlin	GE
BASF AG, Ludwigshafen	TE
Robert Bosch GmbH, Stuttgart	TE
Robert Bosch GmbH, Geschäftsbereich Eisemann, Stuttgart	GE
Robert Bosch GmbH, Geschäftsbereich Junkers, Wernau	GE
Robert Bosch GmbH, Berlin	TE
Buitoni, Perugia	TE
Fackelmann KG, Dieburg	GE
Scherax Arzneimittel GmbH, Hamburg	TE
Sport + Hobby, Berlin	GE
Westfalia-Werke, Wiedenbrück	TE
Winthrop GmbH, Neu-Isenburg	TE
Dr. Wolman GmbH, Sinzheim	TE

HAKUHODO (DEUTSCHLAND) GMBH
WERBEAGENTUR

104

HAKUHODO (DEUTSCHLAND) GMBH
WERBEAGENTUR

Immermannstr. 45a, 4000 Düsseldorf 1, Telefon: 0211/35 38 27, Telex: 8 581 317

Gründung: 1977, Stammkapital: 200.000,– DM, Umsatz 1981: 18 Mio, Umsatzerwartung 1982: 25 Mio, Pro-Kopf-Umsatz 1981: 1 Mio.

Etatgrößen: über 3 Mio: 40%, zwischen 1,5 und 3 Mio: 30%, zwischen 500.000,– und 1,5 Mio: 10%, unter 500.000,–: 20%.

Zahl der Etats: seit über 2 Jahren: 11, seit über 5 Jahren: 5.

Zahl der Mitarbeiter am 31.12.1981: 19, gegenwärtige Mitarbeiterzahl: 29, Durchschnittsalter: 31. Davon: Kontakt: 11, Atelier/Text: 8, Produktion: 1, PR: 1, Verwaltung: 7, Media: 1.

Kundenliste: TDK Cassetten GE, Citizen Uhren TE, Sharp TE, Yamaha Motor, Amsterdam GE, Shiseido GE. Zahl der Kunden: 15.

Inhaber: HAKUHODO INC., Tokyo. Leitender Mitarbeiter: SOROKU TAOKA, Geschäftsführer.

Filiale: HAKUHODO Hamburg, Mexikoring 29, 2000 Hamburg 60.

Mehr hören.
Mehr sehen.
Mehr sagen.
Erkennen, daß der Erfolg in Ihnen ist.
Erfolgreiche Menschen erkennen, welche Motive sich hinter den Worten verbergen.
Hören kann man lernen!
Erfolgreiche Menschen betrachten ihre Umgebung mit entspannter Konzentration.
Sehen kann man lernen!
Erfolgreiche Menschen teilen sich wirkungsvoll ihrer Umgebung mit.
Sprechen kann man lernen!
Der Erfolgreiche bedient sich seiner Sinne. Er benutzt sie nicht nur passiv, um sich selbst zu schützen, sondern – um seinem Leben in entspannter Aktivität neue Dimension zu geben. Die Dimension der Freude daran, beides zu vermehren. Die Dimension des Erfolgs. Die Dimension des Glücks.
...nehmen Sie Ihr Leben selbst in die Hand.

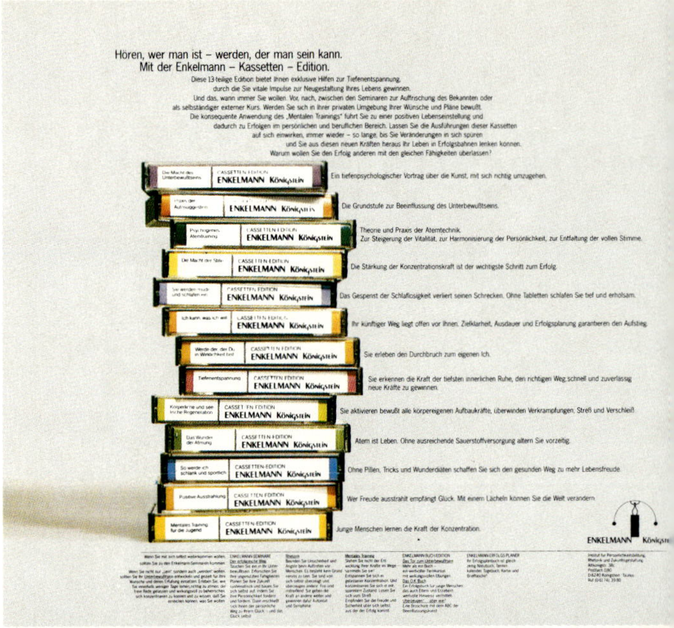
Hören, wer man ist – werden, der man sein kann.
Mit der Enkelmann – Kassetten – Edition.
Diese 13-teilige Edition bietet Ihnen exklusive Hilfen zur Tiefenentspannung, durch die Sie vitale Impulse zur Neugestaltung Ihres Lebens gewinnen. Und das, wann immer Sie wollen. Vor, nach, zwischen den Seminaren zur Auffrischung des Bekannten oder als selbständiger externer Kurs. Werden Sie sich in Ihrer privaten Umgebung Ihrer Wünsche und Pläne bewußt. Die konsequente Anwendung des „Mentalen Trainings" führt Sie zu einer positiven Lebenseinstellung und dadurch zu Erfolgen im persönlichen und beruflichen Bereich. Lassen Sie die Ausführungen dieser Kassetten auf sich einwirken, immer wieder – so lange, bis Sie Veränderungen in sich spüren und Sie aus diesen neuen Kräften heraus Ihr Leben in Erfolgsbahnen lenken können. Warum wollen Sie den Erfolg anderen mit den gleichen Fähigkeiten überlassen?
ENKELMANN Königstein
Ein tiefenpsychologischer Vortrag über die Kunst, mit sich richtig umzugehen.
Die Grundstufe zur Beeinflussung des Unterbewußtseins.
Theorie und Praxis der Atemtechnik.
Zur Steigerung der Vitalität, zur Harmonisierung der Persönlichkeit, zur Entfaltung der vollen Stimme.
Die Stärkung der Konzentrationskraft ist der wichtigste Schritt zum Erfolg.
Das Gespenst der Schlaflosigkeit verliert seinen Schrecken. Ohne Tabletten schlafen Sie tief und erholsam.
Ihr künftiger Weg liegt offen vor Ihnen. Zielklarheit, Ausdauer und Erfolgsplanung garantieren den Aufstieg.
Sie erleben den Durchbruch zum eigenen Ich.
Sie erkennen die Kraft der tiefsten innerlichen Ruhe, den richtigen Weg schnell und zuverlässig neue Kräfte zu gewinnen.
Sie aktivieren bewußt alle körpereigenen Aufbaukräfte, überwinden Verkrampfungen, Streß und Verschleiß.
Atem ist Leben. Ohne ausreichende Sauerstoffversorgung altern Sie vorzeitig.
Ohne Pillen, Tricks und Wunderdiäten schaffen Sie sich den gesunden Weg zu mehr Lebensfreude.
Wer Freude ausstrahlt empfängt Glück. Mit einem Lächeln können Sie die Welt verändern.
Junge Menschen lernen die Kraft der Konzentration.
ENKELMANN Königstein

Continental
Specify Europe's No. 1 Conveyor Belts
For the mining industry: STAHLCORD* (steel cable) conveyor belts in standard strengths up to 5,400 N/mm (30,275 PIW), special types up to 10,000 N/mm (56,000 PIW) and fabric belts up to 17,650 PIW (3,150 N/mm). For use up to minus 67° F (minus 55° C) and about plus 360° F (plus 180° C). High resistance to abrasion, flame resistant and self-extinguishing.
For a whole range of specialized applications.
In standard widths up to 126 inches (3,200 mm) and extrawide sizes up to 252 inches (6,400 mm).
In addition, a complete program of conveyor belt accessories. All this is backed by our technical application advice, quality, service and the reliability of ContiTechnik.
We offer quick and accurate advice using our specially designed computer program.
Please ask for our detailed technical literature.
Sophisticated technical Products made of Elastomers and Plastics
Conveyor Beltings
Rubberized Fabrics
Industrial Hose
Moulded Products
Power Transmission Products
Extrusions
Airsprings/Compensators
Special Products
ContiTechnik

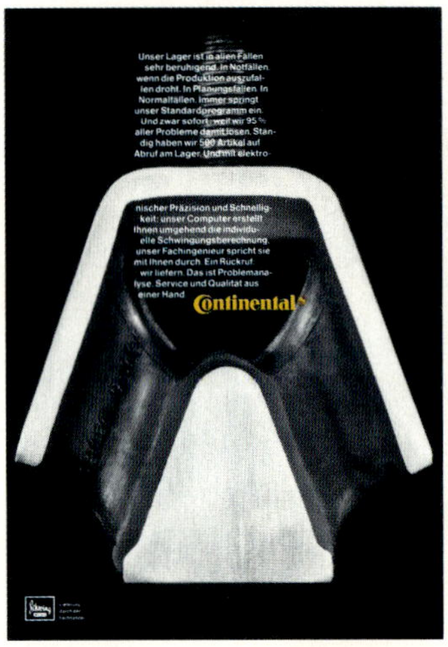
Unser Lager ist in allen Fällen sehr beruhigend. In Notfällen, wenn die Produktion auszufallen droht. In Planungsfällen. In Normalfällen. Immer springt unser Standardprogramm ein. Und zwar sofort, weil wir 95 % aller Probleme damit lösen. Ständig haben wir 500 Artikel auf Abruf am Lager. Und mit elektronischer Präzision und Schnelligkeit: unser Computer erstellt Ihnen umgehend die individuelle Schwingungsberechnung, unser Fachingenieur spricht sie mit Ihnen durch. Ein Rückruf: wir liefern. Das ist Problemanalyse. Service und Qualität aus einer Hand.
Continental

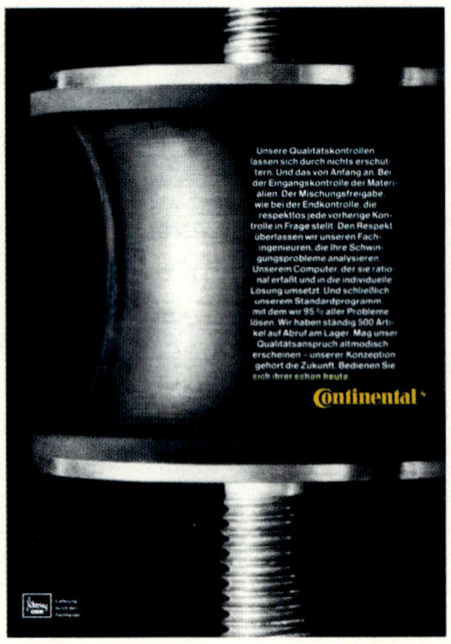
Unsere Qualitätskontrollen lassen sich durch nichts erschüttern. Und das von Anfang an. Bei der Eingangskontrolle der Materialien. Der Mischungsfreigabe, wie bei der Endkontrolle, die respektlos jede vorherige Kontrolle in Frage stellt. Den Respekt überlassen wir unseren Fachingenieuren, die Ihre Schwingungsprobleme analysieren. Unserem Computer, der sie rational erfaßt und in die individuelle Lösung umsetzt. Und schließlich unserem Standardprogramm, mit dem wir 95 % aller Probleme lösen. Wir haben ständig 500 Artikel auf Abruf am Lager. Mag unser Qualitätsanspruch altmodisch erscheinen – unserer Konzeption gehört die Zukunft. Bedienen Sie sich ihrer schon heute.
Continental

Unser Computer rechnet mit Ihren Problemen. Jederzeit und in kürzester Zeit. Weil es bei einem Ausfall um Stunden geht. Weil es bei Neukonstruktionen darum geht, Fehler zu vermeiden. Er liefert auf Abruf individuelle Schwingungsberechnungen. Unsere Fachingenieure die persönliche Beratung. Das Conti Schwingmetall Produktionsprogramm – Puffer, Schienen, Elemente – die aktuelle Problemlösung. Dazu haben wir ständig 500 Artikel am Lager. Auf Abruf Stück für Stück geprüft. Mit unserem Standardprogramm lösen wir 95 % aller Probleme. Sie werden mit Sicherheit auf uns zurückkommen.
Continental

Das PARA-POST-SYSTEM
Behandlungsablauf · Die indirekte Restauration eines devitalen, einwurzeligen Zahnes

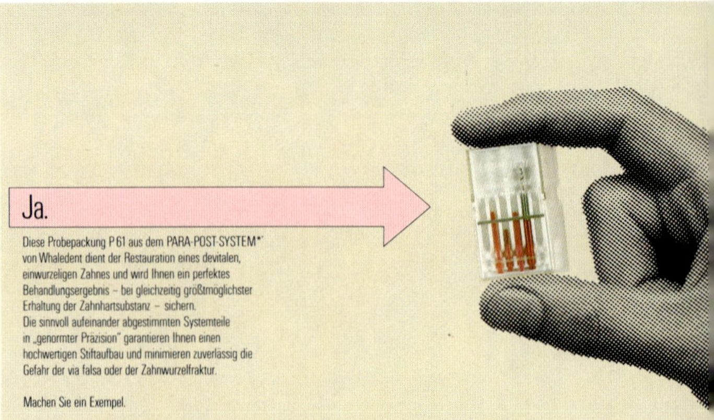
Ja.
Diese Probepackung P 61 aus dem PARA-POST-SYSTEM* von Whaledent dient der Restauration eines devitalen, einwurzeligen Zahnes und wird Ihnen ein perfektes Behandlungsergebnis – bei gleichzeitig größtmöglichster Erhaltung der Zahnhartsubstanz – sichern.
Die sinnvoll aufeinander abgestimmten Systemteile in „genormter Präzision" garantieren Ihnen einen hochwertigen Stiftaufbau und minimieren zuverlässig die Gefahr der via falsa oder der Zahnwurzelfraktur.
Machen Sie ein Exempel.
*siehe Basisinformation

Tacho auf 0 bringt uns auf 80.
Weil wir bei Reifenpannen in 50 Stationen Tag und Nacht abrufbereit sind. Und in weiteren 100 Stationen tagsüber. Überall in Deutschland. Autobahn-nah.
Vergölst

Pannen kommen schnell. Wir auch.
Weil wir bei Reifenpannen in 50 Stationen Tag und Nacht abrufbereit sind. Und in weiteren 100 Stationen tagsüber. Überall in Deutschland. Autobahn-nah.
Vergölst

Ihr Stop ist unser Start.
Weil wir bei Reifenpannen in 50 Stationen Tag und Nacht abrufbereit sind. Und in weiteren 100 Stationen tagsüber. Überall in Deutschland. Autobahn-nah.
Vergölst

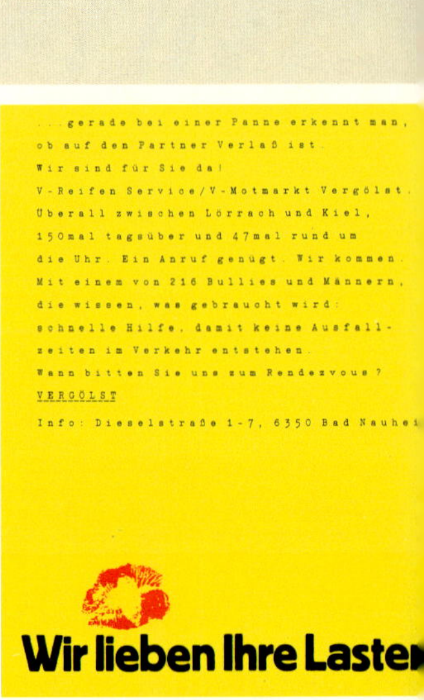
... gerade bei einer Panne erkennt man,
ob auf den Partner Verlaß ist.
Wir sind für Sie da!
V-Reifen Service/V-Motmarkt Vergölst.
Überall zwischen Lörrach und Kiel,
150mal tagsüber und 47mal rund um
die Uhr. Ein Anruf genügt. Wir kommen.
Mit einem von 216 Bullies und Männern,
die wissen, was gebraucht wird:
schnelle Hilfe, damit keine Ausfall-
zeiten im Verkehr entstehen.
Wann bitten Sie uns zum Rendezvous?
VERGÖLST
Info: Dieselstraße 1-7, 6350 Bad Nauhei
Wir lieben Ihre Laster

HAMBERG

Hamberg GmbH	6350 Bad Nauheim	6000 Frankfurt 1	Geschäftsführer/Gesellschafter:
	Mondorfstraße 23 Telefon (06032) 3720 Telex 415576 (Verwaltung)	Westendstraße 8 Telefon (0611) 721651	Dirk Hamberg Lothar Hamberg

Gründung: 1968
(Umwandlung: 1982)

Stammkapital: DM 50 000

Gegenwärtige Mitarbeiterzahl: 23
Davon:
- Beratung, Kontakt 3
- Ateliers (Foto und Grafik) 9
- Text 2
- Produktion 3
- Media-Service und sonstige Dienste 4
- Verwaltung 2

Durchschnittsalter: 34 Jahre

Zahl der Etats: 9
Seit über 2 Jahre 2
Seit über 5 Jahre 3

Etatverteilung:
- Verbrauchsgüter 13%
- Gebrauchsgüter 35%
- Dienstleistungen 45%
- Institutionelle Werbung 7%

Kundenliste:

Continental Gummi-Werke AG
GE Technische Produkte

Enkelmann Königstein
GE Institut, Buch-, Cassetten-Editionen

Hugo Vogelsang GmbH & Co
TE Bandstahl und Spannelemente

Knecht & Partner GmbH
GE Vermögens- und Anlagenberatung

Schütz-Dental GmbH
TE Dentaltechnische Produkte und Systeme

Vergölst GmbH
GE Reifen, Reifenservice, Autozubehör

Vergölst Austria Ges.m.b.H.
TE Reifen

Vins René Lansaque
GE Französische Weine

Whaledent GmbH
GE Dentaltechnische Produkte und Systeme

H&P
HASS & PARTNER GMBH

Kommunikation*
ist mehr
als schöne Bilder.

* Wenn Sie mehr über moderne Kommunikation (Werbung plus Verkaufsförderung plus Public Relations) wissen möchten, fordern Sie unsere Agentur-Broschüre – nebst bunten Bildchen – an.

H & P Hass & Partner. Die Kommunikationsagentur.

H & P Hass & Partner, Gesellschaft für Kommunikation mbH (WDW)

Bismarckstraße 36
5000 Köln 1
Telefon: 0221/52 00 44 - 46, Telex: 8 882 500

Wir wundern uns, wie oft Promotions und Public Relations als Teile des Marketing-Mix vergessen werden. Wir steigern durch integrierte Planung und integrierten Einsatz aller Maßnahmen im Marketing die kommunikative Intensität der Kampagnen. H & P, die Kommunikationsagentur, Kommunikation aus einem Guß.
Als spezielles Leistungsangebot bietet H & P eine Pharma-Division und eine Niederlassung in Madrid/Barcelona.

Gründung: 1967/1972
Stammkapital: 60.000,– DM
Umsatz 1981: 9,1 Mio DM
Umsatzerwartung 1982: 10 Mio DM
Durchschnittsalter: 28 Jahre
Pro-Kopf-Umsatz 1981:
520.000,– DM

Etatgrößen:
zwischen 1.5 und 3.0 Mio	20 %
zwischen 500.000,– u. 1.5 Mio	40 %
unter 500.000,–	40 %

Zahl der Mitarbeiter
am 31.12.1981: 18
(incl. Halbtagskräfte und Auszubildende)

Gegenwärtige
Mitarbeiterzahl: (ohne Spanien) 19

Davon:		
	Kontakt	5
	Atelier	2
	Text	1
	Media	1
	Produktion	2
	PR	5
	Verwaltung	2
	Sonstige	1

Zahl der Kunden: 26

Zahl der Etats: 29
Seit über 2 Jahren 18
Seit über 5 Jahren 7

Etatverteilung:
Verbrauchsgüter	55 %
Gebrauchsgüter	35 %
Dienstleistungen	10 %

Mediaverteilung:
Publ. Zeitschriften	20 %
Fachzeitschriften	15 %
Tageszeitungen	10 %
Direktwerbung	5 %
Sales Promotion	20 %
PR	25 %
Verschiedenes	5 %

Inhaber/Gesellschafter:
Dipl.-Kfm. Heiko H. Hass & Partner

Leitende Mitarbeiter:
Heiko H. Hass, 45
Monika Hass, 35
Peter Kampmann, 39

● Anerkannter Ausbildungsbetrieb
● Mitglied der Euromark- und UERP-Gruppe

Tochterfirmen:
● H & P Hass & Partner Espana S. A. Madrid/Barcelona

● Pressebüro Hass, Köln

● Gesellsch. für med. wiss. Kommunikation, Köln

● Promotion Tours, Köln

Kundenliste:

WERBE-DIVISION

Denicotea GmbH, Bergisch Gladbach, Filterpfeifen und Spitzen
Textar GmbH, Leverkusen Brems- und Kupplungsbeläge
Meerson/Passavinti, Waldbronn Uhren, Schmuck
Kölner Messe, Köln Mikrofilm, Optica
Henkel & Cie., Düsseldorf Riechstoffe
Verband der spanischen Möbelindustrie (Anieme), Madrid
Vidal Grau, Valencia, Möbel
Rumasa, Frankfurt/Madrid Duque de Alba, Castell blanch, Paternina

PR-DIVISION

Verpoorten, Bonn, Eierlikör
Krups, Solingen, elektr. Kleingeräte
CMA – Centrale Marketing-Ges. der deutschen Agrarwirtschaft mbH, Bonn, Konfitüre
Bayer AG, Monheim, Pflanzenschutz
Lamy, Heidelberg, Schreibgeräte

(sowie Kunden aus dem Werbebereich)

PHARMA-DIVISION

Bereich Werbung

Bayer AG, Leverkusen, Image
Henkel & Cie, Düsseldorf, Entwicklung
Grünenthal, Stolberg, Image
Dt. Kabi, München, Sorbidilat
Rhône Poulenc, Hamburg Eth. Bereich
Fink, Herrenberg Eth. Bereich
Brenner, Alpirsbach Eth. Bereich
Stada AG, Bad Vilbel, Beta Blocker
Hefa Frenon, Werne, Tuberkulose-Programm

BEREICH PR

Grünenthal, Stolberg Image
Merrell Pharma, Groß-Gerau, Image
Fink, Herrenberg Linusit, Prosta
Pharmacia, Freiburg Allergie-Programm
Brenner, Alpirsbach Herz-Therapeutika
Kytta, Alpirsbach Sedativa

(sowie Kunden aus dem Werbebereich)

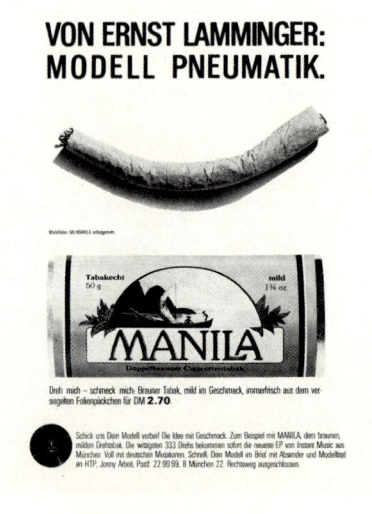

H.T.&P.
Hengstenberg, Tischhauser & Partner GmbH
Werbeagentur

Stollbergstraße 15 · 8000 München 22 · Telefon 089/22 73 81 · Telex 5-29 309

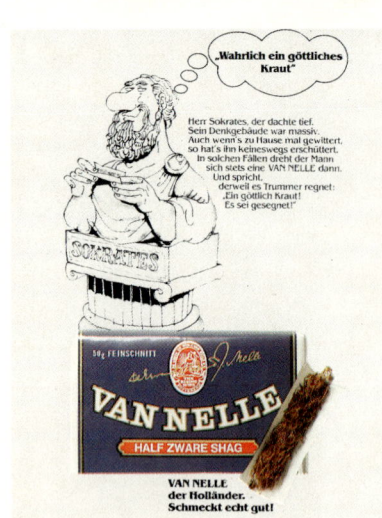

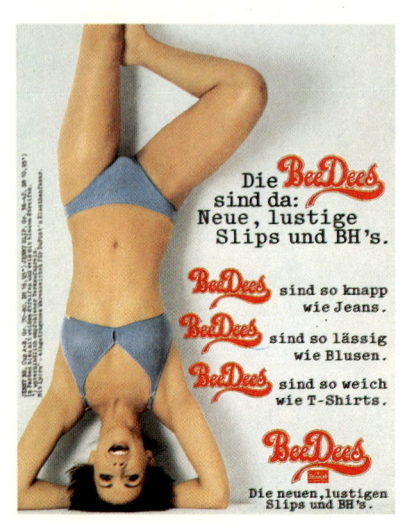

110

H.T.&P.
Hengstenberg, Tischhauser & Partner GmbH
Werbeagentur

Stollbergstraße 15 · 8000 München 22 · Telefon 089/22 73 81 · Telex 5-29 309

Gründung:	1978
Stammkapital:	DM 50.000,–
Umsatz 1982:	DM 19 Mio.
Zahl der Mitarbeiter:	20
Geschäftsführung und Kundenberatung	4
Konzept, Text und Art	7
Marketing	1
Media	1
Produktion	1
Verwaltung und Sekretariat	6
Zahl der Kunden:	12
Zahl der Etats:	10
Etat-Größen:	
über DM 2 Mio.	62%
zwischen DM 1 + 2 Mio.	27%
unter DM 1 Mio.	11%
Media-Struktur:	
TZ	10%
Publikums-Zeitschriften	35%
Funk	14%
Fernsehen	12%
Plakatanschlag	8%
Kino-Werbung	1%
Verkaufsförderung	18%
Fachwerbung	2%

Inhaber/Gesellschafter:
Albrecht Hengstenberg
Peter Tischhauser

Leitende Mitarbeiter:
R. Herler
B. Kruchten
R. Wachs

Kundenliste – September 1982
Gesamt- oder Teil-Etat-Betreuung:

ERBA AG
8520 Erlangen

Rich. Hengstenberg
Weinessig-, Sauerkonserven- und Feinkostfabriken
7300 Esslingen

Hochland, Reich, Summer & Co.
8999 Heimenkirch

G. C. Kessler & Co.
7300 Esslingen

Reisebüro KUONI GmbH
8000 München/Zürich (Schweiz)

OWP Optische Werke GmbH
8390 Passau

Pfanni-Werk, Otto Eckart KG
8000 München

Alois Pöschl GmbH & Co. KG
Schnupf- und Rauchtabakfabriken
8300 Landshut

Inter-Triumph-Marketing GmbH
8000 München

Deutsche Wrigley GmbH
8000 München

Projekte:

Fakir-Werk, Wilh. Kicherer GmbH
7130 Mühlacker

Heuer Time GmbH
8000 München

H&P Herrwerth & Partner

H&P HERRWERTH & PARTNER

H & P Herrwerth & Partner GmbH
Werbeagentur
Maximilianstraße 45
8000 München 22
Telefon (089) 2 11 60
Telex 05-22 285 herpa d

Gründung:	1.1.1969
Stammkapital:	DM 150.000,-
Umsatz 1981:	55,0 Mio DM
Umsatzerwartung 1982:	58,0 Mio DM
Durchschnittsalter:	30 Jahre
Pro-Kopf-Umsatz 1981:	917.000,-

Etatgrößen:
Über 3.0 Mio	30%
zwischen 1.5 und 3.0 Mio	27%
zwischen 500.000,- und 1.5 Mio	33%
unter DM 500.000,-	10%
Zahl der Mitarbeiter am 31.12.1981:	60
Gegenwärtige Mitarbeiterzahl:	58
Davon: Kontakt	12
Atelier	15
Text	7
Media	7
Produktion	2
FFF	1
Verwaltung	10
Sonstige	4

Zahl der Kunden: 32

Zahl der Etats: 40
Seit über 2 Jahren	20
Seit über 5 Jahren	13
Seit über 10 Jahren	7

Etatverteilung:
Verbrauchsgüter	30%
Gebrauchsgüter	12%
Dienstleistungen	15%
Institut. Werbung	5%
Handel	40%

Medienverteilung:
Publ. Zeitschriften	21%
Fachzeitschriften	3%
Tageszeitungen	35%
Werbefunk	8%
Werbefilm/Dia	1%
Direktwerbung	5%
Bogenanschlag	20%
Sales Promotion	5%
PR	2%

Kundenliste:
ASEA Lepper GmbH, Bad Honnef	GE
Berger & Partner, München	TE
BMA (Mügra-SB-Warenhäuser), Augsburg	GE
Brauerei Aying, Aying b. München	GE
Brauerei Diebels, Issum/Niederrhein	GE
Brauerei Distel, Distelhausen/Tauberbischofsheim	GE
Brauerei Dinkelacker, Stuttgart	TE
Brauerei Spaten, München	GE
Bürgerbräu, Bad Reichenhall	GE
Canada Dry, Germany inc. München	GE
CMA, Bonn Bad Godesberg – Etat Geflügel	
CMA, Bonn Bad Godesberg – Etat Gütezeichen	
Doornkaat AG, Norden	GE
ENIT, Staatl. ital. Fremdenverkehrsamt Frankfurt/Rom	
Hartmann & Mittler GmbH, Augsburg (Feinpapiergroßhandel)	GE
h + e Textilmärkte, Massing	GE
Heinlein-Fertighaus, Baiersdorf, Projektaufgaben	
IKEA Deutschland GmbH, Hofheim-Wallau	GE
IKEA Einrichtungs GmbH, Eching	GE
IKEA Einrichtungs GmbH, Fürth-Poppenreuth	GE
IKEA Einrichtungs GmbH, Stuttgart	GE
IKEA Einrichtungs GmbH, Saarbrücken	GE
IKEA Einrichtungs GmbH, Walldorf	GE
IKEA Einrichtungs GmbH, Freiburg	GE
IKEA Versand GmbH, Löhne	GE
Isar-Center, Ottobrunn	GE
IZG – Informations-Zentrum Glas, Düsseldorf	
Nanz Lebensmittelbetriebe, Stuttgart	GE
Oberland-Glas, Bad Wurzach	GE
Schwab-Versand, Hanau, Projektaufgaben	
Landesverkehrsamt für Südtirol, Bozen	GE
VEBA/STINNES AG	
SB-BauMärkte,	GE
Stinnes Trefz AG, Stinnes-Baustoff GmbH	TE
Baukauf, Österreich	GE
Stinnes Coop, Schweiz	GE
Byggemarked 4 K, Kopenhagen	GE
IPER/Bric-Market, Italien	GE
Wetscher Möbel, Fügen	TE
Wildbadquelle, Schwäbisch Hall	GE
Ziegelforum, München	GE

Inhaber/Gesellschafter:
Werner Herrwerth
Albert Leuthenmayr

Leitende Mitarbeiter:
Geschäftsführer:
Werner Herrwerth, 58
Geschäftsführer und Direktor
für den Bereich Kundenberatung:
Dieter Graf, 43
Direktor für den Bereich Finanzen:
Ruth Vogel, 55
Strategie, Planung:
Dr. Werner Johannes Sacher, 37
Creativ-Direktoren:
Inge Purtz, 39
Pablo Karut, 34
Media-Leitung:
Rosa Rinner, 49
Produktion:
Hannes Fenzl, 48

HERRWERTH & PARTNER KÖLN

H & P Herrwerth & Partner Köln GmbH, Werbeagentur
Auenweg 2, 5000 Köln 50
Telefon (0221) 39 20 74, Telex 8 882 088 herpa d

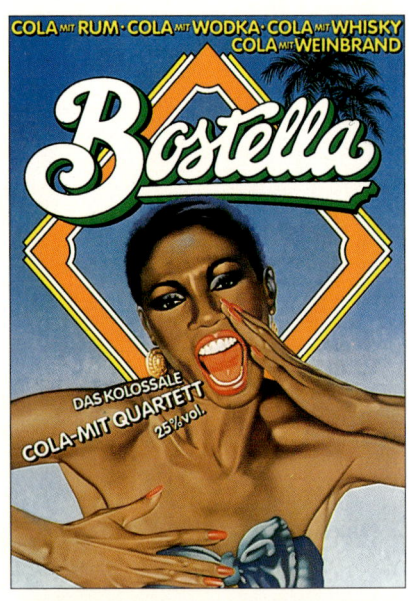

HERRWERTH & PARTNER KÖLN

H&P Herrwerth & Partner Köln GmbH, Werbeagentur
Auenweg 2, 5000 Köln 50
Telefon (0221) 39 20 74, Telex 8 882 088 herpa d

Neu in Köln	
Gründung:	1. 2. 1982
Stammkapital:	DM 100.000,00
Umsatzerwartung 1982:	DM 9 Mio.
Gegenwärtige Mitarbeiterzahl:	12
Zahl der Kunden:	3
Zahl der Etats:	12

Inhaber/Gesellschafter:
    Heinz Schlingensief
    Dr. Johannes Werner Sacher
    Werner Lexis
    Harald Rothenbücher
    H&P Herrwerth & Partner
    GmbH, München

Geschäftsführer:
    Werner Herrwerth
    Heinz Schlingensief

Kundenliste

Doornkaat AG, Norden
    Doornkaat
    Corvit
    Auerhahn
    Nikita
    Boskop
    Gründerbrand
    Bostella

Ganser Brauerei GmbH & Co. KG,
Leverkusen
    Ganser Kölsch
    Alkrath Pilsener
    Börsen Alt
    Rallye Malz

Centrale Marketinggesellschaft der
deutschen Agrarwirtschaft m.b.H.,
Bonn 2
    Deutsche Markenhähnchen
    Deutsches Truthahnfleisch
    Drei Giebel Deutsches–
    Markenfrischgeflügel
    Gütezeichen „Markenqualität
    aus deutschen Landen"

Das Sechste auf der Cassette, aber pronto-dalli-zack, zack!

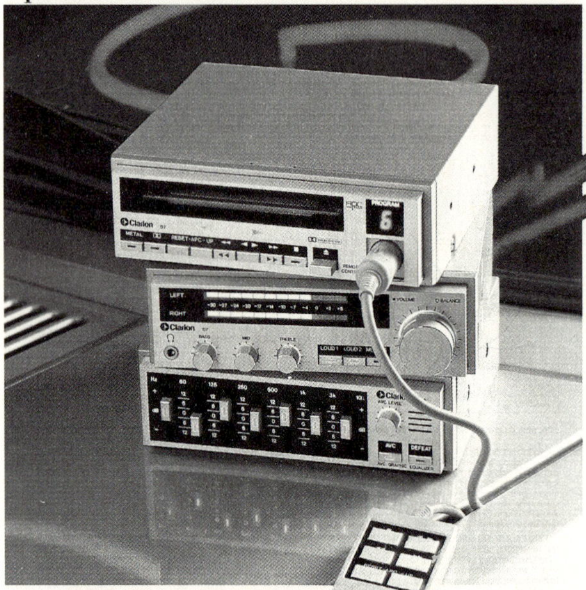

Kennen Sie das? Sie suchen ein bestimmtes Stück auf der Cassette: Vorlauf – Stop – Start – Stop – Rücklauf – Cassette umdrehen – Start – „Nee, hier ist es auch nicht! Himmel, der hatte ja eben Vorfahrt ...“.
Wer die neue Auto-HiFi-Anlage D 7 von Clarion hat, kann die ewige Sucherei vergessen. Sie tippen ganz einfach das gewünschte Stück ein – z. B. die 6 – und „sst“ das Cassettengerät sucht und findet prompt Lied Nr. 6. Toll, wie das funktioniert, sogar per Fernbedienung.
Doch die neue Clarion D 7 kann noch mehr als automatisch Titel suchen. Eine eingebaute Lautstärke-Automatik – speziell auf Fahrgeräusche geeicht – macht das ständige Lauter- und Leiserdrehen überflüssig.
Autoreverse erspart Ihnen das Cassettenumdrehen.
Ein 2 x 80 Watt (2 x 50 Sinus) Gleichspannungsverstärker, erstmalig im Auto, bisher nur in teuren Heimanlagen und Meßverstärkern, sorgt für hochkarätigen HiFi-Klang. Weitere Extras: Kopfhöreranschluß, relaisgesteuertes Laufwerk – durch Tipptasten, Nightdesign (Bedienungselemente und Anzeigen speziell beleuchtet) und, und. Also nichts wie zum Fachhandel. Das neue Clarion D 7 wartet auf Ihr Kommando.
Clarion, Rudolf-Diesel-Straße 2, 6236 Eschborn 2. Telefon (06173) 61041-2.

Clarion
Schon der Name klingt nach mehr Musik.

Sealink ist die Autofähre, die Sie ins Land von Emily & Friends bringt.

Sie sind so typisch englisch wie das Bestreben zur Individualität –

die Kühlerzierden auf den Rolls, Jags und Bentleys.

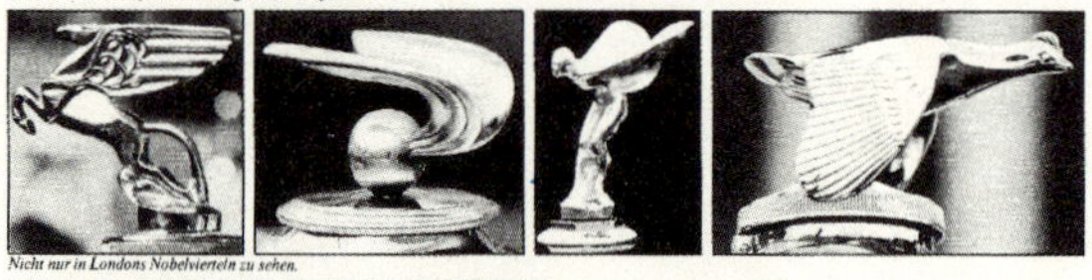

Nicht nur in Londons Nobelvierteln zu sehen.

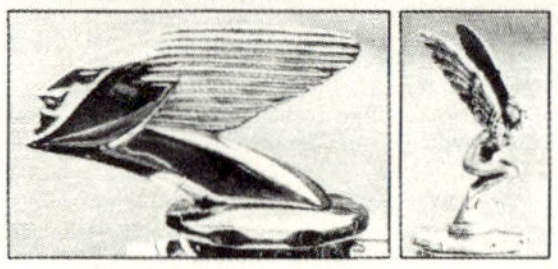

Für jeden, der mit dem Auto nach England will, stellt sich spätestens an der Küste die Frage: Wie komme ich am besten 'rüber? Ganz gleich, ob Sie über Holland, Belgien oder Frankreich fahren, keine andere Fährlinie paßt so gut in Ihre Reisepläne wie Sealink. Sealink hat die meisten Schiffe, die meisten Routen, die meisten Abfahrten – bis 100 täglich.

Auch an Bord haben wir einiges mehr zu bieten. Bars, Restaurants oder Cafeterias, Shops, Wechselstube und auf unseren neuesten Schiffen Reise-Infoservice, Kinos und sogar einen Wickelraum für unsere jüngsten Fahrgäste. Wir wollen nicht nur die meisten Fahrgäste haben, sondern auch die zufriedensten.

Den Prospekt mit Fahrplänen und Preisen erhalten Sie im Reisebüro, bei Automobilclubs oder direkt von Sealink. Schreiben Sie uns, wir schicken ihn Ihnen gern zu. Sealink, Neue Mainzer Straße 22, 6000 Frankfurt 1.

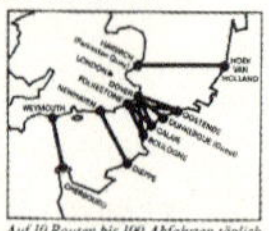

Auf 10 Routen bis 100 Abfahrten täglich.

SEALINK MACHT CARAVANERN EIN BESONDERES ANGEBOT: 50% RABATT AUF BESTIMMTEN ABFAHRTEN.

Sealink

Was man nicht aus dem Fahrplan ersieht:

Mit Sealink ist die Überfahrt das reinste Vergnügen.

Erstmal einen Schluck an der Bar.

Oder lieber einen Wein? Rot oder weiß? Trocken oder lieblich?

Unsere neuesten Schiffe haben sogar einen Wickelraum.

Wie wär's jetzt mit etwas Video-Unterhaltung?

Oder einer Tasse Kaffee?

Ein gutes Gefühl: ohne etwas zu tun voran zu kommen.

Frisches Obst halten wir immer an Bord bereit.

Cafeteria oder Restaurant warten auf mit leckeren Sachen, z. B. küstenfrischer Fisch.

Dann vielleicht Shopping an Bord. Spirituosen, Tabakwaren, Parfums u. v. m. gibt's supergünstig.

Bierfreunde haben selbstverständlich mehrere internationale Biere zur Auswahl.

Wir tun alles, damit sich Ihre Kunden bei uns wohlfühlen. (Nur auf das Wetter haben wir keinen Einfluß.)

Wer sich die Fahrpläne der Kanalfähren vornimmt, sieht sofort klar: kein anderes Unternehmen hat so viele Routen, Schiffe und Abfahrten wie Sealink.

Was der Fahrplan nicht mitteilen kann, ist wie angenehm Ihre Kunden mit uns nach England fahren. Denn es liegt uns nicht nur daran, das bedeutendste Fährunternehmen nach England zu sein – wir wollen auch den besten Service bieten. Was das konkret heißt, zeigen wir Ihnen hier schwarz auf weiß. Wir meinen, je mehr Sie über uns wissen, umso überzeugter können Sie uns empfehlen. Sealink, Neue Mainzer Straße 22, 6000 Frankfurt 1.

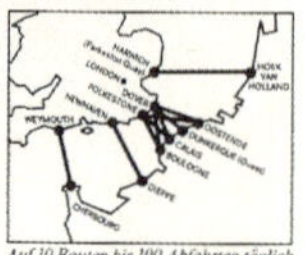

Auf 10 Routen bis 100 Abfahrten täglich.

Sealink

Sealink – Markenname aller Schiffslinien der Britischen Eisenbahnen, Niederländischen Reederei Zeeland, Belgischen Seetransportverwaltung, Französischen Eisenbahnen

Der erste Schritt, Wärmeverluste zu stoppen.

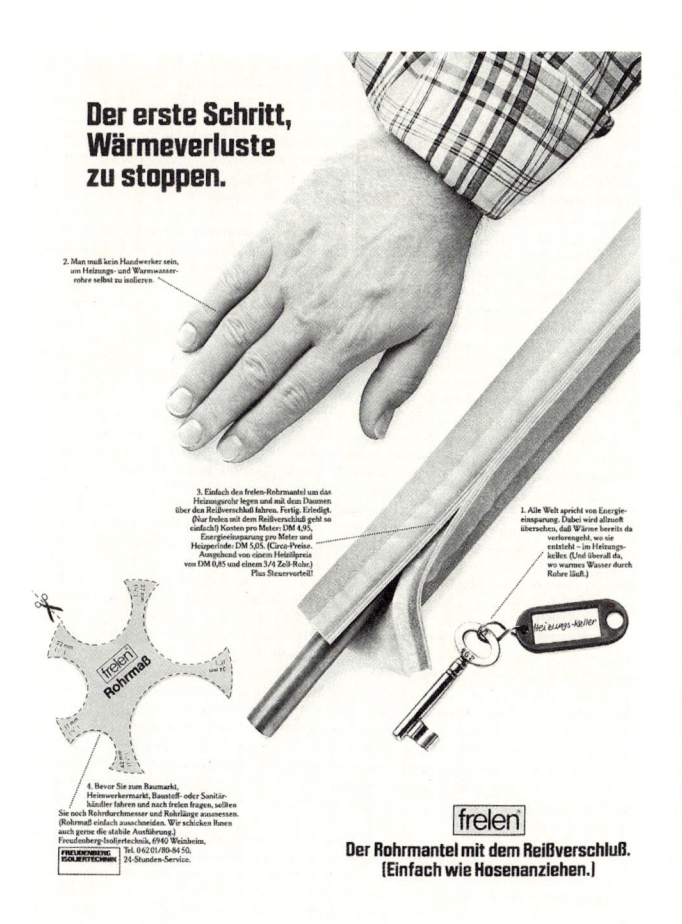

2. Man muß kein Handwerker sein, um Heizungs- und Warmwasserrohre selbst zu isolieren.

3. Einfach den frelen-Rohrmantel um das Heizungsrohr legen und mit dem Daumen über den Reißverschluß fahren. Fertig. Erledigt. (Nur frelen ist mit dem Reißverschluß geht so einfach!) Kosten pro Meter: DM 4,95. Energieeinsparung pro Meter und Heizperiode: DM 5,05. (Circa-Preise. Ausgehend von einem Heizölpreis von DM 0,85 und einem 3/4 Zoll-Rohr.) Plus Steuervorteil!

1. Alle Welt spricht von Energieeinsparung. Dabei wird allzuoft übersehen, daß Wärme bereits da verlorengeht, wo sie entsteht – im Heizungskeller. (Und überall da, wo warmes Wasser durch Rohre läuft.)

4. Bevor Sie zum Baumarkt, Heimwerkermarkt, Baustoff- oder Sanitärhändler fahren und nach frelen fragen, sollten Sie noch Rohrdurchmesser und Rohrlänge ausmessen. (Rohrmaß einfach ausschneiden. Wir schicken Ihnen auch gerne die stabile Ausführung.)
Freudenberg-Isoliertechnik, 6940 Weinheim.
FREUDENBERG ISOLIERTECHNIK Tel. 06201/80-84 50.
24-Stunden-Service.

frelen
Der Rohrmantel mit dem Reißverschluß.
[Einfach wie Hosenanziehen.]

Empfehlen Sie Ihren Kunden, auf die Erlebnis-Reiseroute Hoek van Holland – Harwich einen Film mehr mitzunehmen.

KLICK! Der Rhein bei Kaub.

KLICK! Hollands Tulpenblüte.

KLICK! Polderlandschaften und Windmühlen.

Impressionen an Bord der Bahn. Statt Stau und Streß – Genuß im Zug der Zeit. Angenehme Unterhaltung, kühle Drinks, flottes Reisetempo. Reisen wird zum Urlaub.

KLICK! KLICK! Prinses Beatrix. Ein Reisetraum in Weiß.

KLICK! Die Möwe Jonathan.

An Bord gepflegte Gastlichkeit und der Komfort der Hochseeklasse.
Wie Sie sehen, Hoek van Holland – Harwich ist die Route der England-Urlauber, der Geschäftsreisenden und Wochenendreisenden, die von einer Reise mehr haben wollen als nur eine Hin- und Rückfahrt.
Und wenn Sie dann noch wissen, daß diese Route eine Reihe sympathischer Angebote bereithält – z.B. den Britrail-Seapaß, den Britrail-Paß oder den Jugend-Britrail-Paß –, dann bleibt nur noch Ihren Kunden zu empfehlen, einen Film mehr mitzunehmen.

Hoek van Holland – Harwich.
Die kleine Hochseereise mit der Bahn nach England.

DB hoek van holland harwich

Manchen Blechschaden kann man bereits auf dem Reißbrett verhindern.

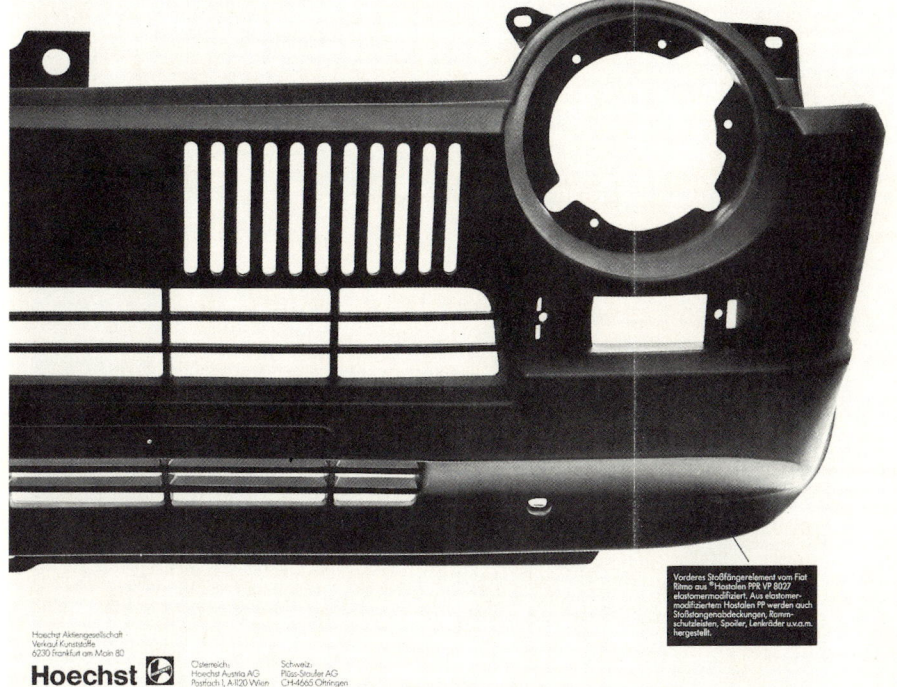

Es klingt vielleicht etwas übertrieben, aber mancher Blechschaden läßt sich einfach dadurch verhindern, daß man statt Blech Kunststoff einsetzt. Denken Sie zum Beispiel an die besonders gefährdeten Front- und Heckpartien und die unteren Türbereiche. Streusalz, Steinschlag und Einparkkarambolagen hinterlassen in Blech bleibende Eindrücke.

Kunststoff korrodiert nicht und verträgt auch kräftige Rempler bis 8 km/h Aufprallgeschwindigkeit. Natürlich geht das nur mit einem hochelastischen, witterungs- und temperaturbeständigen Kunststoff.

®Hostalen PP-Elastomerblends haben sich bereits millionenfach bewährt. Wie all die anderen technischen Kunststoffe von Hoechst, die für äußere und innere Sicherheit, Zuverlässigkeit, Gewichtseinsparung und somit auch für Energieeinsparung sorgen.

Vorderes Stoßfängerelement vom Fiat Ritmo aus ®Hostalen PPR VP 8027 elastomermodifiziert. Aus elastomermodifiziertem Hostalen PP werden auch Stoßstangenabdeckungen, Rammschutzleisten, Spoiler, Lenkräder u.w.a.m. hergestellt.

Hoechst Aktiengesellschaft
Verkauf Kunststoffe
6230 Frankfurt am Main 80
Hoechst

Österreich:
Hoechst Austria AG
Postfach 1, A-1120 Wien

Schweiz:
Plüss-Staufer AG
CH-4665 Oftringen

Es gibt viel, was Kunststoff besser kann.
Schreiben Sie uns. Wir stehen Ihnen mit Rat und Tat zur Seite.

Name:
Firma:
Firmenanschrift:
Funktion:
Branche:

Ein technischer Kunststoff von Hoechst. ®**Hostalen PP**

Heßler+Kehrer, Werbeagentur GmbH.
Burnitzstraße 69 · 6 Frankfurt/M., Telefon (0611) 63 60 41–42, Telex 04–11 987

Unsere Philosophie heißt Bildschirmtext*

*1983 wird Bildschirmtext bundesweit eingeführt. Ein dialogfähiges Kommunikationssystem über Ihr Telefon und Fernsehgerät. Nach Aussagen der Fachleute wird dieses Medium unsere Lebensgewohnheiten beeinflussen. Wir sind eine Fullservice-Agentur und berücksichtigen in unseren Kommunikationskonzepten unter anderem auch neue Medien und die durch sie veränderten Aussagen in der klassischen Werbung: Werbeagentur Hettenbach

Sokrates, griech. Philosoph, umgesetzt in BTX © Hettenbach 1982

BTX wird auch Ihre Werbung ändern.
Wir sind eine Fullservice-Agentur,
die schon heute mit den Medien
von morgen arbeitet.
Werbeagentur Hettenbach.
Mehr über uns: Leitseite ★1787#

Hettenbach GmbH.+Co.
Werbeagentur WDW
Werderstraße 134 · D-7100 Heilbronn
☎ 07131–87091 · Telex 7-28633

HEYE, NEEDHAM

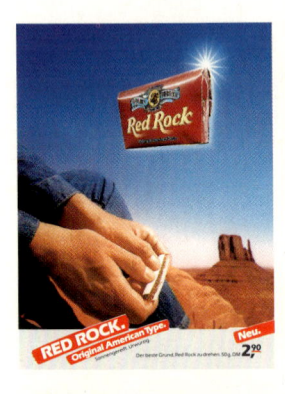

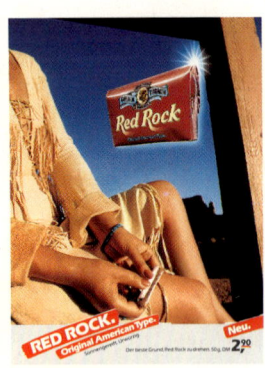

MÜNCHEN · DÜSSELDORF · HAMBURG

Heye, Needham & Partner GmbH
Bürgermeister-Prenn-Straße 8
8025 Unterhaching/München
Tel.: 089/611 40 01, Telex: 05-24 704

Heye, Needham & Partner GmbH
Yorckstraße 29
4000 Düsseldorf 30
Tel.: 0211/48 04 01, Telex: 05-584 714

Heye, Needham & Partner GmbH
Mittelweg 177
2000 Hamburg 13
Tel.: 040/44 70 51, Telex: 02-173 423

Gründung: 1962
Stammkapital: 360.000,– DM
Umsatz 1981: 91,5 Mio DM
Umsatzerwartung 1982: 100 Mio DM
Durchschnittsalter: 33 Jahre
Pro-Kopf-Umsatz 1981: 817.000,- DM

Etatgrößen:
Über 3,0 Mio:	25%
zwischen 1,5 und 3,0 Mio:	14,3%
zwischen 500.000,– u. 1,5 Mio:	28,6%
unter 500.000,–:	32,1%

Zahl der Mitarbeiter
am 31.12.1981: 112

Gegenwärtige
Mitarbeiterzahl: 114

Davon: Kontakt	48
Atelier	21
Text	8
Media	7
Produktion	18
Marktforschung	3
Verwaltung	6
Sonstige	3

Zahl der Kunden: 30

Zahl der Etats: 48
Seit über 2 Jahren 37
Seit über 5 Jahren 7
Seit über 10 Jahren 4

Etatverteilung:
Verbrauchsgüter	65%
Gebrauchsgüter	25%
Dienstleistungen	3%
Institut. Werbung	7%

Mediaverteilung:
Publ. Zeitschriften	48,9%
Fachzeitschriften	4,0%
Tageszeitungen	9,0%
Werbefernsehen	16,2%
Werbefunk	7,2%
Bogenanschlag	14,5%
Verschiedenes	0,2%

Inhaber/Gesellschafter:
Friedrich Wilhelm Heye
Dr. Dieter Heymans
Jürgen Knauss
Herbert Schaaf
Needham, Harper & Steers
Walter Dittrich
Klaus Gerlach
Rudolf Jahns

Geschäftsführer:
Friedrich W. Heye
Dr. Dieter Heymans
Jürgen Knauss

Stellv. Geschäftsführer:
Ulrich Gosse
Rudolf Jahns

Für weitere Informationen:
in München: Jürgen Knauss
in Düsseldorf: Dr. Dieter Heymans
in Hamburg: Ulrich Gosse
in Wien: Dr. Karl-Heinz Kossdorff
     Dr. Kossdorff & Partner
     Mantlergasse 27
     1130 Wien
international durch das
Needham, Harper & Steers Network
in 12 Ländern.

Kundenliste:

AIWA Verkaufs- und Service GmbH
Köln, Hifi

B.A.T. Cigaretten-Fabriken GmbH
Hamburg,
Gauloises, Gitanes, Benson & Hedges,
Gauloises Tabak, Pall Mall,
Red Rock Tabak, Pall Mall Tabak

Beiersdorf AG, Hamburg
HansaSport, Neuentwicklungen

**Convent Knabbergebäck
GmbH & Co KG,** Köln
funny-frisch

Delalande Arzneimittel GmbH, Köln
DEXIUM 500, Neuentwicklungen

Desowag Bayer Holzschutz GmbH
Düsseldorf, Neuentwicklungen

**Deutsche Gesellschaft für Kaffee-
werbung mbH,** Hamburg
Gemeinschaftswerbung

**dvf, Deutsche Verrechnungsstelle
für Fahrschulen GmbH,** Fellbach
Gemeinschaftswerbung

Eppendorf Gerätebau, Hamburg
medizinische Geräte

Feinschmecker Feinkost, München
Feinkost Käfer

Fromageries Bel, München/Paris
Babybel, Bonbel, Cantadou, Kiri,
Gracile

Germaine Monteil, München/Paris
Depot-Kosmetik

Glaxo Pharmazeutika GmbH
Bad Oldesloe, Sanasthmyl

Guhl Kosmetik GmbH, Berlin
Neuentwicklungen

**Ikea-Einrichtungshaus-GmbH
West,** Hofheim-Wallau, Möbelhaus

Mazda Motors, Leverkusen
Japanische Autos

McDonald's, München
Familienrestaurants

Melitta, Minden
Kaffeefilter, Kaffeezubereitung

Merrell Pharma GmbH, Rüsselsheim
OTC-Marketing

**O.C.E. Office de Commercialisation
et d'Exportation,** Köln,
Maroc Orangen

Paulaner Salvator Thomasbräu,
München, Bier

Raffay Autohandelsgesellschaft,
Hamburg, VW, Audi, Porsche

Rank Xerox, Düsseldorf
Kopiergeräte, Textverarbeitung

Roland Arzneimittel GmbH
Hamburg, RR-Test, Amol

Sanol Schwarz-Monheim, Monheim
Image-Kampagne

Schwarzhaupt KG, Köln
3S-Test, F & STest

G. D. Searle GmbH, München
Metamucil, Canderel

Trumpf, Aachen
Schokolade, Süßwaren

G. Vetter, Wunsiedel
Jambosala

Winthrop GmbH, Neu Isenburg
Muskel Trancopal, Neuent-
wicklungen

HILDMANN, SIMON, REMPEN & SCHMITZ/SMS
WERBEAGENTUR GMBH, 4 DÜSSELDORF, RATHAUSUFER 16–17, TELEFON 32 01 86, TELEX 8 585 522

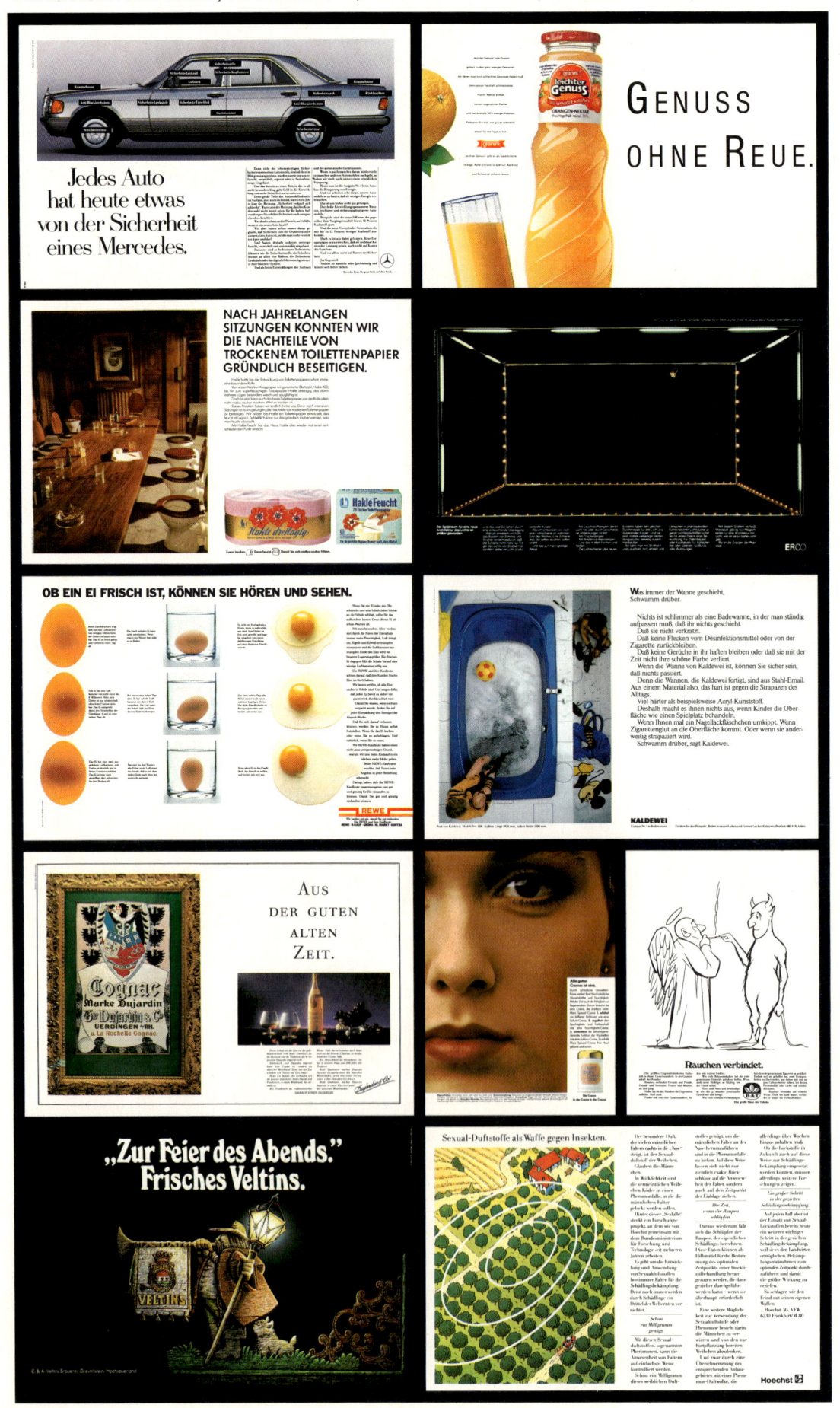

**Hildmann, Simon, Rempen & Schmitz/SMS
Werbeagentur GmbH**

Rathausufer 16 – 17, Postfach 200 353
4000 Düsseldorf 1
Telefon: 0211/32 01 86, Telex: 8 585 522

Die Arbeit der Agentur

Gründung: November 1972
Stammkapital: 100.000,– DM
Umsatz 1981: 45,0 Mio DM
Umsatzerwartung 1982:
53,0 Mio DM
Durchschnittsalter: 33
Pro-Kopf-Umsatz 1981:
1.183.000,– DM

Etatgrößen:
Über 3.0 Mio   38 %
zwischen 1.5 und 3.0 Mio   60 %
zwischen 500.000,– u. 1.5 Mio 2 %

Zahl der Mitarbeiter
am 31.12.1981:   38

Gegenwärtige
Mitarbeiterzahl: 43

Davon: Kontakt   10
       Atelier   12
       Text   5
       Media   2
       Produktion   2
       Marktforschung   1
       Verwaltung   3
       Traffic: 4
       Sonstige   4

Zahl der Kunden: 16

Zahl der Etats: 22
Seit über 2 Jahren   14
Seit über 5 Jahren   7

Etatverteilung:
Verbrauchsgüter   65 %
Gebrauchsgüter   8 %
Investitionsgüter   9 %
Institut. Werbung   18 %

Mediaverteilung:
Publ. Zeitschriften   58 %
Fachzeitschriften   2 %
Tageszeitungen   10 %
Werbefunk   2 %
Bogenanschlag   14 %
Sales Promotion   14 %

Inhaber/Gesellschafter:
Anton Hildmann
Gerd Simon
Thomas Rempen
Helmut Schmitz
Scali, McCabe, Sloves, Inc.,
New York

Leitende Mitarbeiter:
Geschäftsführer:
A. Hildmann, G. Simon, T. Rempen,
H. Schmitz, H. P. Esser,
Klaus G. Mättig, Dr. J. Rehorn

Kundenberatung
A. Hildmann, H. P. Esser,
K. G. Mättig, Dr. J. Rehorn.

Media-Leitung: H. Dresbach

Traffic: H. Kleibrink

Pers./Verw./Finanzen:
O. Schmidt

Niederlassungen:
Melbourne, Australien
Toronto, Canada
London, England
Mexico City, Mexico
New York, USA

Kundenliste:

BAT Cigaretten-Fabriken,
Hamburg,
Image-Werbung   GE

Bulthaup GmbH & Co,
Aich/Landshut
Kücheneinrichtungen   GE

Daimler-Benz AG,
Stuttgart
Unternehmenswerbung   GE

Deutsche Granini GmbH & Co.,
Bielefeld
Fruchtsäfte „leichter Genuß"   GE

Dujardin & Co.,
vorm. Gebr. Melcher,
Krefeld-Uerdingen
Dujardin Imperial   GE
Melcher's Rat   GE

ERCO Leuchten GmbH,
Lüdenscheid
Leuchten und Leuchtmittel   GE

Hakle-Werke,
Mainz
Toilettenpapiere
(feucht/trocken)   GE
Haushaltspapier   GE

Hoechst AG,
Frankfurt
Unternehmenswerbung   GE

Franz Kaldewei GmbH & Co. KG,
Ahlen
Bade- und Brausewannen   GE

Robert Krups Stiftung,
Solingen
Personenwaagen   GE
Personal Care   GE

manan GmbH & Co. OHG,
Darmstadt
Plantur Haarpflegeserie   GE

Merz + Co. GmbH & Co.,
Frankfurt
Patentex oval   GE
Merz Schaummaske   GE
Merz Spezial Dragees,
Creme/Lotion   GE

REWE-Zentral AG,
Köln
Unternehmenswerbung/Handels-
gruppe   GE

Dr. Schieffer Arzneimittel GmbH,
Köln
Entwicklungsaufgaben

Streif AG
Vettelschoß
Streif Fertighäuser   GE

C. & A. Veltins Brauerei,
Meschede-Grevenstein
Veltins Pilsener   GE

124

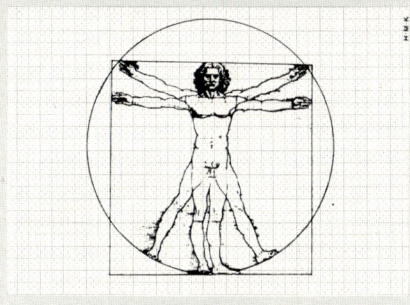

H·M·K
Hamburger Marketing-Kommunikation

Alsterchaussee 25
2000 Hamburg 13
Telefon 040/44 50 31
Telex 02 161 045

H·M·K ist die Fullservice-Agentur von Lintas: Deutschland für die mittelständische Wirtschaft.

Gründung: 1976
Umsatzerwartung 1982: 10 Mio
Durchschnittsalter: 30
Zahl der Mitarbeiter: 15
    Kontakt   6
    Gestaltung   6
    Produktion   2
    Administration 1
Zahl der Kunden: 13

Leitende Mitarbeiter:

Uwe Jenkner
Geschäftsführer

Klaus Grundmann
stellv. Geschäftsführer
Leiter Beratung

Gerhard Steffens
Leiter Gestaltung

H. C. Asmussen, Bargteheide
Feiner alter Asmussen
Tropica Light
Calypso Planter's Punch

Aeroquip GmbH
Hann. Münden
Schläuche und Leitungselemente

Block House GmbH
Hamburg
Jim's Restaurant

Carlsberg Bier GmbH
Hamburg/Kopenhagen
Carlsberg Beer
Carlsberg Pilsener
Carlsberg Elephant

DRK, Springe
Blutspendedienst

Freizeitpark De Efteling
Venlo, Holland

Langnese-Iglo
Hamburg
Gastronomie- und Catering-Service

Meica, Edewecht
Original Ammerländer
Kleine Knackzarte
Fleisch- und Fertiggerichte

Meistermarken Werke, Bremen
Grund- und Fertigprodukte für Backbetriebe

Natec, Hamburg
Auftragsforschung

Pelikan AG, Hannover
Pelikan Souverän
Pelikan Signum
Pelikan No. 1

Ferd. Rathjens, Hamburg
Heimwerker-Märkte

RDM Ring Deutscher Makler
Gemeinschaftswerbung

125

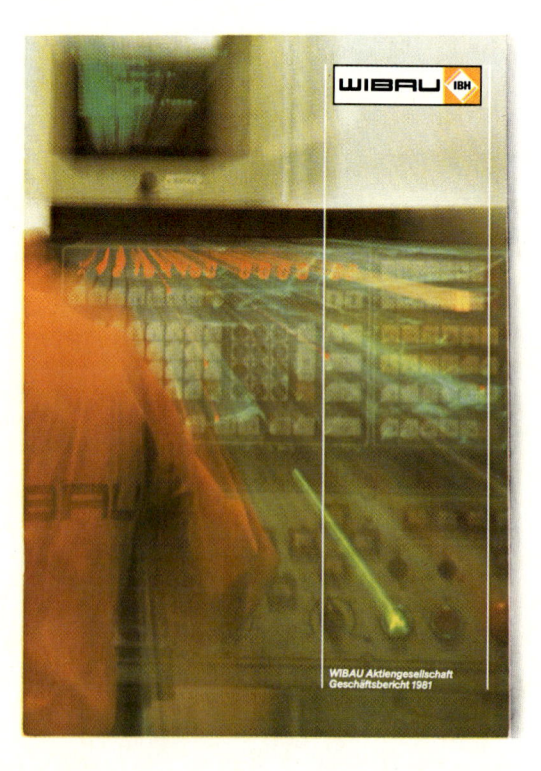

Zwei Beispiele dafür,
daß kreative Konzepte nicht nur für Doppelseiten vierfarbig gefordert und realisiert werden.

H.M.P.
WERBEAGENTUR GMBH

4000 Düsseldorf · Rochusstraße 28
Telefon (0211) 480468/9 · Telekopierer · Telex 8586962 hmp d

Start 1981 · Stammkapital 50 TDM · Umsatz DM 10 Mio · Geschäftsführender Gesellschafter Erwin Martin · Zahl der Mitarbeiter 11 (Beratung/Konzeption 3, Art 3, RZ 1, Media 1, Produktion 1, Verwaltung 2) Extern: Mediaplanung.

Kunden: Creativ Reisen · C. ITOH + Co. GmbH · Duomat B. Kaltenegger GmbH · Maschinenfabrik Hamm AG + Co. KG · HGK Handelsunternehmen der Straßenverkehrsgenossenschaften SVG · IBH Holding Aktiengesellschaft · King Maschinen GmbH · Kastrup + Partner Klimatechnik · Lanz Maschinenfabrik AG + Co. KG · Lein Wirtschaftsberatung · NEC Nippon Electric Co. Ltd (TE) · WIBAU Aktiengesellschaft · Jean Wirtz GmbH + Co. KG · Zettelmeyer Maschinenfabrik GmbH.

IMPARC

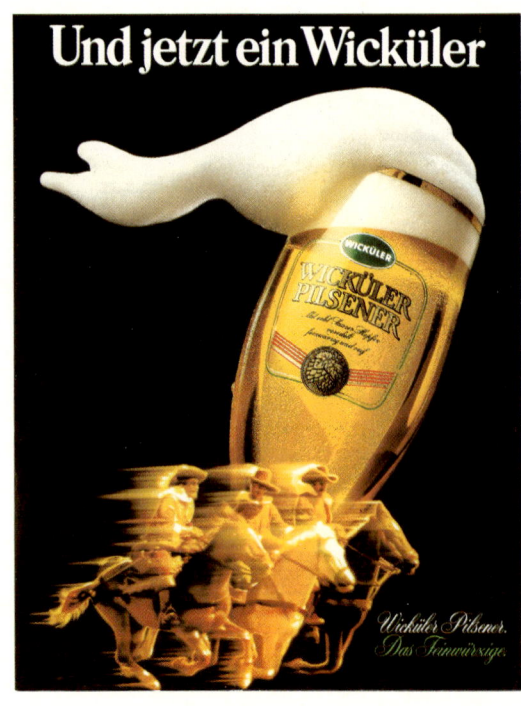

IMPARC Werbeagentur GmbH & Co. KG

Degerstraße 6
ab Oktober 1982: Karlplatz 20/21
4000 Düsseldorf
Telefon: 0211/6 70 01, Telex: 8 586 500
ab Okt.: 8 98 20

Gründung: 1978
Stammkapital: 500 000,- DM
Umsatz 1981: 52 Mio. DM
Umsatzerwartung 1982:
60 Mio. DM
Durchschnittsalter: 34 Jahre
Pro-Kopf-Umsatz 1981:
945.000,- DM

Etatgrößen:
Über 3.0 Mio   77 %
zwischen 1.5 und 3.0 Mio   9 %
zwischen 500.000,- u. 1.5 Mio   8 %
unter 500.000,-   6 %

Zahl der Mitarbeiter
am 31.12.1981:   55

Gegenwärtige
Mitarbeiterzahl: 58

Davon: Kontakt   21
       Atelier   16
       Text   5
       Media   4
       Produktion   4
       FFF   3
       Verwaltung   4
       Sonstige   1

Zahl der Kunden: 14

Zahl der Etats: 38
Seit über 2 Jahren   5
Seit über 5 Jahren   9
Seit über 10 Jahren   8

Etatverteilung:
Verbrauchsgüter   95 %
Gebrauchsgüter   5 %

Mediaverteilung:
Publ. Zeitschriften   16 %
Fachzeitschriften   1 %
Tageszeitungen   1 %
Werbefernsehen   65 %
Werbefunk   15 %
Bogenanschlag   2 %

Inhaber/Gesellschafter:
Dr. Gisela Küll, Geschäftsführende
Gesellschafterin/Beratung
Gunter Ott, Geschäftsführender
Gesellschafter/Creation
BBDO GmbH

Leitende Mitarbeiter:
Peer Krischbin, 41,
Creative Director (Prokurist)
Hans-Georg Roth, 39,
Management Supervisor
Bernd A. Ziegener, 40,
Management Supervisor
Volker Stünkel, 41,
Prokurist

Kundenliste:

ABK-Gruppe
Lieken Urkorn, Brotsorten

**Arbeitskreis
Oberbekleidung,**
Düsseldorf,
Nachwuchswerbung

**Blendax-Werke
R. Schneider GmbH & Co.,**
Mainz,
Blend-a-med, Zahncreme,
Blend-a-med, Mundwasser,
Blend-a-med, Dentalprogramm,
Chlorhexamed, Medizinprogramm
Blend-a-dent, elektr. Mundpflege-
geräte,
Ultra-Clin, Ultraschallreiniger,
Blendax Anti-Belag, Zahncreme,
Blendi, Kinderzahncreme,
Credo, Deomittel,
Kamill, Körperpflege

Blendax Ges. mbH
Hallein/Österreich,
Blend-a-med, Zahncreme,
Blendax Anti-Belag, Zahncreme,
Strahler 80, Zahncreme,
Credo, Deomittel,
Kamill, Körperpflege

Burda GmbH
Offenburg,
„Freundin", Frauenzeitschrift,
„Meine Familie und ich",
Frauenzeitschrift

Compo GmbH,
Münster,
Blumendünger, Pflanzenschutz,
Schädlingsbekämpfungsmittel

Kaiser's Kaffee Geschäft,
Viersen,
Einzelhandelswerbung

**PLUS Warenhandels-
gesellschaft**
Mülheim, Ruhr,
Einzelhandelswerbung

PWA Waldhof GmbH,
Mannheim,
Zewa wisch & weg, Küchentücher

Sarotti GmbH,
Frankfurt,
Sarotti Pralinen,
Sarotti Tafelschokolade,
Nestlé Die Weiße, Schokolade

Söhnlein Rheingold,
Wiesbaden,
Söhnlein Rheingold, Sekt,
Söhnlein Brillant, Sekt,
White Horse, Whisky

Teekanne GmbH,
Düsseldorf,
Teekanne Kräutertees,
Teekanne Heiltees,
SüßFix, Süßstoff,
Glühfix, Glühweingewürz

Werner & Mertz GmbH
Mainz, Erdal Schuhpflege,
Rex Autopflege,
Tuba Teppich- und Polsterpflege

**Wicküler-Küpper-
Brauerei,**
Wuppertal,
Wicküler Pilsener, Bier

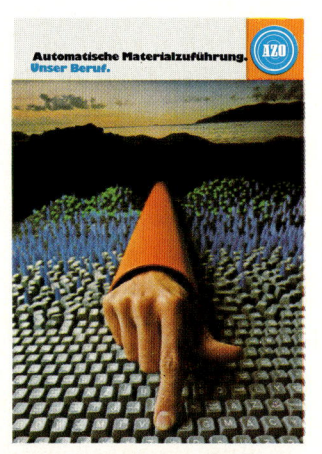

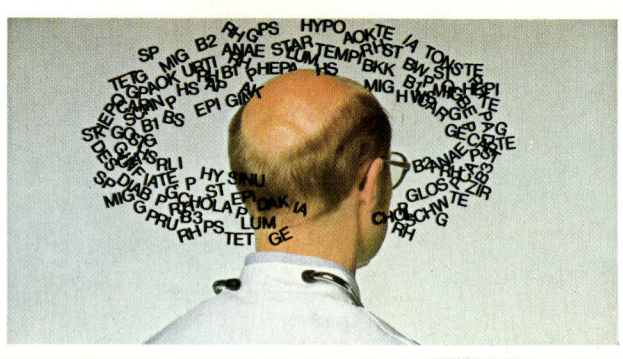

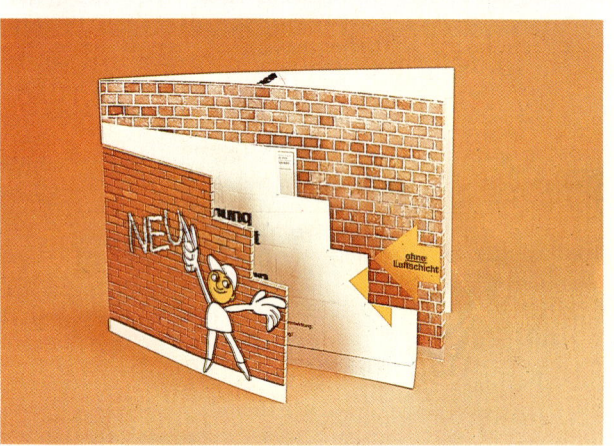

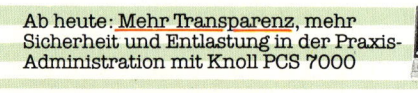

IMPULS WERBUNG   HORST KRAUS GMBH   HEIDELBERG

Impuls Werbung Horst Kraus GmbH

In der Aue 4, Neckarschlöss'l
6900 Heidelberg 1
Telefon: 0 62 21/8 05 15-17, Telex: 4 61 763

Zufälle ausschalten, dabei trotzdem Neues und Ungewöhnliches wagen. Analytisch und kritisch denken und beurteilen, ohne Ideen zu töten. Kreativität nicht nur im Grafischen sehen, sondern auch in der Strategie, in der Aktion und Interaktion. Beweglich und aufgeschlossen operieren, agieren und reagieren.

Gründung: 28. September 1961
Stammkapital: 100.000,– DM
Umsatz 1981: 13,8 Mio
Umsatzerwartung 1982: 14,5 Mio
Durchschnittsalter: 31
Pro-Kopf-Umsatz 1981:
690.000,– DM

Zahl der Mitarbeiter
am 31.12.1981: 22

Gegenwärtige
Mitarbeiterzahl: 20

Davon: Kontakt 3
Atelier 5
Text 3
Media 3
Produktion 2
Marktforschung extern
FFF 1
PR 1
Verwaltung 3

Zahl der Kunden: 17

Zahl der Etats:
Seit über 2 Jahren 6
Seit über 5 Jahren 10
Seit über 10 Jahren 1

Etatverteilung:
Verbrauchsgüter 18 %
Gebrauchsgüter 48 %
Dienstleistungen 12 %
Institut. Werbung 22 %

Mediaverteilung:
Publ. Zeitschriften 27 %
Fachzeitschriften 11 %
Tageszeitungen 9 %
Werbefunk 11 %
Werbefilm/Dia 2 %
Direktwerbung 12 %
Bogenanschlag 3 %
Sales Promotion 17 %
PR 8 %

Inhaber/Gesellschafter:
Horst F. Kraus

Leitende Mitarbeiter:
Horst F. Kraus, 52,
Geschäftsführender
Gesellschafter, Beratung
Norbert Jork (Prokura), 34,
Beratung, Mitglied der
Geschäftsleitung
Dieter Petri (Prokura), 45,
Zentraler Agentur-Service
Wolfgang Bunte, 41
Creativ-Director
Dieter Ambach, 40,
Media

Partner-Agenturen:
In den wichtigsten europäischen Ländern.

Kundenliste:

Arbeitsgemeinschaft Deutsche Fliese e. V.
Frankfurt GE

AZO-Maschinenfabrik Adolf Zimmermann GmbH
Osterburken GE

Bayerisches Staatsministerium für Wirtschaft und Verkehr
München TE

ETO Großverbraucher-Service
Ettlingen TE

Deutsche Frigolit GmbH
Worms GE

Industrieverband Hartschaum e. V.
Heidelberg GE

Kalksandstein-Kontor Mannheim GmbH
Mannheim TE

Knoll/BASF
Ludwigshafen TE

Carl Schenck AG
Darmstadt TE

Schubert & Salzer AG
Ingolstadt TE

Veith Pirelli AG
Höchst/Odenwald TE

WMF Württembergische Metallwarenfabrik
Geislingen/Steige TE

u.a.m.

ICW Wilkens

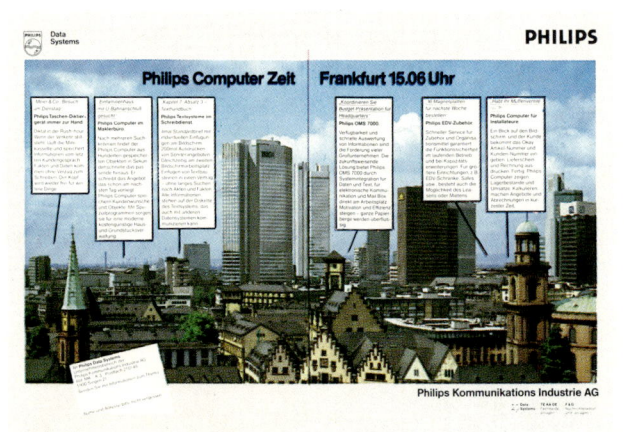

ICW Wilkens

Hamburg
An der Alster 42
2000 Hamburg 1
Telefon: 040/2 88 11
Telex: 02 13 265

Dortmund
Ostenhellweg 53
4600 Dortmund
Telefon: 02 31/52 84 03

Geschäftsführung
Joachim Kossert, GF
Helmut Schöning, Prok.
Rolf Derichs, Prok.
Wolfgang Mai

36 Mio. Umsatz 1982
40 Mitarbeiter
Tochtergesellschaft der
William Wilkens Werbeagentur GWA

FBC-Stähler, Pflanzenschutzunion GmbH & Co. KG, Stade

Amt für Wirtschafts- und Strukturförderung, Dortmund
Industrieansiedlung

Bauer & Schaurte Karcher GmbH,
Neuss · Schrauben

CDU Schleswig Holstein, Landtagswahl

Drägerwerk AG, Lübeck
Image- und Personalwerbung

Dyrup & Co. A/S, Kopenhagen
Bondex-Holzschutz, Farben

Electronic Watch Batterie,
Ellwangen

Fels Werke, Goslar
FERMACELL, Fertiggaragen

Fertighausausstellungsgesellschaft Werl

Hagenbecks Tierpark, Hamburg

Hannover-Messe

ILA Intern. Luftfahrt-Ausstellung

IVECO-Deutschland, Ulm
Fiat LKW und **Magirus**

LIGNA Hannover

Musterring International
Josef Höner KG, Rheda/Wiedenbrück

O & K Orenstein & Koppel, Dortmund
Baumaschinen

Philips Data Systems, Siegen
Text- und Datensysteme

Salzgitter AG, Teilaufgaben

Stielow GmbH, Hamburg
Post-, Adressiertechnik

SULO Eisenwerk, Herford
Kommunaltechnik, Formteile

Thyssen Industrie AG, Essen
Teilaufgaben

Torfstreuverband GmbH, Oldenburg

Touristik Union International, Hannover
Teilaufgaben

VARTA AG, Hannover
Gerätebatterien

intensiv

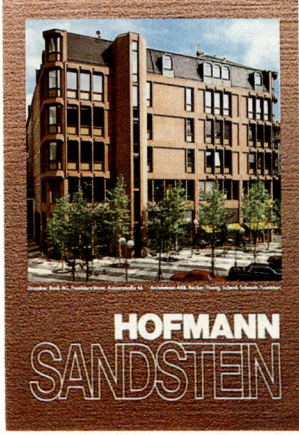

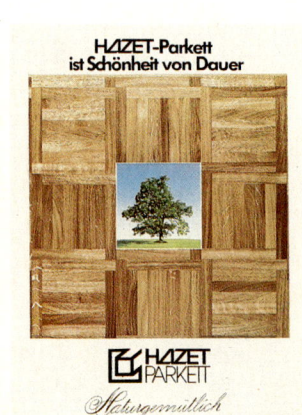

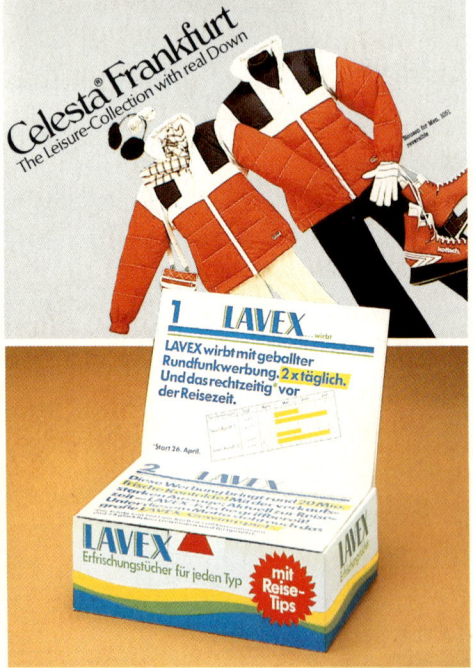

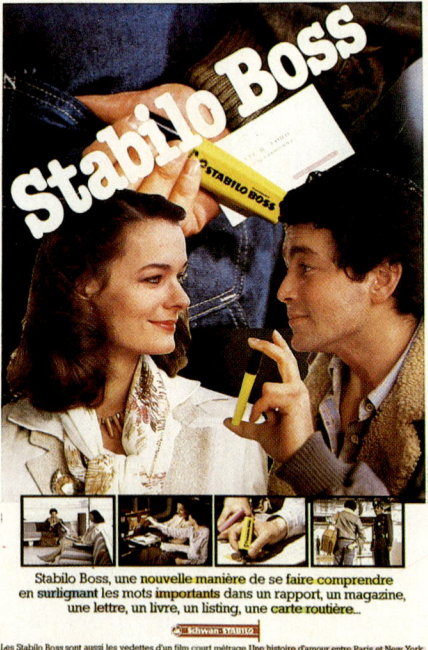

Intensiv-Werbung GmbH
Sulzbacher Straße 63 · 8500 Nürnberg · Telefon (0911) 5398-0

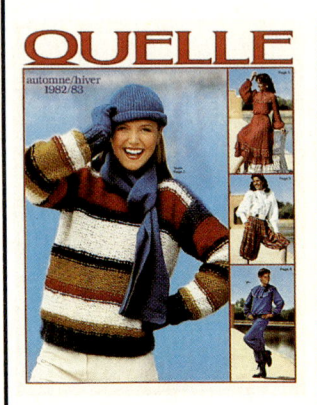

Die Intensiv-Werbung bietet vom Marketing-Konzept über Grafik, Fotografie, Produktion, Media-Einschaltung bis zur Erfolgskontrolle alles aus einer Hand.

Hier einige Beispiele aus unserem Kreativ-Bereich:

intensiv

Intensiv-Werbung GmbH
Sulzbacher Straße 63 · 8500 Nürnberg · Telefon (0911) 53 98-0

Zentrale:	Niederlassungen in der Bundesrepublik Deutschland:	
Intensiv-Werbung GmbH – Marketing-Werbeagentur Sulzbacher Straße 63, 8500 Nürnberg Telefon: (0911) 53 98-0 Telex: 6 22 565	Intensiv-Werbung GmbH – Büro Bonn Maximilianstraße 8, 5300 Bonn 1 Telefon: (0228) 63 12 04/05 Telex: 8 869 707	Intensiv-Werbung GmbH – Filiale Hannover Berliner Allee 46, 3000 Hannover Telefon: (0511) 32 74 72/73 Telex: 9 21 443

Niederlassung in Frankreich (Paris):
Intensiv-Werbung GmbH – Agence de Publicité, 41, rue Ybry, 92522 Neuilly-Cedex, Telefon: 7 58 12 40, Telex: 0042 / 630 842

Die Agentur bietet ihren Kunden die Wahl zwischen „Full-Service" und Betreuung von Teilbereichen (Fachservice).
Partnerschaftliche Agentur-Beziehungen in allen wirtschaftlich interessanten Ländern der Erde.

Gründung:	1966	Etatgrößen:		
Stammkapital:	DM 200.000,–	Über 3,0 Mio.		14 %
Umsatz 1981:	DM 82,5 Mio.	zwischen 1,5 und 3,0 Mio.		26 %
Durchschnittsalter:	32 Jahre	zwischen 500.000 und 1,5 Mio.		45 %
Pro-Kopf-Umsatz 1981:	DM 1.162.000,–	unter DM 500.000		15 %

Zahl der Mitarbeiter am 31. 12. 1981:	71	Foto Quelle, Schickedanz & Co., Ausland	TE	Touristik Union International, Hannover	TE
Gegenwärtige Mitarbeiterzahl (Vollpersonen)	71	Frankfurter Bettfedernfabrik, Frankfurt	GE	Uniconfis GmbH, („Chupa Chups"), Eschborn	GE
Davon: Kontakt	16	GfK, Nürnberg	TE	Vereinigte Papierwerke Schickedanz & Co., Nürnberg	TE
Ateliers (Foto und Grafik)	10	Großversandhaus Quelle, Schickedanz KG, Fürth	TE		
Text	2	HAZET, Zapfendorf	TE	Weber + Ott, („Libero"), Forchheim	TE
Media	16	Hengella, Aalen	TE		
Produktion	7	Hofmann Granit, Niklashausen	TE	Leitende Mitarbeiter:	
Marktforschung	3	Axel Kauer KG, (Majorette) Fürth	GE	Geschäftsführer: Dieter Münster Werner Bandert	
Marketing	2				
FFF	1	Leistritz, Nürnberg	TE	Kontaktgruppenleiter: Helmuth Perthen Wolfgang Hilla Gerda Burow Theodor Lohr	
PR	3	Möbel-Hess GmbH + Co. OHG, Nürnberg	GE		
VKF	1				
Verwaltung	6	Motorsport-Club, Nürnberg ADAC, Nürnberg	TE		
Sonstige	4				
Zahl der Kunden:	55	Nawinta, Bad Windsheim	TE	Kontakt: Heinz Besold Peter Schütze Elisabeth Heintz Iris Taufenbach Christa Adelhardt Helga Berndt	
Zahl der Etats:	49	Noris-Bank GmbH, Nürnberg	TE		
Seit über 2 Jahren	16	Papierhygiene GmbH, Nürnberg	TE		
Seit über 5 Jahren	18				
Seit über 10 Jahren	10	Patrizier-Bräu AG, Nürnberg	TE		
Seit über 15 Jahren	5				
Media: Planung und Durchführung der Mittlung aller Mediengattungen im In- und Ausland (alle Erdteile)		Pestalozzi-Verlag GmbH, Erlangen	TE	Marketing/Marktforschung: Werner Steinbach	
				Media-Leitung: Kurt-Jürgen Karthäuser	
		geobra BRANDSTÄTTER (PLAYMOBIL), Zirndorf	GE	Media-Einkauf: Heidi Kippert	
Auszug aus der Kundenliste:		geobra BRANDSTÄTTER (PLAYMOBIL), France	TE	Media-Planung: Uwe Flecks	
Albert Fertighaus, Burkhardroth	GE			Produktion: Gerhard Ziegler	
Auge, Spielwaren, Nürnberg	TE	REHAU plastiks, Rehau	TE		
Bankel Keramik Geesthacht KG, Geesthacht	GE	Quelle S.A., Orléans	TE	Grafisches Atelier: Gisela Gess	
		Schöpflin GmbH, Großversandhaus, Lörrach	GE	Fotografische Ateliers: Ulrich Blasi Mark Kemming	
Bayer. Milchversorgung GmbH (Paladin), Nürnberg	TE				
Boge, Eitorf	TE			Öffentlichkeitsarbeit: Peter Ade	
Brandt, Haushaltartikel, Nürnberg	GE	Schwan-STABILO, Nürnberg	GE	FFF: Michael Rothstein	
BSW Beamten-Selbsthilfewerk, Bayreuth	GE	Stadt Nürnberg, Nürnberg	TE	Verlagsobjekte/Anzeigenverwaltung: Hans Böckel	
Bundesverband der mittel-ständischen Wirtschaft, Bonn	TE	Stadt Stein („Palm Beach")	TE	Niederlassung in Frankreich (Paris): Peter Rambacher	
Chemical Company, Dr. Klieber, Schliersee	TE	Tempo-Sanys S.A., Paris	TE	Büro Bonn: Wolfgang Junge	
Elevit, Impulsfeldtechnik, München	TE				
Ettaler Kloster-Liqueur, München	TE	Transeuropa Reisen, Hannover	TE	Filiale Hannover: Uwe Schoormann	
Foto Quelle, Schickedanz & Co., Nürnberg	TE				

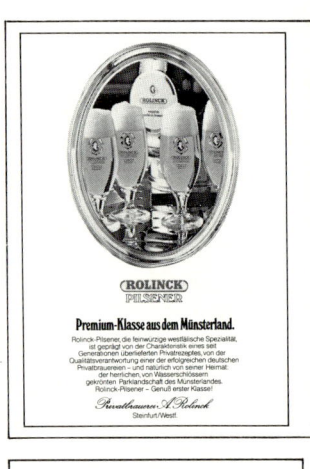

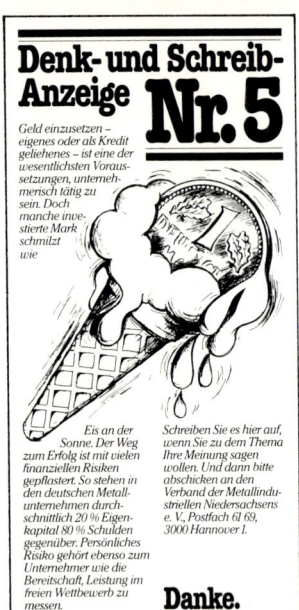

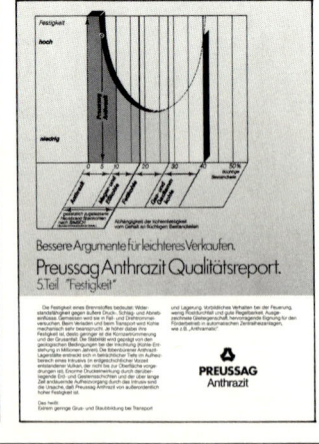

INTRODUCT Werbeagentur GmbH & Co.
Hindenburgstr. 12 · 3000 Hannover
Telefon (0511) 81 50 27
Telex 09-23 547

INTRODUCT Werbeagentur GmbH & Co.

Hindenburgstraße 12
3000 Hannover 1
Telefon: 0511/81 50 27, Telex: iduct 09 23 547
Ass.: Introduct Research Gesellschaft für
Marketing- und Kommunikationsforschung mbH

Klar definierte Leistungs-Segmente in einer auf Individualität ausgerichteten Agentur-Dimension:

- V Psychologische Produktausformung
- V Packungs-Design
- V Werbung
- V Verkaufsförderung
- V Strukturierung von Institutional Images
- V Public Relations
- V Media-Service
- V Data-Service
- V Marketing-Modelle

Kundenliste   Juni 1981

Hildegard Braukmann Kosmetik GmbH
Kräuter-Kosmetik   GE

BSF Bremer Silberwaren GmbH
BSF-Bestecke, -Tafelgeräte
-Geschenke   GE

Delta Bau AG
Immobilien   GE

Ericsson Centrum GmbH
Sprechanlagen, Funkanlagen,
Techn. Fernsehen,
Gleitzeit-Technik   SE

Frucade Essenzen GmbH
Frucade-Limonaden und
-Fruchtsaftgetränke   GE

General Electro Music GmbH
Elektronische GEM-Heimorgeln   GE

Gummi-Henniges KG
Technische Spezialartikel aus
Gummi oder Kunststoff   GE

Haarmann + Reimer GmbH
Geschmackstoffe, Riechstoffe   GE

Hannoversche Papierfabriken Alfeld/Gronau Aktiengesellschaft
Druckpapiere   GE

Lohmann GmbH & Co. KG
Med. Verbandstoffe   GE

Ohorongo Game Ranch
Exclusiv-Touristik   GE

Peiner AG
Krane, Greifer, Baugeräte,
Container-Handling, Schrauben   GE

Preussag AG
Preussag-Anthrazit   GE

Privatbrauerei A. Rolinck GmbH & Co.
Rolinck-Pilsener,
Westfälisch-Alt   GE

Verband der Metallindustriellen Niedersachsens e.V.
Öffentlichkeitsarbeit   GE

Versicherungsgruppe Hannover (VGH)
Versicherungen   GE

M. H. Wilkens & Söhne GmbH
Wilkens-Bestecke, -Tafelgeräte,
Silber-Schmuck   GE

Wintershall AG
Institutionelle Werbung   GE

Wintershall Mineralöl GmbH
Schmieröle, Fabrikationsöle,
Heizöl, Paraffin, Bitumen   GE

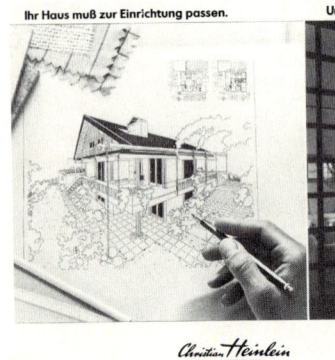

K & K

K & K Kath & Krapp GmbH
Marketing und Werbung

Beethovenplatz 2 – 3
8000 München 2
Telefon: 089/53 94 53, Telex: 5-215 741 kkw d
Telefax: 089/53 57 67

Agenturkonzept:
Wir betreuen mittelständische bis mittelgroße Unternehmen in allen Fragen des Marketings und der Werbung.
Wir entwickeln für internationale Markenartikel-Unternehmen Projektideen für Werbung, Verkaufsförderung und Packungsgestaltung.

Gründungsjahr: 1975
Umsatzerwartung 1982:
26 Mio. DM

Inhaber/Gesellschafter:
Joachim Kath, Marketing- und Werbeberater
Achim Krapp, Grafik-Designer

Segmente:

1. **Freizeit und Tourismus**
   Caravans, Reisemobile

2. **Handelsmarketing**
   Drogeriemärkte, Hobbymärkte, Verbrauchermärkte

3. **Industrie-Werbung**
   Fertighäuser, med.-techn. Produkte, Maschinenbau

4. **Konsumgüter**
   Bier, Kosmetik, Nahrungsmittel, Hygieneprodukte

Klienten:

AMOENA,
Medizin-Orthopädie-Technik, Raubling

Bauer-Kompressoren,
München

dm-drogerie markt,
Karlsruhe

dm-drogerie markt,
Salzburg

Eriba-Hymer,
Bad Waldsee

HA WE GE,
Fulda

Hirsch-Brauerei Honer,
Wurmlingen

Christian Heinlein,
Baiersdorf

idee-Creativmarkt,
Karlsruhe

Pond's,
München

Nestlé,
Vevey

Vereinigte Papierwerke,
Nürnberg

Schönen Gruß an alle, die unfehlbar sind.

KDM&P. Werbeagentur GmbH Köln ☎ 0221/622020

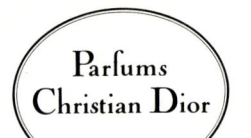

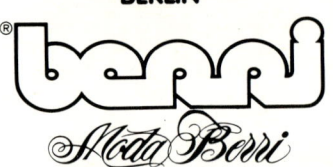

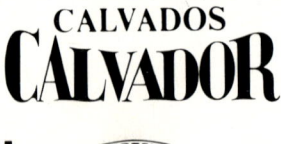

v. KHUON-
WILDEGG &
PARTNER

MOËT & CHANDON Champagne

Butterfly

MÖVENPICK

J&B Scotch Whisky

MG GEBÄUDEREINIGUNG

RODEO-STEAK

Schöller

DENNERT BAUSTOFFE MIT SYSTEM

FLEISCHHAUER V·A·G Audi VW LT

Orient-Teppiche ELSAESSER

Küchen DROSS

CARRERA

Parfums Christian Dior

Autohaus Albrechtstraße

Autohaus EDUARD WINTER BERLIN

KS* *KALKSANDSTEIN

CALVADOS CALVADOR

berri Moda Berri

B BK Bayerische Baukredit GmbH

PORSCHE

GUMMIWERK KRAIBURG

MAHAG Der Automarkt Münchens

Die BETTEN-RIDS Die netten RIDs

v. KHUON-WILDEGG & PARTNER

Wenn Ihnen die großen Werbeagenturen zu groß sind, der kleine Einzelberater dagegen zu klein ist und wenn zudem das Thema Verkaufsförderung für Sie einen ähnlich hohen Stellenwert hat wie die reine Media-Werbung, dann... sollten Sie eigentlich längst bei uns Kunde sein.

Wir empfehlen Ihnen, vorab unsere Funkspots anzuhören. Anruf genügt – Kassette kommt. Kostenlos natürlich. Telefon: (089) 6 12 10 10. Wir freuen uns über Ihren Anruf.

v. KHUON-WILDEGG & PARTNER

Werbeagentur GmbH
Schlesierstr. 4
8028 München-Taufkirchen
Telefon: (089) 6 12 10 10
Telex: 05-24 704

Gründung: 1978
Inhaber/Gesellschafter:
von Khuon-Wildegg
Heye, Needham-
Unternehmensgruppe

Geschäftsführer:
Ernst von Khuon-Wildegg

Mitarbeiter: 9

Freie und assoziierte
Mitarbeiter: 6

KONSELL
PARTNERS · WERBEAGENTUR

mit dem Kunden verkaufen

144

KONSELL PARTNERS

Zeppelinallee 47
6000 Frankfurt/Main 90
Tel.: 0611/77 09 91, Telex: 04-14 737

Wir arbeiten so wie wir heißen – KON=SELL mit dem Kunden verkaufen.

Gründung: 1.4.1968
Stammkapital: 200.000,– DM
Umsatz 1981: 53,0 Mio DM
Umsatzerwartung 1982: 55,5 Mio DM
Durchschnittsalter: 32 Jahre
Pro-Kopf-Umsatz 1981:
964.000,– DM

Etatgrößen:
Über 3,0 Mio	48%
zwischen 1,5 und 3,0 Mio	40%
zwischen 500.000,– und 1,5 Mio	12%

Zahl der Mitarbeiter
am 31.12.1981: 54

Gegenwärtige
Mitarbeiterzahl: 55

Zahl der Kunden: 19

Zahl der Etats: 41
seit über 2 Jahren 17
seit über 5 Jahren 10
seit über 10 Jahren 13

Etatverteilung:
Verbrauchsgüter	70%
Gebrauchsgüter	20%
Dienstleistungen	7%
Institut. Werbung	3%

Geschäftsführende Gesellschafter
Herr Gerhard Matthies
Herr Klaus Richter BDW

Geschäftsführer:
Rainer von Gosen – Kundenberatung
Hans-Rainer Hee – Kundenberatung
Hans Günther Schacht – Creation

Exclusiv-Berater:
Robert P. Eaton
Dr. Helmut Schmidtmayr

Art-Buying:
Hannelore Turban

Technischer Service:
Richard Besenbruch

Kundenliste:

3M Company, Neuss
Haushaltsprodukte
(Scotch Britti, Britti pad)
Scotch Magnetische Produkte
(Audio- und Video-Cassetten

Jacobs Erzeugnisse GmbH + Co. KG
Bremen
Jacobs Cronat
Jacobs Moccapress
Neuentwicklungen

Mars GmbH, Viersen
Treets, Milky Way, Bonitos,
Raider, Neuentwicklungen

Naturin, Weinheim
Kunstdärme, Wursthäute

Schuhfabrik Rinne
Hess. Oldendorf
TUF-Schuhe

Lingner + Fischer GmbH
Bühl/Baden
FISSAN-Babypflege-Sortiment

UHU Vertrieb GmbH
Bühl/Baden
UHU-Klebstoff-Sortiment
UHU-DIY-Programm

Eichbaum-Brauereien AG
Mannheim
Gesamtes Biersortiment

State of New York
Wirtschaftswerbung für den Staat
New York

Fieldcrest, Zürich
Badetücher, Bettwäsche

Surig Essig Essenz, Frankfurt
Gemeinschaftswerbung für
Essig Essenz

Sikkens GmbH
Garbsen (Hannover)
Bauten-Farben und -Lacke,
Neuentwicklungen

Tetra Pack, Hochheim
Bereich Saft

World Airways, Frankfurt
Internationale Fluggesellschaft

Peter Eckes, Nieder Olm
BERRYLONG, Hulstkamp,
Neuentwicklungen

Philip Morris, München
Entwicklungsaufgaben

Jacobs Multiplan, Bremen
Kaffee Service
Gastronomie & Großverbrauch

Alte Leipziger Versicherung
Oberursel
Alle Versicherungsbereiche

Das Krais-Modell*

*Krais verknüpft klassische Werbung mit Bildschirmtext. Wählen Sie BTX-Nr. *1613# oder fordern Sie unser Agenturportrait an.

Krais Werbeagentur
Gesellschaft für Werbung, Marketing und Innovation mbH

Kalliwodastraße 3
7500 Karlsruhe 21
Telefon: 0721/59 10 77, Telex: 07 825 670
Bildschirmtext: *1613 #

Gründung: 1949
Stammkapital: 240.000,– DM
Umsatz 1981: 38 Mio DM
Umsatzerwartung 1982: 41 Mio DM

Gegenwärtige
Mitarbeiterzahl: 27

Davon: Kontakt 4
　　　 Atelier 4
　　　 Text 2
　　　 Media 6
　　　 Produktion 2
　　　 PR 1
　　　 Verwaltung 5
　　　 Sonstige 3

Zahl der Kunden: 35

Zahl der Etats: 31

Etatverteilung:
Verbrauchsgüter 20 %
Gebrauchsgüter 40 %
Dienstleistungen 30 %
Institut. Werbung 10 %

Inhaber/Gesellschafter:
Günter Anselm
Dr. Arnulf Krais
Heinz Rauschnabel

Leitende Mitarbeiter:
Geschäftsführung/Beratung:
Günter Anselm (46)
Dr. Arnulf Krais (35)
Heinz Rauschnabel (39)
Grafik: Wolfgang Güse (33)
Text: Doris Gromer (46)
Media: Eduard Heinrich (38)
Produktion: Thomas Baier (30)
Finanzen: Heinz Dirringer (45)

Kundenliste:

Badenfrost Indra Vertriebsgesellschaft mbH, Karlsruhe

Badenia Bausparkasse, Karlsruhe

Badenwerk AG, Karlsruhe

Badisches Tagblatt, Baden-Baden

Bundesbahndirektion Karlsruhe

Fachinformationszentrum, Leopoldshafen

Fachverband für Fassadenvollwärmeschutz, Heidelberg

Frankl + Kirchner, Schwetzingen

Hinte Messe- und Ausstellungsgesellschaft mbH, Karlsruhe

Hübner + Völker Technik GmbH, Radolfzell

Industriewerke Karlsruhe-Augsburg, Blankenloch

IPL-Sprachschule, Karlsruhe

Kernforschungszentrum, Leopoldshafen

Kurhotel Quisisana, Baden-Baden

Landeskreditbank, Karlsruhe

LBS Landesbausparkasse, Karlsruhe

Lucenta-Cosmetic, Ettlingen

Mann-Mobilia, Karlsruhe

Merkur-Schule, Karlsruhe

Mittelbadische Presse, Offenburg

Molkerei-Zentrale Südwest, Karlsruhe

Parker Pen GmbH, Baden-Baden

Pfizer GmbH, Arzneimittel, Karlsruhe

Privatbrauerei Hoepfner, Karlsruhe

Scheurich, E., Pharmawerk GmbH, Appenweier

Schlemmer GmbH, Elektrotechnische Bauelemente, München

Staatliche Toto-Lotto GmbH, Stuttgart

Stadt Karlsruhe, Presse- und Informationsamt

Stadt Karlsruhe, Verkehrsverein

SWF Südwestfunk, Baden-Baden

Universität Karlsruhe

Verkehrsverein Seebach/Schwarzwald

Vinaigreries de l'est, Vinor, Straßburg

Wertkauf Verwaltungsges. mbH, Karlsruhe

364 Tage im Jahr denken wir an und für unsere Kunden …

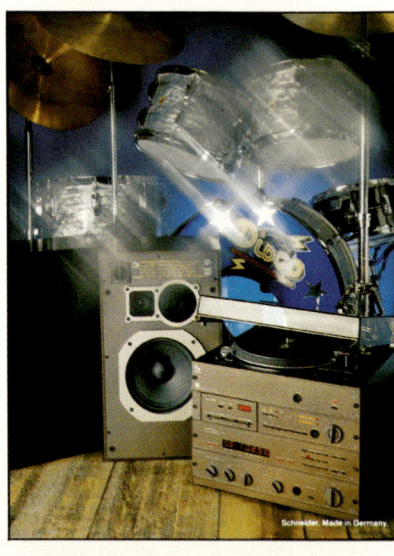

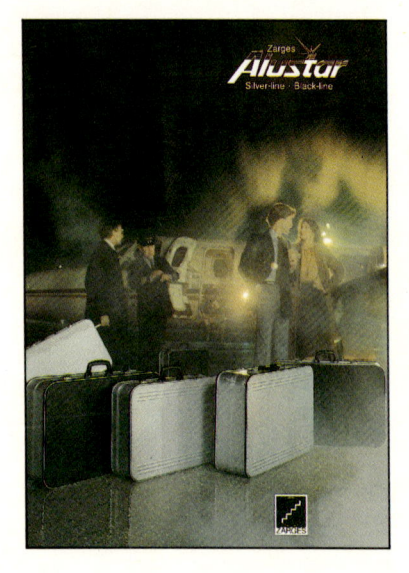

… und an einem Tag sind wir für alle Kunden gleichzeitig da.

L&S

**WERBEAGENTUR GMBH
LEHNER, SCHUMACHER & CO.**

HESSELOHERSTR. 7, 8000 MÜNCHEN 40
TELEFON 089/335038, TELEX 528544

Gründung: 1977

Geschäftsführer:
Claus Lehner, Dipl.-Kfm.
Herbert Schumacher

Mitarbeiter: 11
Ständige freie
Mitarbeiter: 10

Umsatzentwicklung:
1978   6 Mio DM
1979 12 Mio DM
1980 20 Mio DM
1981 22 Mio DM
1982 19 Mio DM

Assoziiert mit:
Groupe Effi International
6, Rue Royale
F-75008 Paris
Tel. 260 31 82
Telex 21 08 84

L&S Communications
Werbeagentur GmbH
Hesseloherstraße 7
8000 München 40
Werbeagentur für Produkte
der pharmazeutischen Industrie

Euro Center Communications Inc.
50 Rockefeller Plaza, Suite 1210
New York, NY 10020
Tel. (212) 582 97 40/1
Telex 00 230/420 594

KUNDEN:

Colorent/Visionhire,
München

Hallmark Cards GmbH,
München

Hebel Zentrale für Bautechnik
und Information,
Emmering/Fürstenfeldbruck

Inpharzam GmbH
Arzneimittel,
München

Langro-Chemie,
Stuttgart

Peugeot Talbot Deutschland GmbH,
Saarbrücken

Schneider Rundfunkwerke
GmbH & Co.,
Türkheim

Schürholz Arzneimittel GmbH,
München

Zarges Leichtbau GmbH,
Weilheim

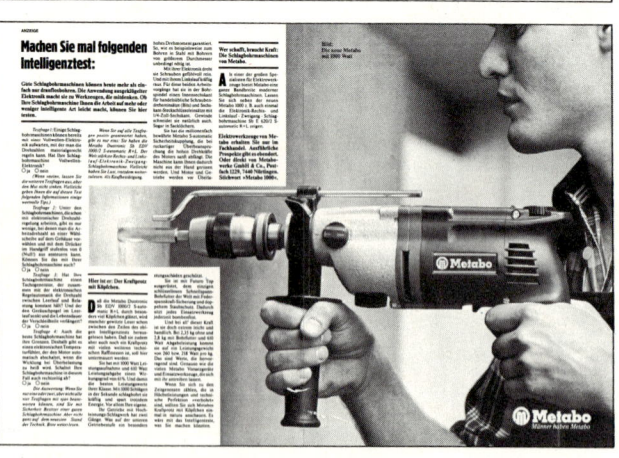

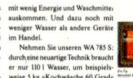

Leonhardt & Kern

Leonhardt & Kern, Conception & Graphic Design

Herdweg 64
7000 Stuttgart 1
Telefon: 0711/ 22 18 60

Wir beraten und gestalten ausschließlich. Den vollen Media- und Abwicklungsservice bieten wir in Zusammenarbeit mit ausgewählten Mediaagenturen, die auf ihrem Gebiet so professionell arbeiten, wie wir auf dem unseren. Unsere Umsatzzahlen und Pro-Kopf-Leistungen sind deshalb (wie manches andere auch) mit anderen Agenturen nicht vergleichbar.

Gründung: 1. 7. 1966
Durchschnittsalter: 33

Etatgrößen:
Über 3.0 Mio   25 %
zwischen 1.5 und 3.0 Mio   40 %
zwischen 500.000,– und 1.5 Mio   35 %

Zahl der Mitarbeiter
am 31.12.1981:   22

Gegenwärtige
Mitarbeiterzahl: 24

Davon: Art/Beratung   9
       RZ-Atelier   3
       Text/Beratung   7
       Produktion   1
       Verwaltung   4

Zahl der Kunden: 16

Zahl der Etats: 19
Seit über 2 Jahren   4
Seit über 5 Jahren   3
Seit über 10 Jahren   6

Inhaber/Gesellschafter:
Günter Leonhardt
Wilhelm Kern

Kundenliste:

B. A. T.
Cigaretten-Fabriken GmbH
Alsterufer 4
2000 Hamburg 36
Entwicklungsaufgaben   TE

G. Bauknecht GmbH
Heidenklinge 22
7000 Stuttgart 1
Verbraucherwerbung
Hausgeräte und Küchen   GE

BBC
Brown, Boveri & Cie
Kallstadter Straße
6800 Mannheim 1
BBC   Image-Kampagne

COR-Sitzkomfort
Helmut Lübke & Co
Nonnenstraße 12
4840 Rheda
Sitzmöbel   GE

Einhorn
Zeeb & Hornung GmbH & Co
7402 Kirchentellinsfurt
Herrenhemden/Damenblusen   GE

Fiat Automobil AG
Salzstraße 140
7100 Heilbronn
Lancia   Publikumskampagne

Hapag-Lloyd AG
Postfach 107947
2800 Bremen 1
MS Europa   Anzeigen-Kampagne

Hudson Textilwerke GmbH
Am Wallgraben 142
7000 Stuttgart 80
Damenstrümpfe,
Herrenstrümpfe   GE

C. Josef Lamy GmbH
Grenzhöferweg 32
6900 Heidelberg
Schreibgeräte   GE

Metabowerke GmbH & Co
Postfach 1229
7440 Nürtingen
Heimwerker-Programm,
Elektrowerkzeuge   GE

Mineralbrunnen
Überkingen-Teinach
Ditzenbach AG
7347 Bad Überkingen
Mineralwässer   GE

Mustang Bekleidungswerke
GmbH & Co
Austraße 10
7118 Künzelsau
Jeans   GE

PWA Waldhof AG & Co
Sandhofer Straße 176
6800 Mannheim 31   Produkt-
Softis-Papiertaschentücher   etat

Reiff GmbH
Tübinger Straße 2 – 6
7410 Reutlingen
Autoreifen, Reifenhandel   GE

Süddeutscher Verlag GmbH
Sendlinger Starße 80
8000 München 2   Image-
Süddeutsche Zeitung   Kampagne

Volma Wirkwaren GmbH
Postfach 220
7450 Hechingen
Jockey Herrenwäsche und
Sportswear   GE

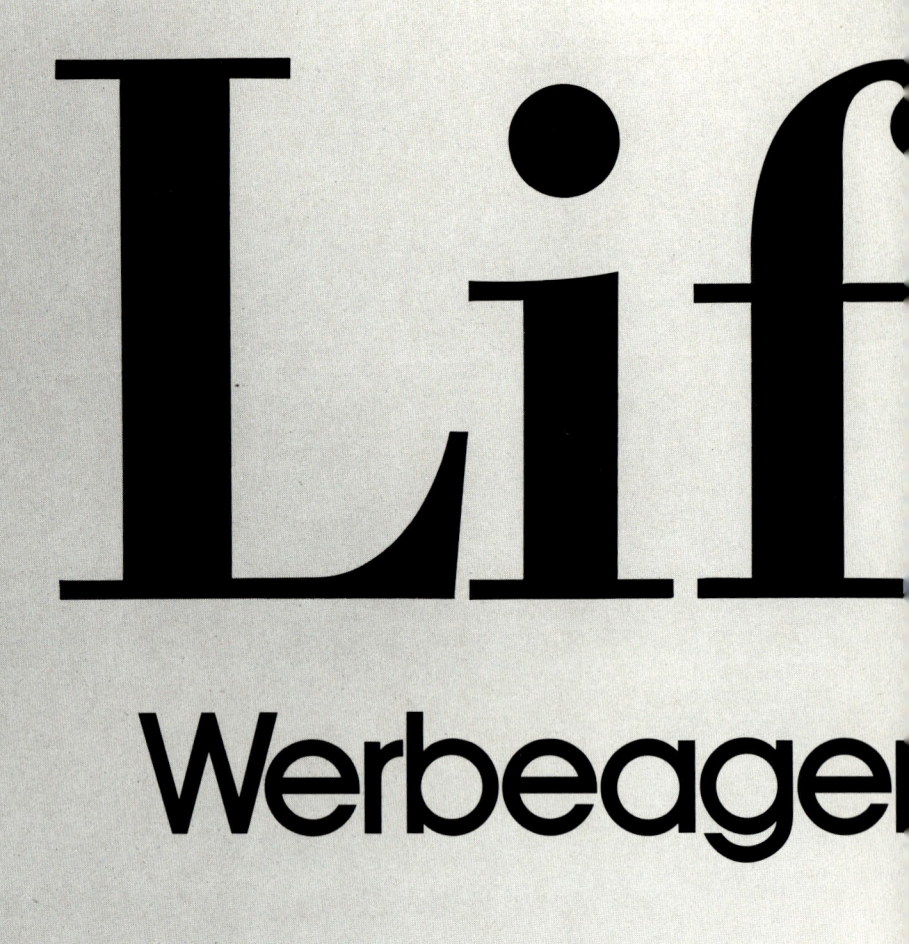

**Life Werbeagentur
Gesellschaft für Marketing-
und Konzeptionsentwicklung mbH**
Grüneburgweg 149 · 6000 Frankfurt/M.
Telefon (06 11) 72 01 36 · Telex 4 16 789

Gründung: 1972
Inhaber/Gesellschafter: Peter Behnsen
Geschäftsführer: Peter Behnsen
Mitarbeiter: 21
Etatgrößen: von 250 000,– bis 5 Mio. DM

○	AMG
○	**GUMMI-MAYER**
○	**HAPPEL**
○	**LBS** Hessen
○	Monsanto
○	**NUKEM**
○	PORTAS®
○	STEUCON
○	DEVILBISS
○	*HUIT*
○	

...e

...ur

...nsentwicklung mbH

Erfahrungsbereiche: Food und Non Food, Investitionsgüter, Pharma, Kfz und Umfeld, Bank- und Versicherungsleistungen.

macona
Werbeagentur GmbH

In den letzten Jahren haben wir an dieser Stelle Gestaltungsbeispiele gezeigt, die zusammen mit unseren Auftraggebern entwickelt worden sind. Wir freuen uns, daß diese Arbeiten erfolgreich ankommen. Hier eines von vielen Beispielen: 1. Preis des „European Management Forum", Genf/Davos.

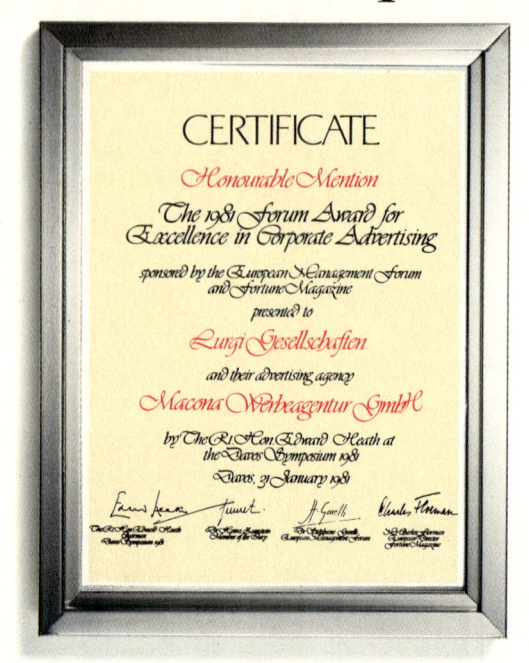

macona Werbeagentur GmbH

Hynspergstraße 9, Postfach 18 03 09
6000 Frankfurt am Main 18
Telefon: 0611/55 04 71 Telex: 4 12 652

Gründung: Oktober 1967
Stammkapital: 100.000,- DM
Umsatz 1981: 21 Mio
Umsatzerwartung 1982: 21,5 Mio

Etatgrößen:
zwischen 1.5 und 3.0 Mio   25 %
zwischen 500.000,- und 1.5 Mio 50 %
unter 500.000,-   25 %

Zahl der Mitarbeiter
am 31.12.1981:   26

Gegenwärtige
Mitarbeiterzahl: 25

Davon: Beratung/Marketing   7
       Atelier/Layout   4
       Text/Konzeption   2
       Media/Produktion   7
       Verwaltung/Service   5

Etatverteilung:
Gebrauchsgüter   20 %
Dienstleistungen   35 %
Institut. Werbung   45 %

Mediaverteilung:
Publ. Zeitschriften   10 %
Fachzeitschriften   70 %
Tageszeitungen   20 %

Geschäftsführer/Gesellschafter:
Edwin Heckelsberger
Wolfgang Scharmann

Schwestergesellschaft

ipro Verkaufsförderung,
Product-Publicity und
Public Relations

Coop-Partner:
type center Satz und
Artfinish Studio

Korrespondenz-Agenturen in
England, Skandinavien, Schweiz

Kundenliste:

Wir arbeiten für die verschiedenen
Bereiche folgender Unternehmen:

Albert-Roussel Pharma GmbH

**Arbeitgeberverband Chemie
für das Land Hessen e. V.**

Behringwerke AG

Berg Europa GmbH

Blackhawk GmbH

**Chemie-Verbände
Baden-Württemberg**

Ciba-Geigy GmbH

Deutsche Olivetti GmbH

Flughafen Frankfurt AG

Hoechst AG

Josera Futtermittelwerk

Kennametal GmbH

Lurgi Gesellschaften

Luwa GmbH

E. Merck

Messer Griesheim GmbH

Meyer GmbH

Orthomed GmbH

**SAG
Starkstrom-Anlagen-Gesellschaft**

Dr. Willmar Schwabe

**VDM
Vereinigte Deutsche
Metallwerke AG**

Markenplan, Kö 104

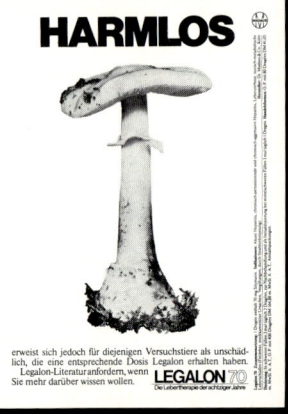

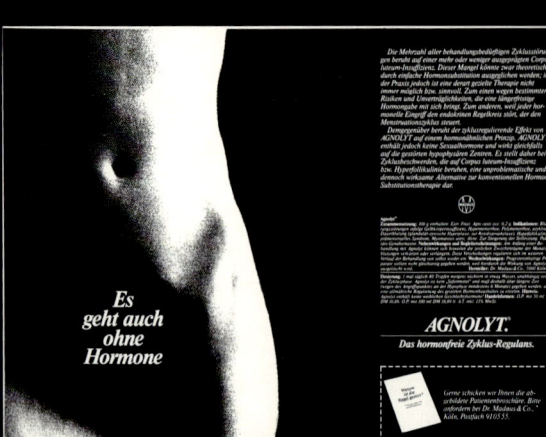

Markenplan Werbeagentur GmbH

Königsallee 104
4000 Düsseldorf
Telefon: 0211/37 10 62, Telex: 8-852-899

Gründung:	1970
Umsatz 1981:	43.3 Mio.
Umsatzerwartung 1982:	48-50 Mio.
Durchschnittsalter:	31
Pro-Kopf-Umsatz 1981:	0.95 Mio.

Etatgrößen:
Über 3.0 Mio	20 %
zwischen 2.5 und 3.0 Mio	60 %
zwischen 500.000.-- und 1.5 Mio	20 %

Zahl der Mitarbeiter am 31.12.1981	45
Gegenwärtige Mitarbeiterzahl:	47

Davon: Kontakt	14
Atelier/Text	16
Media	4
Produktion	3
Marktforschung	2
FFF	1
PR	1
Verwaltung	6

Zahl der Kunden:	22

Zahl der Etats:	40
Seit über 2 Jahren	25
Seit über 5 Jahren	7
Seit über 10 Jahren	1

Etatverteilung:
Verbrauchsgüter	70 %
Gebrauchsgüter	30 %

Mediaverteilung:
Publ. Zeitschriften	40 %
Fachzeitschriften	5 %
Tageszeitungen	10 %
Werbefernsehen	10 %
Werbefunk	5 %
Direktwerbung	10 %
Bogenanschlag	10 %
Sales Promotion	5 %
PR	5 %

Inhaber/Gesellschafter:
Reinhard Vrba

Leitende Mitarbeiter:
Reinhard Vrba (Gesamtleitung),
Jürgen Jacobi – Beratung,
Walter Graupner – Art,
Carl Werner Meinen – Text

Cassella-med GmbH, Köln	
Enelbin, Eryfer	GE
Deutsche Chefaro Pharma, Lünen,	
Gero-H3-Aslan	GE
Nervipan	GE
testasa-e	GE
Diverse	Entwicklungen
Kali Chemie, Hannover	
Entwicklungen	
Klinge Pharma, München	
Ergomimet	GE
Entwicklungen	
Dr. Madaus & Co., Köln	
Deblaston	GE
Legalon	GE
Agnolyt	GE
Reparil	GE
Osspulvit	GE
Uralyt	GE
Aurocard	GE
Paradontax	GE
ED. Messmer GmbH, Frankfurt/M.	
Meßmer Tee	GE
MSD Sharp & Dohme, München	
Fluniget	GE
Nattermann & Cie GmbH, Köln	
Liquidepur	GE
Triosan	GE
Depuran	GE
Bronchicum	GE
Nissan Motor Deutschland GmbH, Neuss	
Datsun Automobile	GE
Pharma Schwarz, Monheim	
Oxycardin	GE

Sanol Schwarz, Monheim	
Image-Werbung	TE
Dr. Carl Hahn, Düsseldorf	
Entwicklungen	TE
Cilag GmbH, Alsbach-Hähnlein	
Gyno-Pevaryl	GE
Epi-Pevaryl	GE
Nordmark Werke, Uetersen	
Heilpraktiker	GE
Tropon Werke, Köln	
Psychopharmaka-Palette (Atosil, Pantrop, Saroten, Neurocil)	GE
H. Trommsdorf GmbH, Alsdorf/Rhl.	
Entwicklungen	TE
Van Eupen, Essen	
Entwicklungen	TE
Gebr. Anraths, Düsseldorf	
Entwicklungen Zucker	TE
HALEKO Hanseat. Lebensmittelkontor, Hamburg	
MULTIKRAFT-Sportlernahrung, Produktentwicklung, L-Handel	GE

medical innovation

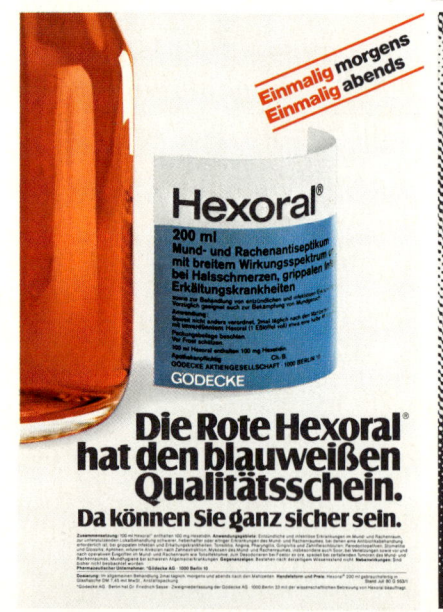

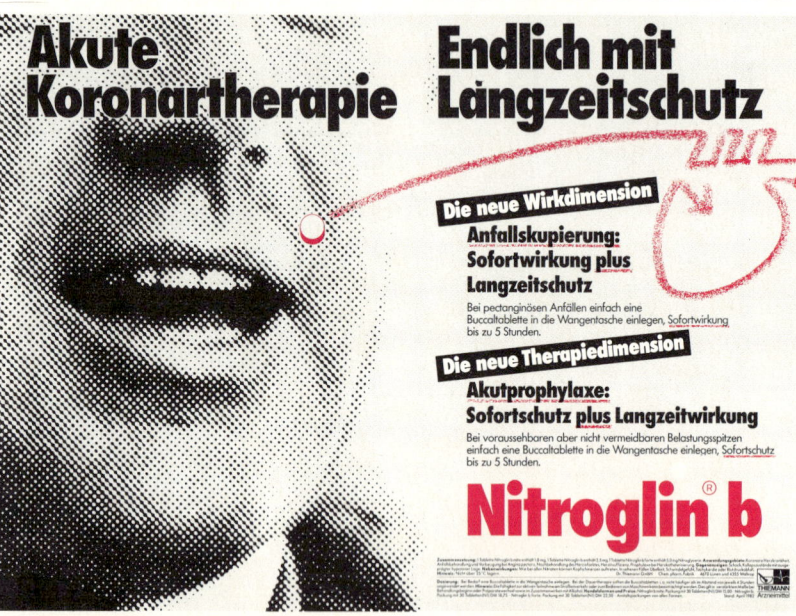

VON MANNST

political communication VON MANNSTEIN

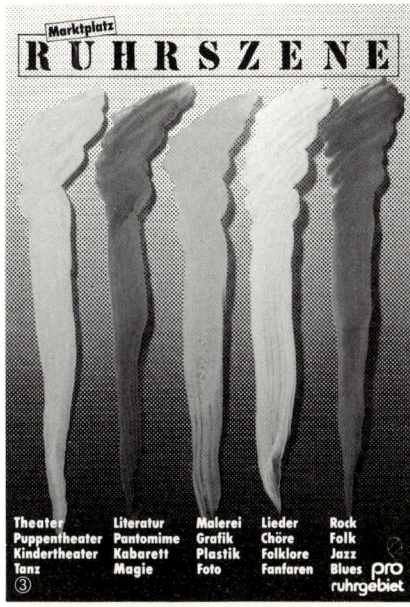

① u. ② Werbung und PR für politische Großveranstaltung, ③ Plakat für kulturelle Großveranstaltung, ④ Wahlkampf der CDU in Niedersachsen, ⑤ u. ⑥ Briefmarken aus Wettbewerbsausschreibungen der Deutschen Bundespost 1980 und 1981, ⑦ PR für die Stadt Solingen/Verleih der „Schärfsten Klinge" an Leopold Sedar Senghor, ⑧ u. ⑨ Sendungskennung, Vorspann- und Studio-Design für Fernsehmagazine.

159

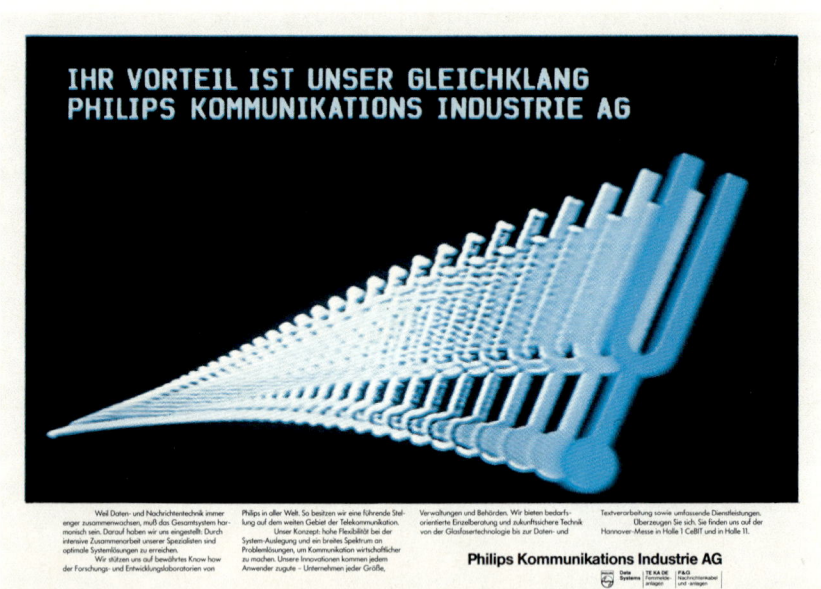

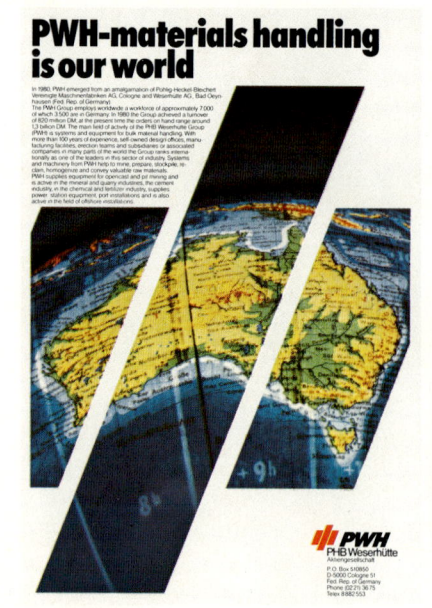

von Mannstein'werbeagentur

VON MANNSTE

VON MANNSTEIN

von Mannstein'werbeagentur GmbH
Hackhausen 15, 5650 Solingen 11
Telefon-Sa-Nr.: 02122/728-0
Telex: 08 514 568
Telekopierer: 02122/7 53 52

von Mannstein'werbeagentur GmbH
Hohenzollernstr. 10, 8000 München 40
Telefon: 089/39 89 55; Telex: 05 280 22

political communication
Hackhausen 15, 5650 Solingen 11
Telefon: 02122/728-0
Telex: 08 514 568
Telekopierer: 02122/7 53 52

von Mannstein'design
Hackhausen 15, 5650 Solingen 11
Telefon: 02122/728-0; Telex: 08 514 568
Telekopierer: 02122/7 53 52

medical innovation GmbH & Co KG
Hackhausen 15, 5650 Solingen 11
Telefon: 02122/728-0
Telex: 08 514 568
Telekopierer: 02122/7 53 52

medical innovation GmbH & Co KG
Hohenzollernstr. 10, 8000 München 40
Telefon: 089/39 89 56; Telex: 05 280 22

Gründung: 1968
Umsatz 1981: 63 Mio
Umsatzerwartung 1982: 64 Mio
Durchschnittsalter: 31 Jahre
Pro-Kopf-Umsatz 1981: 1.086 Mio

Zahl der Mitarbeiter am 31.12.81:	58
Gegenwärtige Mitarbeiterzahl:	60
Davon: Kontakt	16
Atelier	16
Text	4
Media	3
Produktion	4
FFF	2
PR	1
Verwaltung	14

Zahl der Kunden:	35
Etatgrößen:	
Über 3,0 Mio	30%
zwischen 1,5 und 3,0 Mio	40%
zwischen 500.000,– und 1,5 Mio	20%
unter 500.000,– DM	10%
Zahl der Etats:	53
Seit über 2 Jahren	22
Seit über 5 Jahren	11
Etatverteilung:	
Verbrauchsgüter	20%
Gebrauchsgüter	10%
Dienstleistungen/ Institut. Werb.	35%
Pharma	35%
Mediaverteilung:	
Publ. Zeitschriften	25%
Fachzeitschriften	20%
Tageszeitungen	10%
Werbefernsehen	10%
Werbefunk	5%
Direktwerbung	5%
Bogenanschlag	10%
Sales Promotion	10%
PR	5%

Hauptgeschäftsführer:
Prof. Coordt von Mannstein

Geschäftsleitung:
Ingeborg Bausch
Wernhard Dilthey

Erweiterte Geschäftsleitung:
Michael C. Klein
Horst Romschinski
Dr. Jürgen Rosentreter

Creative Director (Art):
Norbert Hüttermann

Creative Director (Text):
Ulrich Villwock

Etat-Direction:
Ulrich O. Bierther
Joachim Herchenhan
Hans-Dieter Hörner
Jürgen Linstromberg
Axel Mill

Kundenliste:

Bayer AG
Bundesverband Deutscher Zahnärzte
Bundespostministerium
CDU Bundesgeschäftsstelle Bonn
CDU Landesverbände:
Berlin, Niedersachsen, Rheinland-Pfalz, Nordrhein-Westfalen
Continentale Versicherungsgruppe
Forst-Brauerei, *Meran*
Helaba, *Frankfurt*
KölnMesse, *Messe und Ausstellungsgesellschaft*
Land Berlin
Land Niedersachsen
Lein, *Unternehmensberatung*
Mäurer & Wirtz
(Ravissa, Nonchalance, Suggestion)
Philips Kommunikations Industrie AG
Provinzial-Versicherung, *Düsseldorf*
Provinzial-Versicherung, *Kiel*
PWH Weserhütte
Stadt Solingen
WDR, *Köln*

Kundenliste medical innovation:

Adenylchemie, *Freiburg*
Bayer AG, *Leverkusen*
Cilag, *Alsbach*
Klinge-Pharma, *München*
Melusin, *Monheim*
Merck, *Darmstadt*
Miles, *Köln*
Parke-Davis, *Freiburg*
Dr. Sasse, *Freiburg*
Dr. Thiemann, *Lünen*
Takeda-Pharma, *Stolberg*

Tochteragentur:

med. inn.
medical innovation
Hirschburgweg 5
4000 Düsseldorf 12
Telefon: 0211/67 60 51-52
Telex: 08 584 530

Kundenliste m.i. Düsseldorf:

Gödecke, *Freiburg*
Klinge-Pharma, *München*
Knoll, *Ludwigshafen*
Nordmark, *Uetersen*
Dr. Sasse, *Freiburg*
Woelm, *Eschwege*

v̇M&S v. Mengersen & Sennholz

v. Mengersen & Sennholz KG, Werbeagentur

Scheffelstraße 6, Postfach 10 40 69
6900 Heidelberg
Telefon: 06221/4 91 91, Telex: 4 61 593

Gründung: September 1969
Stammkapital: 100.000,- DM
Umsatz 1981: 17 Mio DM
Durchschnittsalter: 36 Jahre
Pro-Kopf-Umsatz 1981:
850.000,- DM

Etatgrößen:

zwischen 1.5 und 3.0 Mio	35 %
zwischen 500.000,- u. 1.5 Mio	45 %
unter 500.000,-	20 %

Zahl der Mitarbeiter
am 31.12.1981: 20

Gegenwärtige
Mitarbeiterzahl: 18

Davon: Kontakt	4
Atelier	5
Text	2
Media	3
Produktion	1
Marktforschung	1
FFF	1
Verwaltung	1

Zahl der Kunden: 14

Zahl der Etats:	28
Seit über 2 Jahren	17
Seit über 5 Jahren	6
Seit über 10 Jahren	2

Etatverteilung:

Verbrauchsgüter	75 %
Gebrauchsgüter	18 %
Institut. Werbung	7 %

Mediaverteilung:

Publ. Zeitschriften	24 %
Fachzeitschriften	14 %
Tageszeitungen	19 %
Werbefernsehen	38 %
Werbefunk	5 %

Geschäftsführer/Gesellschafter:
Dipl. Kfm. Curt Dieter v. Mengersen,
Geschäftsführer, Beratung
Udo Sennholz,
Geschäftsführer, Creation
Heinz Ulrich Deitert, Creation
Diethelm Saynisch, Creation

Leitende Mitarbeiter:
Dipl. Kfm. Rolf Hein, Beratung
Jutta Weiser, Creation
Elke Pannier, Traffic
Marietta Petzold (ppa.), Verwaltung

Pool-Partner:
Media Selecta,
Frau Dr. Lieselotte Opitz
Artfinishing, Benno Schöfer

Mitglied bei:
WDW Wirtschaftsverband
Deutscher Werbeagenturen e. V.,
Düsseldorf

Kundenliste:

Becton Dickinson GmbH,
Heidelberg
Vacutainer

**Deutscher Supplement-Verlag
GmbH & Co KG,**
Nürnberg
rtv-Teilaufgaben

EGNARO Arzneimittel GmbH,
Weiterstadt
Peptobismol, Wisamt, Contop

Freudenberg & Co,
Weinheim
Vilesan, Flüssigseife

Giulini Chemie GmbH,
Ludwigshafen
Institutionelle Werbung

Kodipharm GmbH,
Mainz
Kilofort, Veno B 15, Reduform

Kortenbach & Rauh,
Solingen
KOBOLD Lang- und Taschen-
schirme, KOBOLD Sunny Life,
Gartenschirme

Landis & Gyr GmbH,
Frankfurt
Heizungsregeltechnik

Maizena Markenartikel GmbH,
Heilbronn
Pittjes Erdnüsse,
Pittjes Edelnüsse

Müller Göppingen,
Göppingen
Phytopharmaka

Odenwald Konserven GmbH,
Breuberg
Odenwald-Obstkonserven,
Odenwald-Konfitüren

Dr. Scheller DuroDont GmbH,
Eislingen
DuroDont, DuroDont Putzzeit,
DuroDont Mundwasser,
DuroDont Zahnbürsten, Duromed,
Ritter Chito, Cito Kamillen Creme,
Cito Herrenserie, fairgirl Cosmetic

Vileda GmbH,
Weinheim
VILDAN-Tischdecken

Vorwerk/FischerHaus GmbH,
Bodenwöhr
Fertighäuser

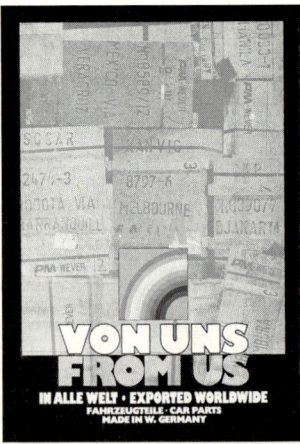

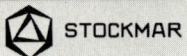

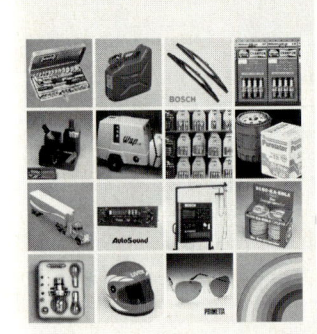

MMB
Markt- und Media-Beratung GmbH

164

MMB Markt- und Media-Beratung GmbH

Wittener Straße 72
4630 Bochum 1
Tel.: 0234/31 10 23, Telex: 234 302

Gründung: 1976
Stammkapital: 50.000,– DM
Betreutes Etat-Volumen 1981:
18 Mio
Erwartetes Volumen 1982:
20 Mio
Durchschnittsalter: 38 Jahre
Etat Volumen pro Agentur-
Mitarbeiter, 1981: 1,125 Mio

Etatgrößen:
Über 3,0 Mio:	10%
zwischen 500.000,– und 1,5 Mio:	20%
unter 500.000,–:	70%

Zahl der Mitarbeiter
am 31.12.1981: 16

Gegenwärtige
Mitarbeiterzahl: 18

Davon: Kontakt	3
Atelier	2
Text	1
Media	2
Produktion	6
Verwaltung	2
Textverabeitung	2

Zahl der Kunden: 14

Zahl der Etats: 14
Seit über 2 Jahren 5
Seit über 5 Jahren 4

Etatverteilung:
Verbrauchsgüter	25%
Gebrauchsgüter	30%
Dienstleistungen	25%
Institut. Werbung	5%
Industrie	15%

Verteilung der eingesetzten Etat-Mittel %:
Publ. Zeitschriften	40%
Fachzeitschriften	5%
Tageszeitungen	10%
Werbefunk	5%
Direktwerbung	15%
Sales Promotion/VKF	25%

Inhaber/Gesellschafter:
Georg Gregor
Rolf Rieniets
LOGOS GmbH

Leitende Mitarbeiter:
Georg Gregor, 34, Produktion
Helmut Hinz, 43, Media
Winfried Meier-Faust, 49, Konzeption/Gestaltung
Rolf Rieniets, 41, Marketing/Vertriebsberatung

Kundenliste:

1A GmbH	GE
Aral AG	TE
Beral KG	TE
Böhmer GmbH	GE
Der Grüne Baum GmbH	GE
Facon GmbH	GE
Heitkamp	TE
Naturwolle Fritzsch GmbH	GE
PM Peter Maassen	GE
Partner-Markt-Zentrale	TE
Rennverein Gelsenkirchen-Horst	TE
Stadt Bochum	TE
Stockmar KG	TE
Wever & Co KG	GE

MPW Univas

MPW Univas Werbeagentur GmbH & Co. KG

Josephinenstraße 13
Postfach 5820
4000 Düsseldorf 1
Telefon: 0211/8775-1, Telex: 8 588 030

Gründung: 1970
Stammkapital: 500.000,-- DM
Umsatz 1981: 73 Mio
Umsatzerwartung 1982:   80,5 Mio
Durchschnittsalter: 35
Zahl der Mitarbeiter
am 31.12.1981   71

Gegenwärtige Mitarbeiterzahl: 63

Zahl der Kunden: 22

Zahl der Etats:
Seit über   2 Jahren   5
Seit über   5 Jahren   6
Seit über 10 Jahren   4

Etatverteilung:
Verbrauchsgüter   50 %
Gebrauchsgüter   40 %
Dienstleistungen   20 %

Inhaber/Gesellschafter:
Siegfried A. Willing
Helge Menzendorf
Heinz C. Prahl
Klaus Möller
Univas, Paris

Leitende Mitarbeiter:
Siegfried A. Willing, Chairman
H. Menzendorf, Deputy Chairman/
Managing Director,
Hans-Dieter Kügler, Geschäftsführer Creation,
Hans-Joachim Schmidtke, Stellvertretender Geschäftsführer
Client Service,
Horst-Dieter Henkel, Management Supervisor
Klaus Möller, Creative Director,
Helmut Wineberger, Creative Director,
Burkhard Finckh, Creative Director,
Barbara Weidt, Creative Director,
Ulrich Maubach, Marketing Director,

Filialen:
New product development GmbH
Josephinenstraße 13
4000 Düsseldorf 1
Managing Director:
Norbert L. C. D. Neuwahl

Kundenliste:
ACN; Culligan; Eden; Grünland; Irish Dairy Board; Karstadt; Melitta; Prisma; Ringelhan + Rennett s.a.r.l.; Haniel

---

Kundenliste der MPW Univas:

Aral
verschiedene Aufgaben

Agfa Gevaert
CN-Filme; CU-Filme; Pocket-Kameras; Sucher-Kameras; Super-8-Filme/Moviechrome; Profi-Sortiment Film/Papier/Chemikalien; Profi-Finisher-Geräte; Projektoren/Zubehör; Blitzer; Agfacolor-Papier CN/CU; Perutz

Elizabeth Arden
Kosmetik

Bayer Leverkusen
Teilaufgaben

Westdeutsche Nahrungsmittelwerke
Eden Speiseöle; Die gute Eden; iß Fünf; Eden Vollwert

Gerling
Privatversicherungen

LTU,
(Charter-Airline)
Fluggastwerbung; Imagewerbung; Katalogwerbung; Corporate Identity

Jet & Bett
(Reiseveranstalter)
Touristik-Werbung

Transair
(Reiseveranstalter)
Touristik-Werbung

Meier's Weltreisen
Touristik-Werbung

Lotus, Beghin
Höschenwindeln; Toilettenpapier

Canada C.G.O.T.,
Fremdenverkehrswerbung

Gervais-Danone
Tin-Tin-Kleinkuchen

Nixdorf Computer
EDV-System-Werbung; Produktwerbung; Image-Werbung;

Melitta
Entwicklungen

Nordmende
TV-Werbung; Hifi-Werbung; Video-Werbung; Audio-Werbung

L'Oréal
Eau jeune; Ambre Solaire; Nations Cup; L'Orientale; Gemey; Entwicklungen

Garnier,
Garnier Traital
Ultra rich
Cristal Color
Revital
Entwicklungen

Nashua
Image Werbung
Verkaufsförderung

Suchard
Entwicklungen

Möbel Kuss,
Kuss Möbelhäuser und Kula Mitnahmemärkte

Gatzweiler's Alt-Brauerei,
Altbiersortiment

Brill Gartentechnik,
Image-Produktwerbung
Verkaufsförderung

Peugeot/Talbot
Automobile

Werbeagentur Nord

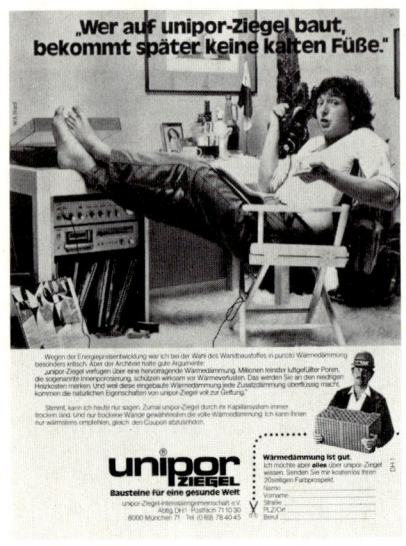

168

Werbeagentur Nord
Gerstäckerstraße 16, 3300 Braunschweig
Telefon (05 31) 7 40 42, Telex 09 52 418

Werbeagentur Nord

Gründung: 1964

Stammkapital: 120.000 DM

Zahl der Mitarbeiter: 10

Etatgrößen:
Zwischen 500.000
und 2 Mio   50 %
Unter 500.000   50 %

Etatverteilung:
Verbrauchsgüter   20 %
Gebrauchs- und
Investitionsgüter   70 %
Institutionelle Werbung   10 %

Inhaber/Gesellschafter:
Erhard Berenfeld
Bernd Lettenewitsch

Beteiligungsgesellschaft:
PR ———— NORD

Agentur für Presse- und
Öffentlichkeitsarbeit
Geschäftsführende
Gesellschafter:
Gernot Mantz
Erhard Berenfeld

Kundenliste:

Arntz-Optibelt
International
Antriebselemente
Arbeitsschutz

Buchler GmbH & Co.
Radioaktivität und
Strahlenschutz

Copal Europe GmbH
Fototechnik, Uhren

FEWO
Blockhäuser

Fürstenreform
Honig

Interpane-Gruppe
Isolierglas

P/S Kunststoffwerke
Kunststoffgeschirr

Rank Strand Electric
Beleuchtungsanlagen
Bühnenlicht

Roland-Werke
Dachzubehör

Sprenger KG
Elektronische Geräte

Stadtwerke Wolfsburg
Energie, Verkehr,
Freizeitanlagen

WENO
Massivhäuser

unipor-Ziegel
Marketing GmbH

und andere

Mitglied im WDW
Wirtschaftsverband Deutscher Werbeagenturen

omnia

Omnia Werbegesellschaft mbH & Co. KG · 4800 Bielefeld 1

OMNIA Werbegesellschaft mbH & Co. KG

Am Wellenkotten 5
4800 Bielefeld 1
Telefon: 0521/15 20 28, Telex: 932432

Telefax: 0521/15 20 20

Gründung: 1960
Umsatz 1981: 60,3 Mio
Umsatzerwartung 1982: 60,5 Mio
Durchschnittsalter: 36
Pro-Kopf-Umsatz 1981: 1,470 Mio

Zahl der Mitarbeiter am 31.12.1981:	41
Gegenwärtige Mitarbeiterzahl:	40
Davon: Kontakt	5
Atelier	4
Text	1
Media	12
Produktion	4
Marktforschung	1
FFF	1
PR	1
Verwaltung	5
Sonstige	6
Zahl der Kunden:	**50**

Etatverteilung:
Verbrauchsgüter	45 %
Gebrauchsgüter	40 %
Dienstleistungen	10 %
Institut. Werbung	5 %

Mediaverteilung:
Publ. Zeitschriften	41,5 %
Fachzeitschriften	1,5 %
Tageszeitungen	26,0 %
Werbefernsehen	18,5 %
Werbefunk	6,0 %
Werbefilm/Dia	1 %
Direktwerbung	1 %
Bogenanschlag	2 %
Sales Promotion	1,5 %
PR	1 %

Geschäftsführer:
Dr. Guido Sandler (54)
Paul-Ullrich Krüger (57)

Beratung/Konzeption:
Günter Offhaus (43)

Media:
Günter Hild (54)

Produktion:
Hans-Jürgen Kapitzki (46)

PR:
Jürgen Gert Klein (54)

Presse- und PR-Büro:
Omnia Werbegesellschaft
mbH & Co. KG
Heerstaße 71
5300 Bonn
Telefon 0228/63 81 91

Kundenliste:

Adam Immobilien, Bielefeld

Ahlmann Transport, Rendsburg

Allgäuer Brauhaus, Kempten (SS)

Arznei Müller-Rorer GmbH, Bielefeld (PW)

Bankgesellschaft von 1889, Frankfurt

Bankhaus Hermann Lampe KG, Bielefeld und Niederlassungen

BGW, Bielefelder Gemeinnützige Wohnungsgesellschaft GmbH, Bielefeld

Bielefelder Wäschewerke, Kayser & Co. KG, Bielefeld

Boes Transport-Service, Bielefeld

Brenner Hotel KG, Baden-Baden

Bussemas Bürozentrum, Bielefeld

Ceradit Kerzenfabrik GmbH, Meckesheim

Ceres Verlag, Bielefeld

Chemische Fabrik, Budenheim (PW)

Condor Versicherungs-gesellschaften, Hamburg

Deutsche Hyperphosphat-Ges. mbH, Budenheim

Deutscher Ring, Hamburg (TE)

Dibona Markenvertrieb KG, Ettlingen (SS) (PW) (Eto, Langnese-Honig, Ueltje)

Dortmunder Actien Brauerei, Dortmund (PW)

DUX Vertriebs-GmbH, Bielefeld

Ernstmeier GmbH & Co. KG, Herford (PW)

F. D. P. Kreisverband, Bielefeld

FIAT Automobil AG, Heilbronn (SS)

Fleischer GmbH, Ettlingen (PW)

Gorbatschow Wodka, Berlin (SS)

GWG Gesellschaft für Wohn- und Geschäftshausbau, Bielefeld

Hamburg Süd, Hamburg (SS)

Hanseatische Hochseefischerei AG, Bremerhaven

Hauenschild KG, Löhne (PW)

invormbau Union, Bad Oeynhausen

Johannisberger Weingüter-verwaltung, Johannisberg

Jung-Pumpen, Jung & Co., Steinhagen (PW)

Karosseriewerke Weinsberg GmbH, Weinsberg

Kulturamt der Stadt Bonn

Neue Westfälische, Bielefeld

Dr. August Oetker, Bielefeld (PW) (SS)

Dr. Oetker Eiskrem GmbH, Ettlingen (PW) (SS)

Dr. Oetker Haushaltsgeräte GmbH & Co. KG, Bielefeld (PW) (SS)

Dr. Oetker Tiefkühlkost GmbH, Bielefeld (PW) (SS)

Rudolf A. Oetker Zentral-verwaltung, Bielefeld

Rheingauer Weinbau-verband e. V., Johannisberg (PR)

RZ Elektr. Rechenzentrum GmbH, Bielefeld

Roto International, Hamburg

Schloß Holte Druck Epping & Söhne KG, Schloß Holte-Stukenbrock (PW)

Schmidt & Tischmeyer, Bielefeld

Herbert W. Schuster KG, Bielefeld

Schwarzwald Klinik, Baden-Baden

Louis Schweizer, Murrhardt

Sinalco AG, Detmold (PW) (VF) (SS)

Söhnlein Rheingold KG, Wiesbaden (PW) (SS)

Vital-Hotelgesellschaft, Paderborn

Windsor-Kleiderwerke G. Klasing KG, Bielefeld

u. a. m.

O.O.P.&P.

Kompakt-Service für Ihren Erfolg.

Beispiel Markenentwicklung:
Formulierung und Gestaltung von 4 qualitativ abgestuften Markenlinien für ein Autoteppich-Sortiment.

Der Autoteppich der Spitzenklasse.

Der bewährte Autoteppich mit den Vorzügen der Naturfaser.

Der moderne Autoteppich mit der überlegenen Qualität.

Der preiswerte Autoteppich mit den praktischen Vorteilen.

Beispiel Verkaufsförderung:
Displayidee als handliche Dimensions-Demonstration für den kleinsten A4-Normalpapier-Kopierer der Welt.

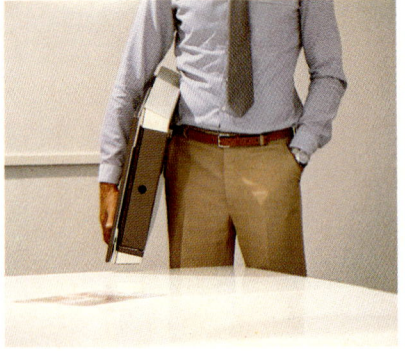

Beispiel Mediakampagne:
Konzeption mit produkt- und markenspezifischer Prägnanz und Linie.

Die erfolgreiche Cigarettentabak-Einführung:
Schon nach 3 Monaten eine der 10 größten Marken Deutschlands.

O.O.P. & P.

von Oertzen, Olsen, Dr. Plesse & Partner
Werbeagentur GmbH

O.O.P. & P. Werbeagentur GmbH
Alsterdorfer Straße 245
2000 Hamburg 60
Telefon: 040/5 11 00 11
Telex: 02-14167 opwer d
Telefax: 040/5 11 00 11

Gründung: Stammfirma 1956

Stammkapital: DM 200.000,–

Gesellschafter:

A. F. v. Oertzen
Olaf Olsen
Dr. Karl H. Plesse
Lore Plesse

Zahl der Mitarbeiter: 24

Etatverteilung:

Verbrauchsgüter   74%
Gebrauchsgüter
Investitionsgüter 26%

Leitende Mitarbeiter:

A. F. von Oertzen,
Geschäftsführer

Olaf Olsen
Geschäftsführer

Dr. Karl H. Plesse
Geschäftsführer

Gerd Kröckel
Marktforschung
Mediaplanung

Jörg Scharnberg
Verwaltung, Finanzen.

Hark H. Höfler
Produktion, Traffic.

Partneragenturen in Belgien, Dänemark, England, Finnland, Frankreich, Italien, Niederlande, Norwegen, Schweden, der Schweiz und Spanien.

Wir arbeiten unter anderem für:

ALFA-LAVAL AB,
Tumba/Schweden.
(Separatoren und Anlagen).

ASAHI OPTICAL
CORPORATION,
Tokyo.
(Pentax MX, Pentax MV, Pentax MG, Pentax ME, Pentax ME Super, Pentax ME-F).

MARTIN BRINKMANN AG,
Bremen.
(Rothmans King Size Filter, SL, Batavia, Privileg, Rothmans Pall Mall Export, Texas, Entwicklungen).

CRAWFORD TOR GMBH,
Halstenbek.
(Industrietore).

EDEKA ZENTRALE AG,
Hamburg.
(Sekt Schloß Königstein, Edeka-Schloss-Bier, Bergkrone, Rio Grande-Fruchtsäfte).

HAKO WERKE GMBH & CO,
Bad Oldesloe.
(Maschinen für Betriebsreinigung und Grundstückspflege).

HERMES
KREDITVERSICHERUNGS A.G.,
Hamburg.

HYPOTHEKENBANK
IN HAMBURG A.G.,
Hamburg.

AB GUSTAF KÄHR,
Nybro/Schweden.
(Fertigparkett).

MOBIL OIL A.G.,
Hamburg.
(Industrieschmiermittel).

MÖLLER-WEDEL,
J. D. MÖLLER GMBH,
Optische Werke, Wedel/Holst.
(Optische Systeme für die Medizin).

OGOS KOKOSWEBEREI,
Hameln.
(Autoteppiche und Türmatten).

PHILIPS GMBH,
Hamburg.
(AV-Technik).

PHILIPS N.V.,
Eindhoven/Niederlande.
(Medizintechnik).

GEORG PLANGE KG,
Hamburg.
(Diamant-Mehl, Diamant- und Diavita-Sortiment).

RUST-OLEUM
CORPORATION,
Roosendaal/Niederlande.
(Rostschutzmittel).

SAAR-SEKTKELLEREI
FABER KG,
Trier.
(Faber Krönung, Faber Rotlese).

SHARP ELECTRONICS
(EUROPE) GMBH,
Hamburg.
(Büro-, Unterhaltungs- und Haushaltselektronik).

STEINIKE & WEINLIG,
Hamburg.
(Alkoholfreie Erfrischungsgetränke).

VALVO,
Hamburg.
(Elektronische Bauelemente).

VÄSTKUST-STUGAN GMBH,
Neumünster.
(Schwedenhäuser).

Extra-Vakanzen:

PR-Berater(in)
für die Gründung und Führung einer PR-Agentur

Wenn Sie ein PR-Mann oder eine PR-Frau sind, dann bitte ich Sie, sich jetzt einmal folgendes vorzustellen:

Sie haben die Idee, sich selbständig zu machen. Nicht irgendwie, z.B. nicht nur so als kleiner Ghostwriter oder Gelegenheits-Schleichwerber mit Wohnstube und Anrufbeantworter. Sondern richtig professionell und fundiert, mit Stil und unternehmerischen Wachstums-Chancen. Sie notieren sich, was man alles dafür braucht und was Sie davon schon haben. Sie kommen dabei zu folgendem Ergebnis:

Sie haben eine gute und zweckmäßige Ausbildung (in den Bereichen Journalistik und/oder Wirtschaftswissenschaften und/oder Werbung) und eine mehrjährige und erfolgreiche Berufspraxis auch im Bereich Public Relations. Sie haben sehr gute Presse-Kontakte und gescheite sowie realistische Kommunikations-Ideen. Sie sind intelligent, flexibel, streßstabil und in den besten Leistungsjahren. Sie sind eine seriöse und überzeugende Berater-Persönlichkeit. Deshalb verdienen Sie auch schon recht gut; aber damit allein sind Sie letztendlich noch nicht ganz zufrieden. Denn Sie haben einen gewissen unternehmerischen Trieb.

Das alles haben Sie also. Das ist sehr gut und sehr viel, aber noch nicht genug.

Aber wenn Sie das wirklich alles haben, dann sollten Sie mit uns reden. Sie bekommen dann das von uns dazu, was noch fehlt: Schubkraft in Gestalt einer gesunden Mutter (einer bekannten Werbeagentur), einen großen Start-Kunden, eine Start-Sekretärin und ein Start-Büro. Und Rat und Beistand und Lob für Ihre Initiative.

Im Prinzip-Detail sieht das so aus: Die Start-Konditionen, gültig etwa für das erste Jahr, was als beidseitiges Profijahr gelten könnte, bestehen aus einem attraktiven Gehalt und einer Beteiligung auf Tantieme-Basis. Danach – vielleicht aber auch von Anfang an – werden Sie Mitinhaber dieser „Ihrer" PR-Firma und lassen sie weiter wachsen.

Wenn Sie dieses Angebot nicht ungeheuer reizt, dann sind Sie nicht der richtige Typ dafür. Wenn Sie aber der richtige Typ sind, dann nehmen Sie bitte zu der untenstehenden Adresse Kontakt auf, damit sehr bald ein erstes vertrauliches Informationsgespräch mit der von uns beauftragten Unternehmensberatung vereinbart werden kann. Aber bitte haben Sie Verständnis dafür, daß als erstes die Zusendung Ihres tabellarischen Lebenslaufes erbeten wird.

Vielen Dank für Ihr Interesse.

„Stell' dir vor, Sie haben mich genommen."

DIETER SCHRÖDER UNTERNEHMENSBERATUNG
Vautierstraße 92, D-4000 Düsseldorf 1, Telefon: 0211/68 44 69

*) Anzahl der Bewerber.

Extra-Vakanzen:

Geschäftsführer
in einem dynamischen Dienstleistungsunternehmen

[Anzeigentext mit handschriftlicher Markierung: 241]*

DIETER SCHRÖDER UNTERNEHMENSBERATUNG
Vautierstraße 92, D-4000 Düsseldorf 1, Telefon: 02 11/68 44 69

Betriebsleiter
als Chef einer 120-Mann-Schweißerei

[Anzeigentext mit handschriftlicher Markierung: 12]*

DIETER SCHRÖDER UNTERNEHMENSBERATUNG
Vautierstraße 92, D-4000 Düsseldorf 1, Telefon: 02 11/68 44 69

PARTNER MEDIA AGENTUR GMBH
Spezialagentur für Personalwerbung
Vautierstraße 92
4000 Düsseldorf 1
Telefon: 02 11/68 44 68
Bildschirmtext über: *28301 #

Gründung: 1976

GF/Inhaber: Marlis Blum
Gerd Dübbers
Dieter Schröder

Mitarbeiter: 4

Wir sind eine auf Personalwerbung spezialisierte Agentur. Unsere Stellenanzeigen bewirken natürlich keine Wunder, höchstens manchmal. Aber sie erzielen weit über dem Durchschnitt liegende Werte hinsichtlich Aufmerksamkeit, Informationsinteresse und Bewerberanzahl. (Auch die Zahl 12 in der Anzeige oben rechts bedeutet ein ausgezeichnetes Ergebnis, denn die gesamte Zielgruppe ist nicht viel größer.)

Wir konzipieren, gestalten und schalten Personalwerbungs-Kampagnen und Stellenanzeigen unter jedem und für jeden guten Namen.

Unsere Auftraggeber:

Industriefirmen:

Cooper Vulkan GmbH Düsseldorf · **Compugraphic Deutschland** GmbH Langen · **Kraft Fördertechnik** GmbH & Co. KG Düsseldorf · **Latz Purina** GmbH Euskirchen · **Lechler Chemie** GmbH Stuttgart · **Mannesmann-Demag** Mönchengladbach · **Nordklima Lohner Klimatechnik** GmbH Lohne · **North Star Computers,** Inc. San Leandro/USA · **Pasit** GmbH Erkrath · **Portas Deutschland** GmbH Dietzenbach-Steinberg · **R. J. Reynolds Tobacco** GmbH Köln · **Tchibo Frisch-Röst-Kaffee AG** Hamburg

Werbeagenturen:

Art & Fact Werbeagentur GmbH & Co. KG Düsseldorf · **Baums, Mang und Zimmermann** Werbeagentur GmbH & Co. KG Düsseldorf · **Compton** GmbH Frankfurt · **R. W. Eggert** Werbeagentur GmbH & Co. Düsseldorf · **Euro Advertising** GmbH & Co. Düsseldorf · **Heumann, Ogilvy & Mather** GmbH & Co. Frankfurt · **Heye, Needham & Partner** GmbH Düsseldorf, Hamburg, München · **Intermarco-Farner** Werbeagentur Düsseldorf, Hamburg, Frankfurt · **KONSELL** Partners Werbeges. mbH Frankfurt · **Marsteller-Burson** Frankfurt · **McCann-Erickson** GmbH Frankfurt · **Ogilvy & Mather Direct** Frankfurt · **TEAM/BBDO** GmbH Düsseldorf · **Tostmann** Werbeagentur KG Hannover · **Troost Campbell-Ewald** GmbH Düsseldorf · **WESTAG** Werbeagentur GmbH & Co. KG Köln

PARTNER MEDIA AGENTUR GMBH
Spezialagentur für Personalwerbung

Den Ehrgeiz, den GGK, LC, Lintas, TBWA oder Y+R in Doppelseiten legen, legen wir in Folder, Prospekte, Verkaufsförderung, Fachwerbung.

Große und kleine Agenturen können gut und gern für denselben Kunden arbeiten, wenn es zu einer sinnvollen Arbeitsteilung kommt. Fragen Sie nach unseren Erfahrungen und fordern Sie Arbeitsproben an. So sichern Sie sich auch für kleinere Aufgaben optimale Ergebnisse.

Pomplitz Creative Service arbeitet auf diesem Gebiet besonders erfolgreich für Langnese-Iglo und Doornkaat.

P. C. S.
Pomplitz Creative Service GmbH

Krayenkamp 10
2000 Hamburg 11
Telefon: 040/36 60 20

Das Agentur-Konzept:
Ausschließlich Creative Service, den aber gründlich. Von der Geschäftsausstattung bis zum Prospekt, vom Folder bis zur geschlossenen Werbekampagne. Spezialgebiet: Verkaufsförderung.

Das Team:

Hans-Jürgen Pomplitz
Gesellschafter, Konzept, Text

Birgit Pomplitz
Gesellschafter, Finanzen

Brigitte Bruhn
Gesellschafter, Traffic

Wolfgang Block
Art Director

Bibiana Surma
Layout

Caroline Loos
Werbekaufmann in Ausbildung

Kurt Grünwald
FFF

Die Kunden:

Langnese Iglo, TE
Gastronomie und Catering
Service
Dinner-Service
Projekte

Doornkaat AG, TE
Alkoholfreie Getränke

Bosch-Kruse,
KFZ-Elektrik,
Hamburg

Auto-Kraft,
Ford, Kaiserslautern

BMW,
BMW Niederlassung,
Darmstadt

Arthur Bunge,
Opel,
Hamburg

Albert Lauße,
Opel,
Hamburg

Autohaus Möller,
Opel,
Ahrensburg

Erik Persson,
Volvo,
Hamburg

CCH Gastronomie,
Congress-Centrum Hamburg

autorent,
Autovermietung,
Hamburg

Pragma Werbung GmbH p. 7100 Heilbronn

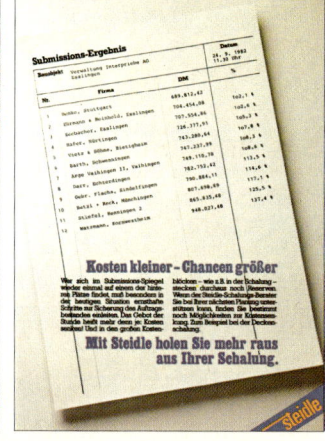

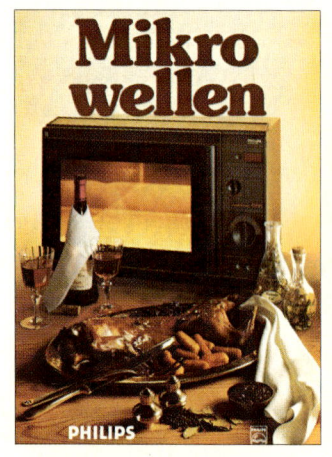

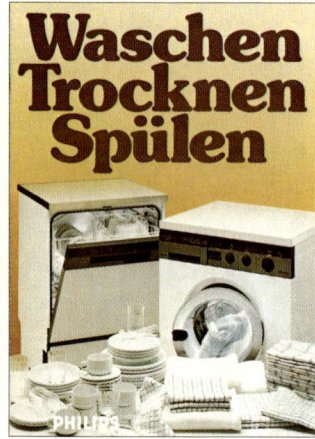

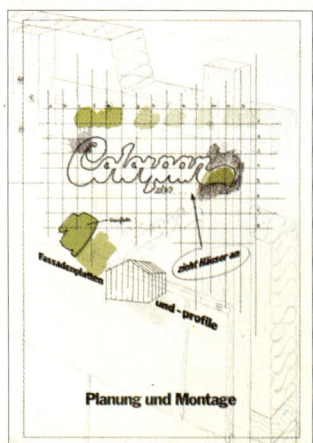

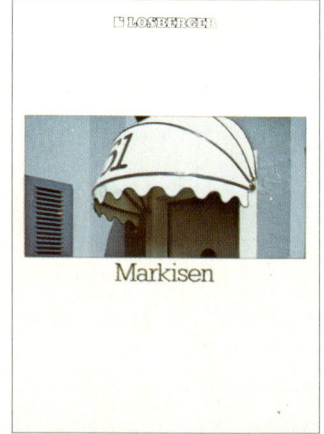

Telefon 0 71 31 / 7 30 16-17 · Telex 7 28 554

Pragma Werbung GmbH
Im Gemmingstal 51
7100 Heilbronn
Tel. 0 71 31 / 7 30 16-17
Telex 7 28 554
Gründung: 1972
Mitarbeiter: 11
Inhaber/Gesellschafter:
Klaus Benke BDW
Klaus-Dieter Flachsbarth BDW
Partneragenturen:
Schweiz, Frankreich,
Schweden, Südafrika

Bepex Heilbronn-Leingarten
● Kompaktiertechnik,
● Süßwaren- und Nahrungs-
mittel-Technologie
City-Süd-Center Heilbronn
● Einzelhandels-
Werbegemeinschaft
Dierolf Heilbronn
● Verpackungsmaterial
ENOP-Institut Offenau
● Energieberatung
und -forschung
Haller Löwenbräu
Schwäbisch Hall ● Bier

Hepting + Co. Stuttgart
● Motorradseitenkoffer
KACO Heilbronn
● Relais, Leiterplatten
Klenk Oberrot
● Holzwerke
Landgold Milch GmbH
Künzelsau
● Kondensmilch, Kaffeesahne
Losberger
Heilbronn / Eppingen
● Holzleimbau ● Zelte
● Planen ● Markisen

Philips GmbH, UB Haustechnik
Nürnberg
● Einbaugeräte ● Weißgeräte
● Mikrowelle ● Prof. Geräte
Steidle Sigmaringen
● Schalungssysteme ● Fertig-
garagen ● Dachbinder
Taxis
Heilbronn / Bad Mergentheim
● Sanitär- und Baustoffhandel
Werzalit Oberstenfeld
● Bauelemente ● Paletten
● Tischplatten ● Colorpan
● Techn. Formteile

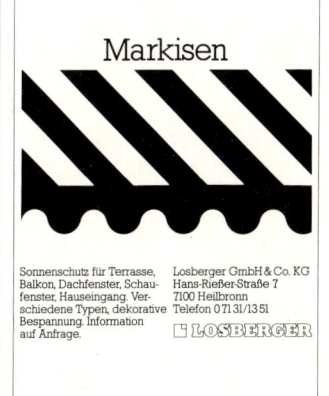

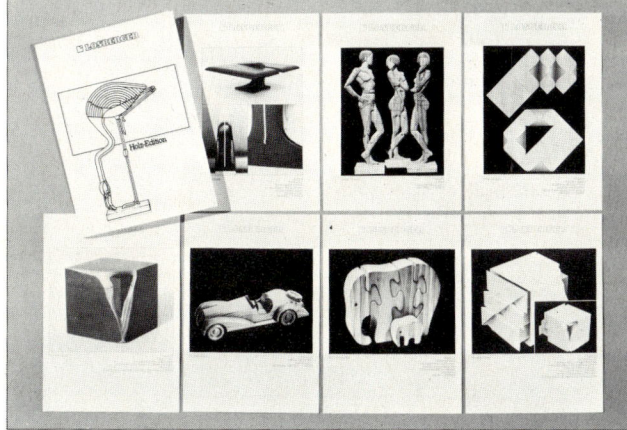

PROFESSIONAL PARTNERS

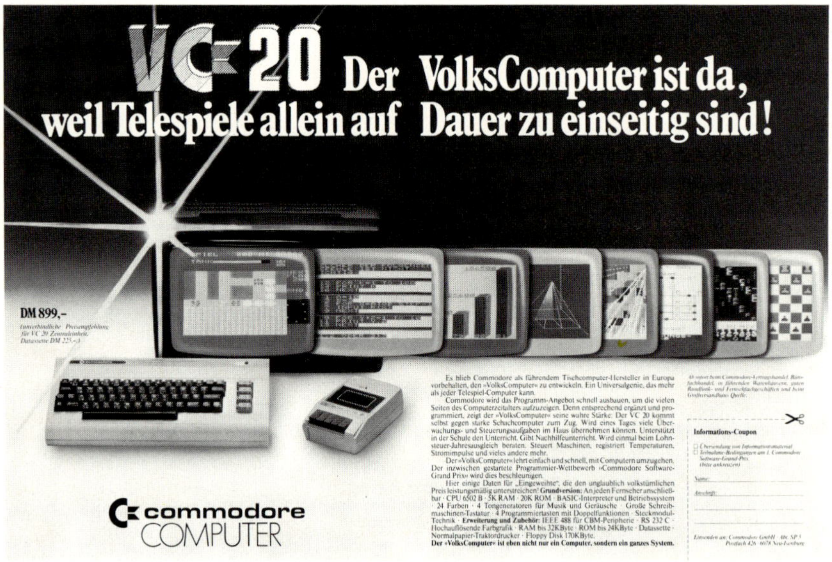

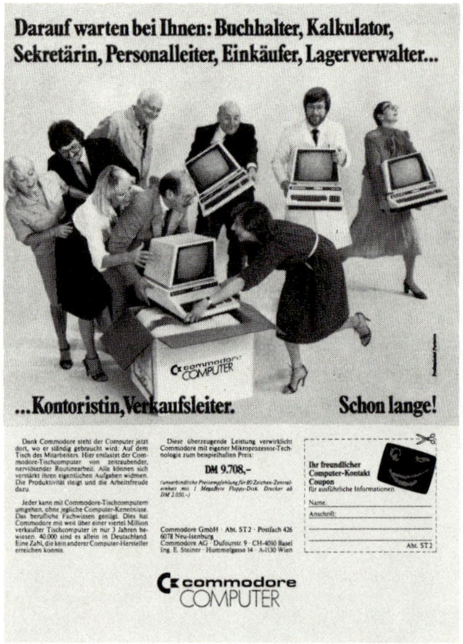

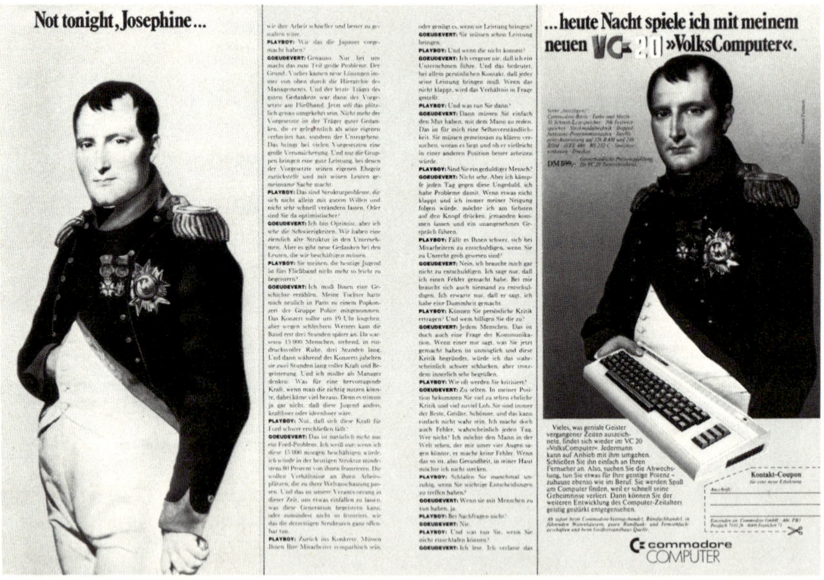

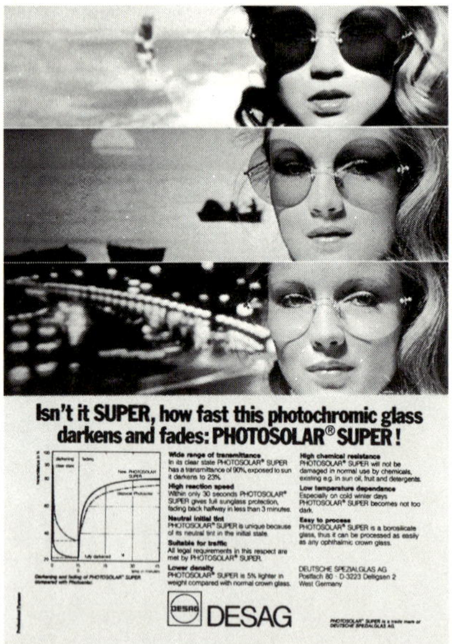

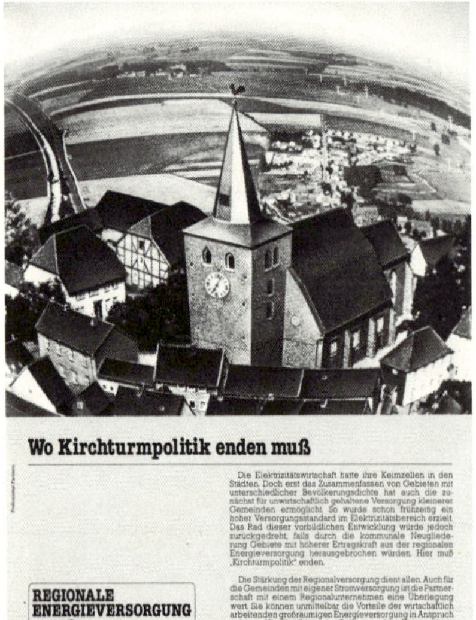

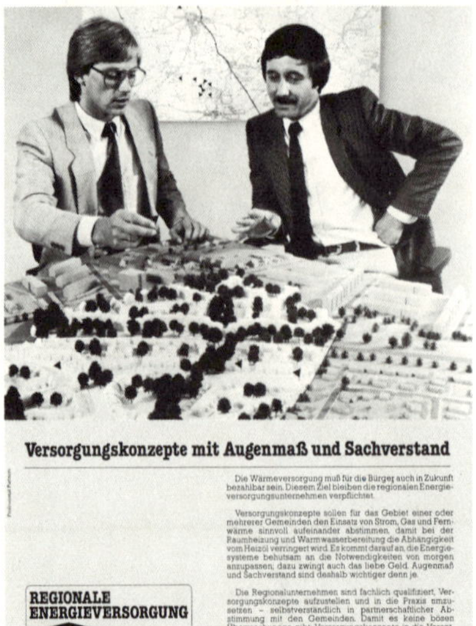

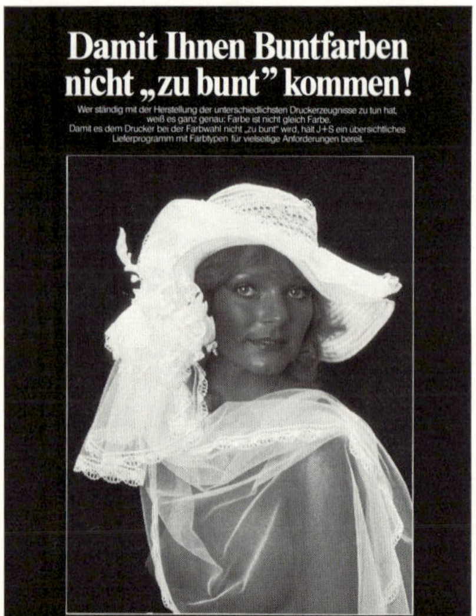

PROFESSIONAL PARTNERS

Gesellschaft für Absatzförderung mbH
Heiligengeiststraße 15
3000 Hannover 1
Telefon: 0511/81 00 41, Telex: 922 494
Telefax 0511/81 00 44

Unser Leistungsangebot steht europaweit auf (gar nicht so selbstverständlichen) drei gleichstarken Beinen:
▷ Konzeptionelle Werbung
▷ Sales Promotion
▷ Public Relations

Gründung: 1975
Umsatzerwartung 1982: 18,5 Mio. DM

Zahl der Mitarbeiter: 18
Durchschnittsalter: 29 Jahre

Etatgrößen:
Über 2.5 Mio   30 %
von 1.5 bis 2.5 Mio   17 %
von 0.5 Mio bis 1.5 Mio   29 %
unter 0.5 Mio.   24 %

Mitarbeiter:
Kundenberatung: 3
Konzeption und Text   2
Graphik   5
Media   2
Produktion   1
Verwaltung/Buchhaltung   3
Public Relations   2

Assoziiert:
PROFESSIONAL PRESS
PR-Redaktion GmbH

PROFESSIONAL PARTNERS
EUROPE SPRL
Bruxelles · 57, rue de Florence

PROFESSIONAL PARTNERS
International Network ·
Kopenhagen · Paris · Brüssel ·
Genf · Basel

Geschäftsführer/Leitende Mitarbeiter:
Peter K. Ohrt (Geschäftsführer)
Marketing/Konzeption

Marlis Spiess-Reimann
Graphik und Design

Günther Müller,
Ilona Buschkamp
Kundenberatung

Michael Geidel
Text

Marianne Nolte
Produktion

Karin Duvenhorst,
Irmela Morys
Verwaltung

Werner Steffen,
Dagmar Westerheide
Public Relations

André Louis Colatch
Intern. Supervisor

Kundenliste   **Juli 1982**

Albertuswerke
Intern. Industriebeteiligungen

Auer-Sog (Schott & Gen.-Gruppe)
Signaloptik, Dentalzubehör, Melkbehälter

CEL Electronics Ltd.
Büroelectronic – Corporate Programs

Commodore
Mikrocomputer-Systeme

DESAG – Deutsche Spezialglas Ges.
(Schott & Gen.-Gruppe)
Augenoptik, Architekturglas, Sonnenschutzglas

GRZ
Genossenschafts-Rechenzentrale

HASTRA – Hannover Braunschweigische Stromversorgungs-Ges.
Institutionelle Werbung

Hitachi Denshi
Public Relations für Professionelle Videosysteme

Jänecke + Schneemann
J + S-Druckfarben

Party-Service Eikemeier
Komplettservice für Feiern aller Art

PDC Technology
Koffercomputer, elektronische Steuerungen

Regionale Energieversorgung ARE
Arbeitsgemeinschaft Regionaler Energieversorgungsunternehmen

Wohnbau GmbH
Immobilien

PROMOTEX
Werbeagentur GmbH

Fachanzeigen

Fachanzeigen

Fachanzeige

Fachanzeige

Salesfolder, Innenseiten

PROMOTEX
Werbeagentur GmbH

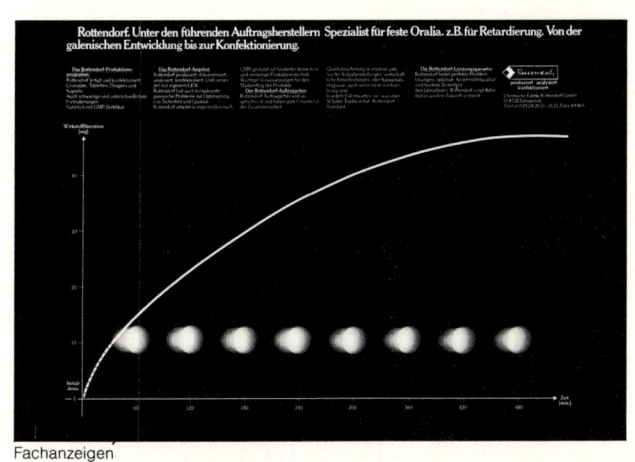

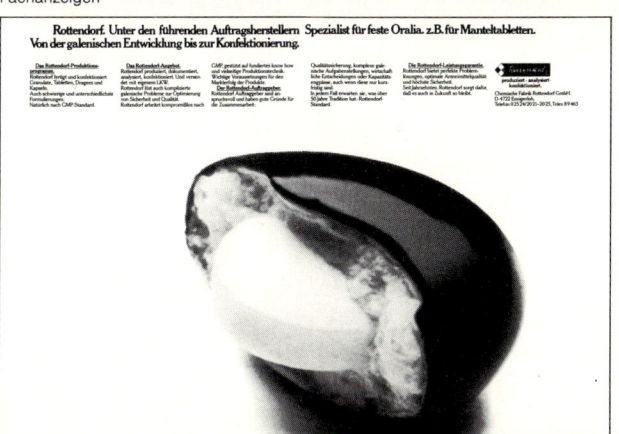

Fachanzeigen

Publikumsanzeige und Großfläche

Publikumsanzeigen

Gründung:	1975
Umsatz 1982:	5 Mio.
Mitarbeiter:	5

Geschäftsführender Gesellschafter: Heinz J. Bierbaum

Kundenliste

Alcan Ohler, Verpackungen	TE
Bauerngut, Fleisch- und Wurstwaren	GE
Biochemische Gesellschaft mbH, Pharma und Traubenzucker	GE
Finzelberg, Pharmaextrakte	GE
GAD, Gesellschaft für automatische Datenverarbeitung eG	TE
Gehwol, Fußpflege	TE
Halbfell, Feinkost	TE
Klaas & Kock, Lebensmittelhandel	TE
König & Flügger, Brillux-Farben	TE
Molkereizentrale Münster	GE
Natreen, Milchprodukte	TE
NOZ – Neue Osnabrücker Zeitung	TE
Rottendorf, Pharma	GE
Schroer, Eis und Tiefkühlkost	GE
Schwarze, Spirituosen	GE
TURM Oldenburger Dauersahne	GE
VéGé Handelszentrale, Lebensmittelhandel	GE
WCG, Westf. Central-Genossenschaft	TE
Westmilch	TE

Werbeagentur Promotex GmbH
Hafenweg 10 · 4400 Münster
Telefon: 02 51/6 04 25 · Telex: 8 91 475

Werbeagentur Robert Pütz GmbH & Co.

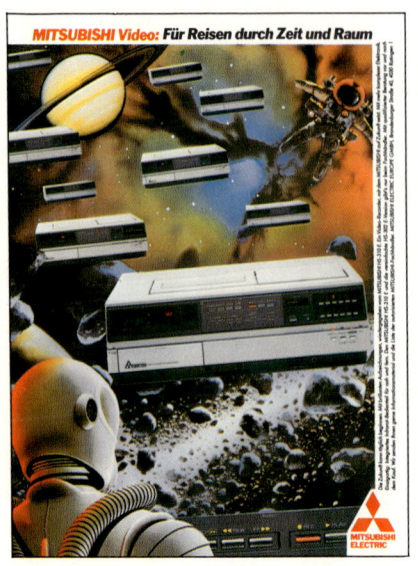

Werbeagentur Robert Pütz GmbH & Co

Oberbuschweg 92
5000 Köln 50
Telefon: 0 22 36/6 40 71, Telex: 08 883 508

Wir haben Erfahrung in der Arbeit für folgende Bereiche:
Motoren, Industrieanlagen, Landmaschinen, Immobilien, Kurzwaren, Schmuck, Verlage, Verbände, Sparkassen, Möbel, Textilien, Heizung, Klima, Büromöbel, Bundeswehr, Pharmazeutik.

Inhaber/Gesellschafter:
Robert Pütz

Leitende Mitarbeiter:
H.-U. Sonneck, Etat-Direktor
Manfred Riediger, Produktion

Schwesterfirmen/Beteiligungen:
argos press Verlagsgesellschaft

Studio Robinson,
Kölns größtes Fotostudio

Druckerei Robert Pütz GmbH & Co.

Wir arbeiten z. Zt. für die folgenden Kunden:

ABC Privat- und Wirtschaftsbank GmbH,
Köln,
Bankenwerbung　　　　　　GE

Bonduelle GmbH,
Homburg/Saar
Gemüsekonserven　　　　　GE

**Bundesverband
der Gas- und Wasserwirtschaft**
Institut. Werbung　　　　　TE

Burda Verlag,
Offenburg,
Inserentenwerbung　　　　EA

**Centrale Marketinggesellschaft
der deutschen Agrarwirtschaft,**
Bonn,
Milchfrischprodukte　　　　GE

Deutsche Solvay-Werke,
Solingen,
Chemische Grundprodukte　GE

Gothaer Versicherungsbank VVaG,
Köln,
Versicherungen　　　　　　EA

Ideal-Standard GmbH,
Bonn,
Sanitärkeramik und Armaturen GE

Kaufring Kaufhäuser,
Düsseldorf,
Fernseh- und Funkwerbung　EA

Mitsubishi Electric Europe GmbH,
Ratingen,
Unterhaltungselektronik　　GE

Nixdorf Computer AG,
Paderborn,
Datenverarbeitung und
Bürokommunikation　　　　TE

Siegwerk Farbenfabrik,
Siegburg,
Druckfarben　　　　　　　　GE

Simex,
Jülich,
Wodka Moskovskaya　　　　TE

Vetter GmbH,
Zülpich,
Vetter Hebetechnik　　　　　GE

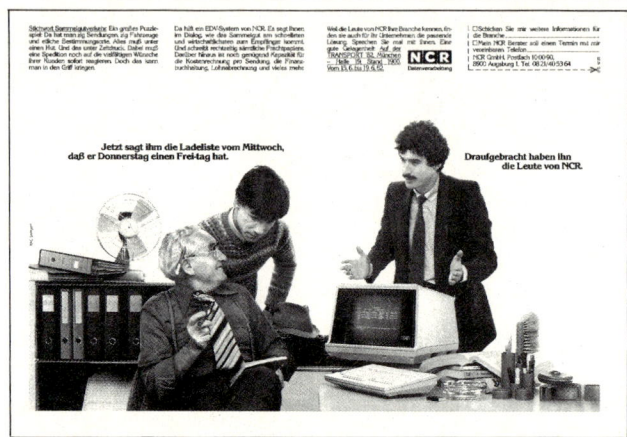

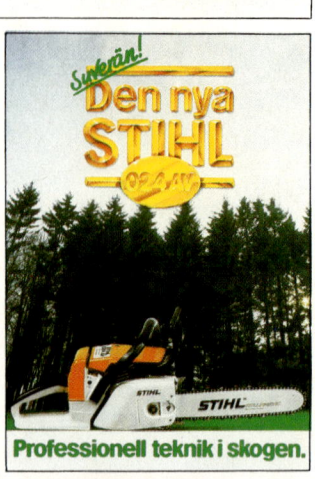

RAC
Werbeagentur GmbH + Co.

186

RAC Werbeagentur GmbH + Co.

Wilhelm-Hertz-Str. 2
7000 Stuttgart 1
Tel.: 0711/250231, Telex: 07238683 racd

Unsere Maxime lautet: Werbung muß verkaufen. Deshalb haben wir die Stuttgarter Methode – die Methode für wirksamere Werbung bei größerer Sicherheit. Und die führt häufig zu profilierenden Kreativlösungen und nachweisbaren Erfolgen.

Gründung: 1968
Stammkapital: 170.000,– DM
Umsatz 1981: 30,8 Mio
Umsatzerwartung 1982: 32,0 Mio
Durchschnittsalter: 34 Jahre

Etatgrößen:
Über 3,0 Mio	14%
zwischen 1,5 und 3,0 Mio	39%
zwischen 500.000,– und 1,5 Mio	42%
unter 500.00,–	5%

Zahl der Mitarbeiter
am 31.12.1981: 28

Gegenwärtige
Mitarbeiterzahl: 28

Davon: Kontakt	8
Atelier	7
Text	4
Media/Produktion	6
Marktforschung	1
Verwaltung	2

Zahl der Kunden: 18

Zahl der Etats: 19
Seit über 2 Jahren 19
Seit über 5 Jahren 13
Seit über 10 Jahren 5

Etatverteilung:
Verbrauchsgüter	14%
Gebrauchsgüter	51%
Dienstleistungen	28%
Institut. Werbung	7%

Geschäftsführer:
Dieter Kurt Mertens

Mitglieder der Geschäftsleitung:
Holger Bungert
Hans-Günter Engler
Günter Weymann

Leitende Mitarbeiter:
Gerhard Mutter
Thomas Donner
Elisabeth Bernthaler

Kundenliste:

Robert Bosch GmbH Leinfelden	TE
Burghofkellerei GmbH Weinstadt-Großheppach	GE
Götzburg Saulgau	GE
Heckmann Ausstellungen KG Wiesbaden	TE
IBM Deutschland GmbH Stuttgart	TE
Ernst Klett Verlag Stuttgart	TE
Gebr. Knauf Westdeutsche Gipswerke Iphofen	GE
Kodak AG Stuttgart	TE
Kulmbacher Mönchshof-Bräu Kulmbach	GE
Landesbausparkasse Württemberg Stuttgart	GE
Lechler Chemie GmbH Stuttgart	GE
Linde AG Köln (Werksgruppe Kälte- und Einrichtungstechnik)	GE
Margret-Werke Albstadt-Margrethausen	GE
NCR Augsburg	GE
Metallwerk Plansee Reutte/Tirol	GE
Stihl Waiblingen	GE
Stuttgarter Straßenbahnen AG Stuttgart	TE
Verkehrs- und Tarifverbund Stuttgart GmbH	GE

RA.Co.

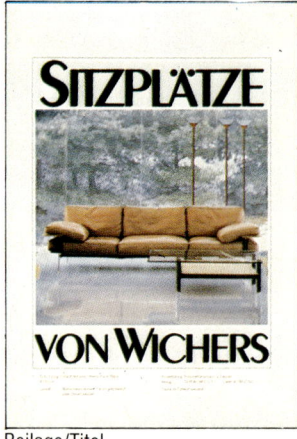

Fachanzeige	Prospekt/Titel	Fachanzeige	Beilage/Titel
Publikumsanzeige	Publikumsanzeige	Publikumsanzeige	
Plakat	Plakat	Plakat	Plakat
Hodibert, techn. Export	VALVO electronics	Ing.-Büro Preußner	ASSES Ltd., Nigeria

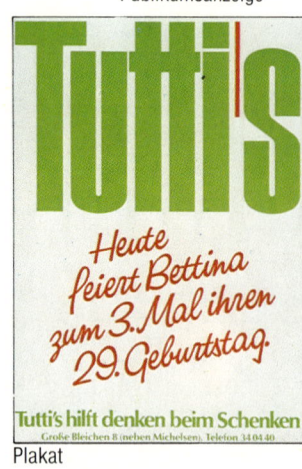

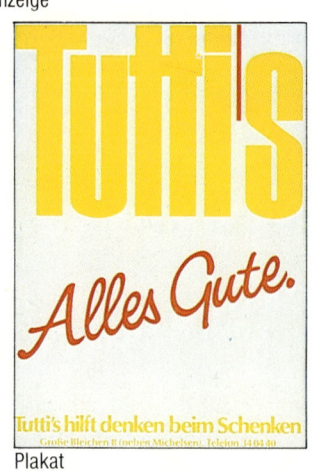

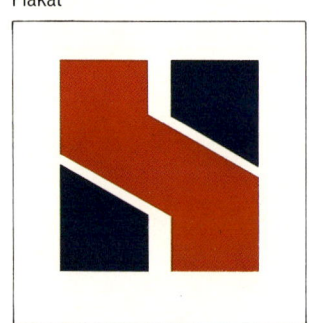

188

RA.Co. Werbeagentur GmbH

Ballindamm 1
2000 Hamburg 1
Telefon: 040/33 03 41

Das Motiv für die Gründung von RA.Co. war die Überzeugung einiger etablierter Kreativer aus Großagenturen, die meinten:
„Es muß doch Kunden geben, die den direkten Kontakt mit den Aktiven für wichtiger und sicherer halten, als administrativen Aufwand!"
Speziell über die Gestaltung von Einzelaufgaben wie z.B. Corporate Design - einer Stärke von RA.Co. - gelang es, das Vertrauen einiger Kunden zu gewinnen und sie zu überzeugen, daß für die Präsentation einer Firma oder eines Produkts von der Basis an gedacht werden muß.
Für projektbezogene Marketingaufgaben in Forschung und Planung arbeitet RA.Co. mit Fachleuten, die wir uns als feste Mitarbeiter gar nicht leisten könnten.

Falls Sie nur gelegentlich Werbeaufgaben haben oder RA.Co. zunächst kennenlernen möchten, bieten wir Ihnen Einzelleistungen wie z.B.:

* Konzeptionelle Arbeiten (Entwicklung von Grundideen)
* Verkaufsförderungsaktionen
* Corporate Design/Identity-Beratung
* Firmen-/Markenzeichen-Entwicklung
* Packungsentwicklung
* Prospekte, Salesfolder, Broschüren
* Unternehmensdarstellung

Gründung: 7.7.1979
Stammkapital: 50.000.- DM
Zahl der Mitarbeiter
am 31.12.1981: 4

Gegenwärtige
Mitarbeiterzahl: 6

Inhaber/Gesellschafter:
Bodo Rakow

Mitarbeiter:
Horst Schmerenbeck, Konzept/Text
Bodo Rakow, Konzept/Art
Claudia Bach, Atelier/Art Buying
Karl-Heinz Augsten, Reinzeichnung/Produktion
Bettina Martens, Sekretariat/Traffic
Dr. med. A. Bettermann, Med. Marketing/Pharma

Kundenliste:

AES Associated Engineering Services Ltd.

Martin Brinkmann AG, Cigaretten

Boddien, Landmaschinen

Chefmaster, Service Systems

Canea Pharma, Chem.-Pharmazeutische Vertriebsgesellschaft m.b.H.

Cobras Warenhandelsgesellschaft m.b.H.

Colors in Optic, Brillengestelle

Ernst-Deutsch-Theater, Plakate

Elisabetta von Fürstenberg, Brillengestelle

L. Funk & Söhne GmbH, Versicherungsmakler

HAT Hanseatische Anlage Treuhand AG, Immobilien

Jongen's, H. Jongen & Co., Softwaffeln

Kuchenmeister GmbH, Fertigkuchen

Pentagon, Real Estate G. Washington Ltd. Partnership, New York

Sänger, General Shipstore Merchant

TKM, Finanzierungsbank

VALVO, Unternehmensbereich Bauelemente der Philips GmbH TE

Werner's, Drageefabrik

Wichers, Tutti's & Co, Inneneinrichtung

RTS
Rieger Team Werbeagentur GmbH Stuttgart

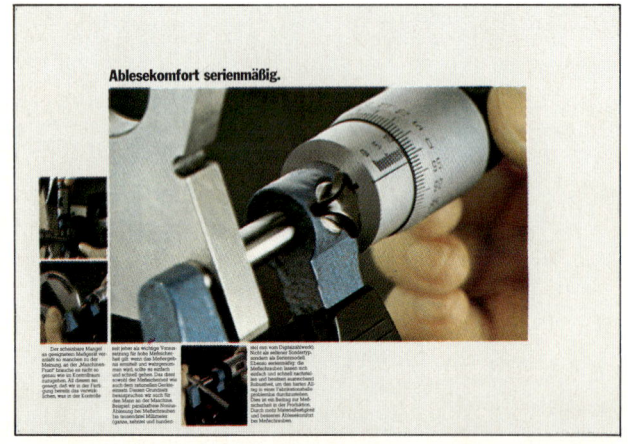

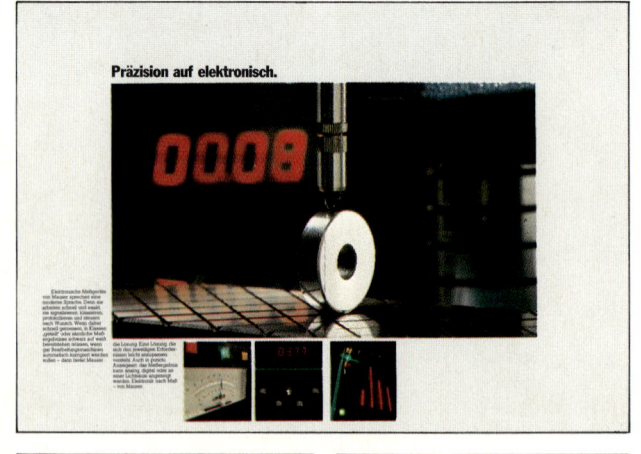

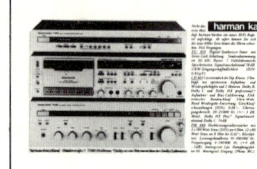

RTS RiegerTeam Werbeagentur GmbH

Postfach 80 01 65, Am Wallgraben 120,
7000 Stuttgart 80, (Vaihingen)
Telefon: 0711–780 04 91-92, Telex: 7 255 699 rts d
Telefax 0711–780 04 93

Gründung: 1969
Stammkapital: 20.000,– DM
Durchschnittsalter: 30

Zahl der Mitarbeiter
am 31.12.1981: 17

Gegenwärtige
Mitarbeiterzahl: 17

Davon: Kontakt/Text 3
Atelier 4
Media 2
Produktion 1
Art Direction 2
Verwaltung 3
Foto 2

Inhaber/Gesellschafter:
Franz J. Rieger
Geschäftsführung, Beratung,
Konzeption
Thomas Meichle,
Geschäftsführung, Konzeption,
Text

Tochterfirma:
Rieger Ideen-Marketing GmbH,
Postfach 80 01 65
Am Wallgraben 120
7000 Stuttgart 80

Mitgliedschaft:
AIW Arbeitskreis
Fachagenturen und Berater
für Industrie-Werbung

Kundenliste:

Argus GmbH,
Ettlingen
Kugelhähne, Hydraulikarmaturen

Bourns GmbH,
Stuttgart
Elektronische Bauelemente

Deutsche Metrohm GmbH + Co,
Filderstadt
Elektronische Labormeßgeräte

Diamond-Corporation,
Stuttgart
Anlage-Diamanten

Fakir-Werk GmbH & Co KG,
Mühlacker
Haushaltsgeräte

Fichtel & Sachs AG,
Schweinfurt
Fahrradkomponenten,
Stoßdämpfer, Kupplungen

Harman Deutschland,
Heilbronn
Lautsprecherboxen, HiFi-Anlagen

Nürnberger Herkules Werke GmbH,
Nürnberg
Fahrräder, Mofas, Leichtkraft-
räder, Motorroller

Honeywell Braukmann GmbH,
Mosbach
Heizungsautomation, Haustechnik

IWK Verpackungstechnik GmbH,
Stutensee
Verpackungsmaschinen

IWK Preß- und Ziehteile GmbH,
Karlsruhe
Taucher-Leichtmetallflaschen

Klein + Hummel,
Ostfildern
HiFi-Studio-Technik

**Magura Gustav Magenwirth
GmbH & Co,**
Urach
Zweiradarmaturen

Mauser-Werke Oberndorf GmbH,
Oberndorf
Jagdwaffen, Wehrtechnik,
Maschinenbau, Meßtechnik

**nilco-
Reinigungsmaschinen GmbH,**
Mühlacker
Reinigungsmaschinen

August Sauter GmbH,
Albstadt
Ladenwaagen, Industriewaagen

SWA Ges. für Sachwertanlagen,
Stuttgart
Diamanten-Depots

Außerdem ständig Teilaufgaben
und Entwicklungsprojekte für
ca. 30 Unternehmen aus Industrie,
Handel und Gewerbe

ROSENBAUER • LABAN
WERBEAGENTUR GMBH

TV-Spot

Imageanzeigen

18/1 Plakat

VKF

Publikumsanzeigen

Fachanzeige

TZ-Anzeige

Produktentwicklungen

Rosenbauer Laban

Werbeagentur GmbH
Beim Schlump 58, Postfach 132 144
2000 Hamburg 13
Telefon: 040/44 70 61

Gründung: 1970
Stammkapital: 100.000,– DM
Etatvolumen 1981: 9 Mio. DM
Erwartetes Etatvolumen 1982: 9,5 Mio. DM
Durchschnittsalter: 33 Jahre
Zahl der Mitarbeiter
am 31. 12. 1981: 10
Gegenwärtige
Mitarbeiterzahl: 10

Inhaber/Gesellschafter:
Hans-Jürgen Laban,
Gregor Rosenbauer

Leitende Mitarbeiter:
Christiane Klabunde (Art)
Lothar Marquardt (Produktion)
Hannes Solbach (Text)

Kundenliste:

alldecor,
Lübeck,
Fachmarkt

Canada Reise Dienst,
Ahrensburg

Carstens Marzipan GmbH,
Lübeck

Holger Clasen,
Hamburg,
Druckluftwerkzeuge

J. J. Darboven,
Hamburg,
Darbovsky und Darbovskaya

Ferropilot GmbH,
Rellingen,
Nautische Geräte

**GMO Gesellschaft für
moderne Organisations-
verfahren mbH & Co. KG,**
Hamburg,
Unternehmensberatung

**Hamburger HiFi
Import + Vertrieb GmbH,**
CEC Chuo Denki,
Hamburg,
CEC-Plattenspieler

Kornbrennerei Schönau GmbH,
Friedrichsruh
Schönauer Alter Gutskorn Sort.

v. Lind & Co.,
Hamburg,
ocean spray cranberry

Organisationspartner GmbH,
Bad Oldesloe,
Standard-Software

Polenz GmbH,
Hamburg,
Klimageräte und Kältemaschinen

Sabroe Kältetechnik GmbH,
Flensburg,
Kältetrockner

Schwartauer Werke GmbH & Co.,
Bad Schwartau,
Lübecker Herzen, Nussfit,
Sonderaufgaben

Sportlife,
Schenefeld,
Sport- und Freizeitanlagen

Sundi Citrussaft GmbH,
Hamburg,
Produktionsentwicklung

Umwelt und Energie GmbH,
Hamburg,
Luftreinigungsgeräte

de Vivanco & Co.,
Ahrensburg,
Auto HiFi, HiFi-Zubehör

SCHÄFER & PARTNER
Werbeagentur

Via Erlebnis kommunizieren,
eigenständige Markenbilder schaffen;
nicht überreden – überzeugen.

Die Grundsätze von 14 Mitarbeitern,
die für Getränke, Dünge- und
Pflanzenpflegemittel, Bauzubehör
und Sanitärprodukte, Haus- und
Gartengeräte, Fitneßeinrichtungen,
Textilien und den Lebensmittel-
handel arbeiten.

WBS Werbeagentur Schäfer & Partner, Gesellschaft für Werbung,
Verkaufsförderung und PR-Service mbH
Am Bismarckturm 4, Postfach 800, 7000 Stuttgart 1,
Telefon 07 11/22 30 38–39, Telex 7 22 538

0621
441

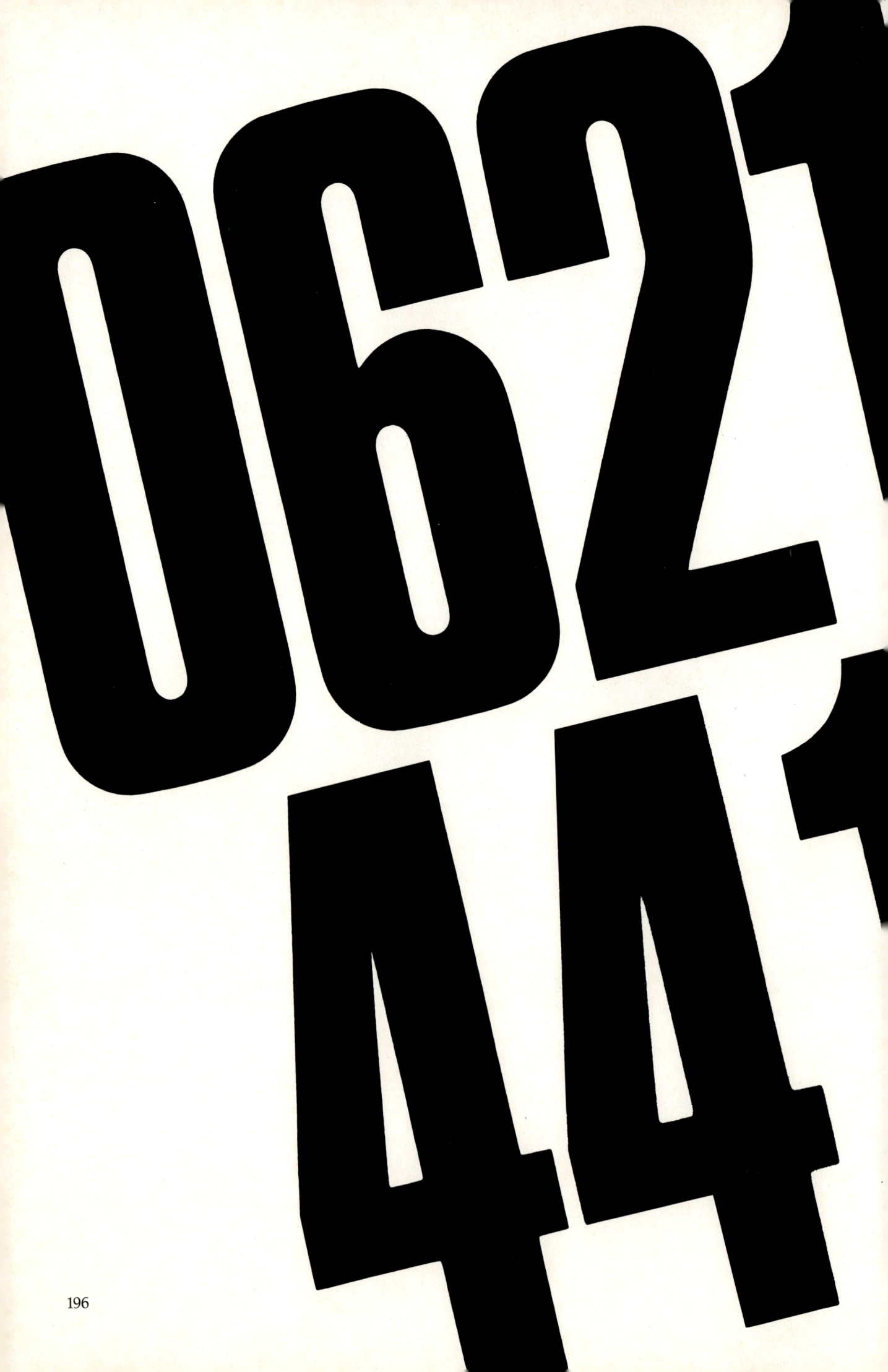

Ruf doch mal an:
Schaller & Partner — Mannheims große Werbeagentur.
Wir betreuen: 1 500 Drogerien, 120 Parfümerien, 80 Facheinkaufszentren für Werkstatt, Haus und Freizeit, 8 SB-Warenhäuser, 5 Möbel-Mitnahme-Märkte und die Hersteller Pegulan, Kneipp Heilmittelwerk, Omegin, Schärf Büromöbel und Hagerty. 1982 haben wir unser Etat-Volumen von 30 auf 40 Millionen gesteigert — ohne Eigenwerbung, ohne eigene PR-Aktivitäten. Unseren Erfolg verdanken wir unseren Kunden, die uns weiterempfehlen. In diesem Buch werben wir, weil sonst Mannheim als „weißer Fleck" in der Werbelandschaft erscheint. Wenn Sie mit einer Werbeagentur sprechen wollen, die aus dem üblichen Rahmen fällt, rufen Sie unseren Herrn Schaller an. (Die Telefon-Nummer ist ja nicht zu übersehen.)

Karstadt: Prospekt für den Verkäufer-Nachwuchs

Neumann Elektronik: Anzeigenserie

IDENTIFIKATION

Weil die Wahrnehmung der Wirklichkeit ein subjektiver Vorgang ist und bleibt, weil Marktmodelle und Informationssysteme deshalb Annäherungen in einer speziellen Ebene sind, weil Geld nicht die entscheidende Motivation und Karriere damit nur ein Ersatz ist, weil wir ganz einfach unsere Arbeit auch mögen wollen und weil wir nur in runden Sachen das nötige Maß an Befriedigung finden, steht das eine Wort für unser Konzept: Identifikation – mit dem Produkt und der Person des Gesprächspartners.

Gründung: 1973
Stammkapital: DM 110.000,–
Gesellschafter: Susanne Effertz
Wolf Scharke

Gegenwärtige Zahl
der Mitarbeiter: 7
Honorarumsatz: DM 1.240.000,–

Kunden – betreute Etats:

Düsseldorfer Tapetenfabrik, Düsseldorf

3M Deutschland, Neuss
Abt. Klebebandsysteme und Spezialprodukte

Neumann Elektronik, Mülheim/Ruhr

Geomess, geodätische Datenverarbeitung, Essen

Tapeten-Passage, Düsseldorf

Tapeten-Passage: Anzeigenserie
3M: Verkaufsförderungs-Prospekt
Düsseldorfer Tapetenfabrik: Prospekt für die Handelswerbung

Kunden – Aufgaben:

Karstadt Hauptverwaltung, Essen
Abt. Personalentwicklung

Tengelmann Hauptverwaltung,
Mülheim/Ruhr – Personalabteilung

WERBEAGENTUR SCHARKE GmbH
Klever Str. 58 · 4000 Düsseldorf 30
Tel.: 02 11/49 40 24

HARALD SCHLÜTER
WERBEAGENTUR GMBH

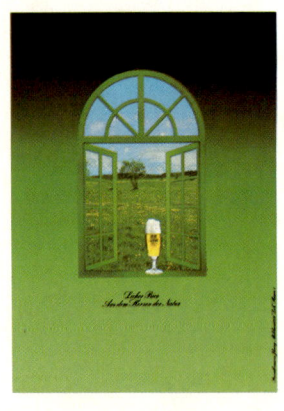

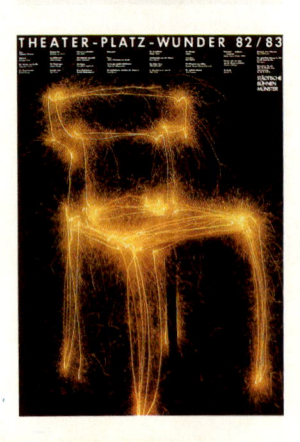

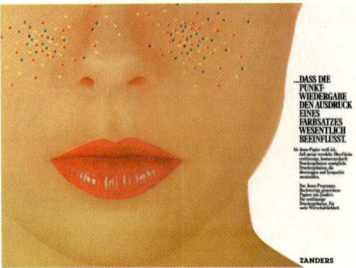

RINGSTRASSE 23A
4300 ESSEN-KETTWIG
TEL. 02054/81111
02054/81200

200

So sehen bei uns frische Fische aus.

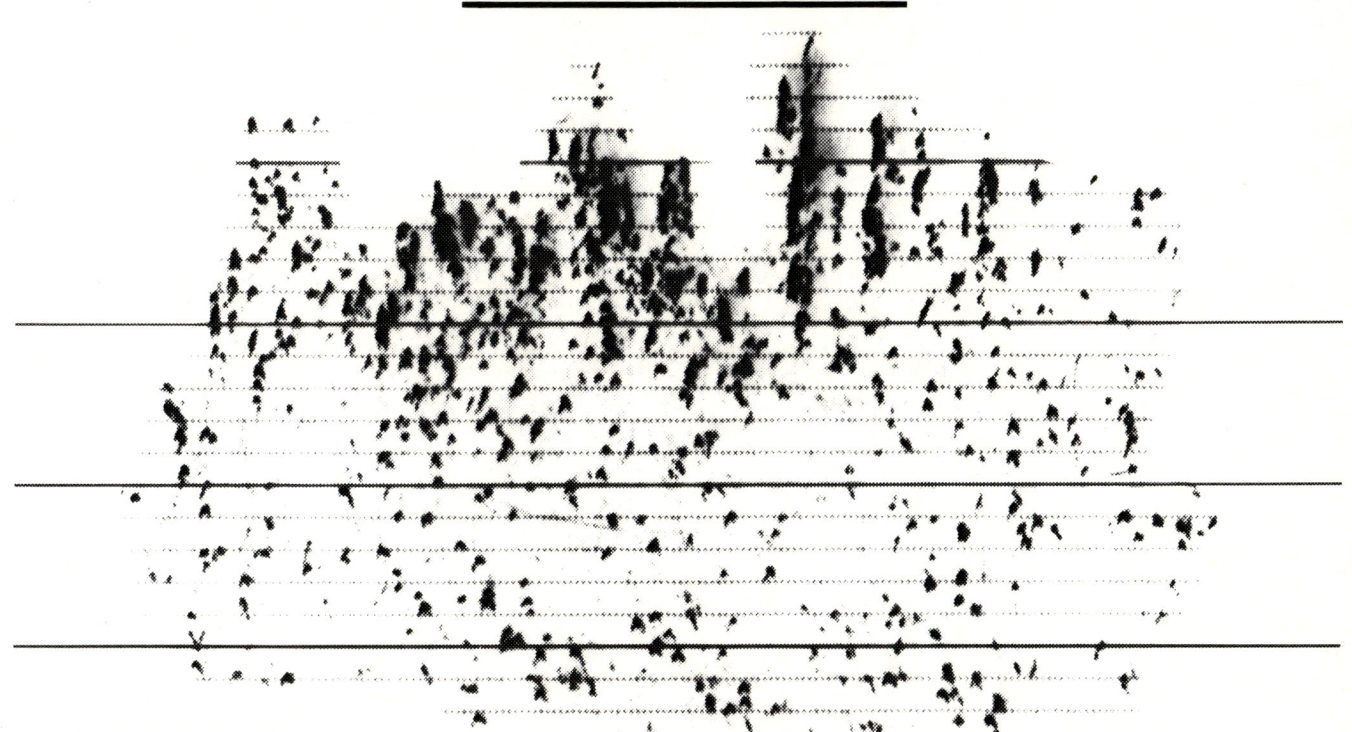

Fische finden in immer neuen Fanggründen. Der Fisch als wichtigstes Nahrungsmittel für die Welternährung schwimmt in allen Tiefen. Ihn zu finden und zu fangen bedarf es einer hochentwickelten Technik.

Krupp bietet Fischereifahrzeuge und Fischortungsanlagen, die neue Fanggründe und Fischarten erschließen und sogar noch Einzelfische bis zu einer Tiefe von mehr als 1000 m aufspüren. Echolote oder Netzsonden zeigen auf Echogrammen, wo die Fische stehen oder sogar, was ins Netz gegangen ist. An Bord wird der Fang unmittelbar darauf verarbeitet. Auch das ist ein Krupp-Beitrag für zukunftsorientierte Technik.

Denn Krupp ist ein Unternehmen, das für den Anlagen- und Maschinenbau von Einzelkomponenten bis hin zum schlüsselfertigen Industriekomplex, im Handel und Verkehr sowie in den Bereichen Stahl, Schiffbau und Dienstleistungen innovative Technik bereithält. Weltweit.
Fischen Sie mal mit uns.

Weitere interessante Informationen erhalten Sie durch:
Fried. Krupp GmbH, StA Vf-Werbung,
Altendorfer Straße 103, D-4300 Essen 1.

Krupp. Fortschritt aus Tradition.

⊛ **KRUPP**

Berühmt und Berühmtes.

Werner Egk's „Peer Gynt" zählt unter den Freunden
klassischer Musik zu den berühmten Musikwerken
unseres Jahrhunderts. So wie die berühmte
Maria Theresia von Sprengel bei vielen als eine der
feinsten Pralinenkompositionen gilt.

SPRENGEL

Feinste Pralinen-Kompositionen nach Wiener Art in heller Schokolade. Berühmt als klassisches Geschenk.

Maria Theresia von Sprengel. Die berühmten Pralinen.

Werbekampagne für Sprengel Pralinen

SCHMID-PREISSLER

Schmid-Preissler GmbH
Werbeagentur   Agab
Dr.-Max-Str. 28
8022 Grünwald
Tel. (089) 64 10 64
Telex 5-22 464

Geschäftsführer:
F. M. Schmid-Preissler
Ph. Schmid-Preissler

Zahl der Mitarbeiter: 16

Gründung: 1961

Stammkapital: DM 200 000,–

Unternehmensberatung:
F. M. Schmid-Preissler
Unternehmensberatung
für ganzheitliche
Unternehmenskommunikation BDU
Dr.-Max-Str. 26
8022 Grünwald

International:
Gruppe AGAB International
mit Partnern in

Bologna
Brüssel
Eindhoven
London
Mailand
Paris

Korrespondenz-Agenturen
in zehn Ländern

Kundenliste:
Stand September 1982

Allianz AG
D-8000 München

Casoni
Compagnia fabbricazione Liquore S.p.A.
I-41034 Finale Emilia

Alois Dallmayr KG
D-8000 München

Deutsche Biscuits Delacre GmbH
D-6000 Frankfurt a. Main

Giacobazzi
Grandi Vini S.p.A.
I-41015 Nonantola

Hacker-Pschorr-Bräu AG
D-8000 München

Haribo-Lakritzen
Hans Riegel
D-5300 Bonn

Hettlage KGaA
D-8027 Neuried

Imhoff Schokoladenfabrik GmbH
D-5000 Köln

Intervinum GmbH
D-8043 Unterföhring

Neumeister
Münchener Kunstauktionshaus KG
D-8000 München

B. Sprengel GmbH & Co
D-3000 Hannover

Stock Import GmbH
D-8043 Unterföhring

Waldbaur GmbH
D-5000 Köln

Weltkunst Verlag GmbH
D-8000 München

Schmidt und Schmidt
MARKETING-KOMMUNIKATION

Schmidt und Schmidt
MARKETING-KOMMUNIKATION GmbH
Am Nachtschatten 5, D-6238 Hofheim-Wallau
Telefon 06122-4068/4069, Telex 4182526 gete d

Geschäftsführer:
Winfried Schmidt, Heidrun Schmidt-Bartl BDW

Wir arbeiten in den Bereichen
Pharma, Technik, Mode, Dienstleistung, KFZ.

In der nächsten Ausgabe
zeigen wir hier, was wir im
Augenblick zum Beispiel für
Abbott und Tetra Pak
entwickeln.
Auf den Gebieten Werbung,
Verkaufsförderung, PR.
Schmidt und Schmidt.
Neu. Seit 1. Oktober 1982.

Schmittgall, Fuhrmann und Franz

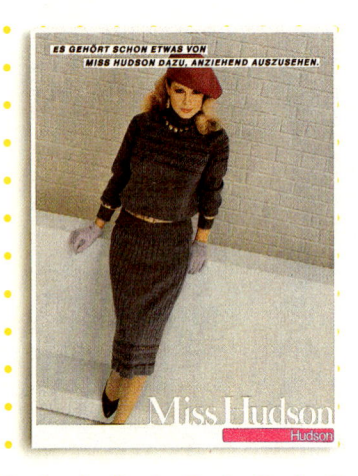

Werbeagentur Schmittgall GmbH
Fuhrmann und Franz Werbeagentur GmbH
Neue Weinsteige 40 A
Telefon (07 11) 60 44 60, Telex 721 780

Die Agentur:

Inhaber: Bernd Schmittgall, Rainer Fuhrmann, Wilhelm Franz
Umsatz 1981: 9 Mio.
Mitarbeiter: 11
Media-Verteilung: Zeitschriften 70 %, Fachzeitschriften 10 %, Funk 20 %

Die Kunden:

Margarete Steiff – Spielwaren
Hudson International – Miss Hudson DOB
Biox Schuppan + Co. KG – Frauengold N
Hamol International Cosmetics – Vitamol Vkf, Natural Purity, Subcutan, Hamamelis, Depilan
Gossard – Gossard Mieder, Lily of France
Ertelt + Co. – Saint Mignar
Sütex Einkaufsgenossenschaft – Imagewerbung
Dayco International Corporation – Programmwerbung
Diverse Möbelhäuser
Okle-Fleischwarenfabrik
Rockwell's – Jeans + Jackets
Waibel KG – Waiko Wohnstudio
OLT Oberflächentechnik
IDE Maschinen + Werkzeugfabrik
Robert Bosch GmbH Autozubehör – Entwicklungsaufgaben
Chocolat Tobler – Entwicklungsaufgaben

SCHOLZ & FRIENDS

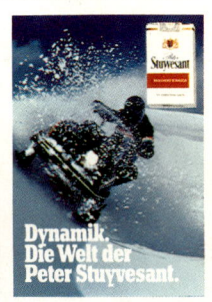

208

SCHOLZ & FRIENDS GMBH

Gänsemarkt 24
2000 Hamburg 36
Telefon: 040/35 18 71, Telex: 2 161 625

Gründung: 1. Juli 1981
Stammkapital: 1 Mio.
Umsatz 1981:
26 Mio. (1.7. – 31.12.)
Umsatzerwartung 1982: 74 Mio.

Zahl der Mitarbeiter
am 31.12.1981: 43

Gegenwärtige Mitarbeiterzahl: 51

Davon: Kontakt 13
      Atelier 15
      Text 6
      Media   HMS Hamburg
      Produktion 6
      FFF 2
      Verwaltung 8
      Sonstige 1

Zahl der Kunden: 8

Zahl der Etats: 20

Inhaber/Gesellschafter:
Uwe Lang, Marketing
Michael Menzel, Marketing
Jürgen Scholz, Creation

Kaufmännische Geschäftsführung:
Annemarie Ritter

Kundenliste:

Badische Tabakmanufaktur
Reval

Beecham
Jil Sander Cosmetics

Effem
Kitekat
Entwicklungen

Gruner & Jahr
Brigitte
Nicole

König-Brauerei
König-Pilsener
König-Alt

Reemtsma
Atika
Peter Stuyvesant
Handelspromotions
Entwicklungen

Jil Sander
Jil Sander Fashion

Tchibo
Beste Bohne
Family
Feine Milde
Gold Mocca
Sana
Gebrauchsartikel
Promotions
Entwicklungen

SCHUSTER+PARTNER
WERBEAGENTUR

Erftstraße 68
4040 Neuss 1
Telefon 0 21 01-2 70 03

Wir arbeiten für Marken. Und wir arbeiten für solche, die es werden sollen. Im klassischen Bereich. Von Print bis TV. Und mit besonderem Engagement im Promotion-Bereich.

Denn der Kampf um den Regalplatz wird immer härter. Da werden besondere Anstrengungen für den Hinein- und den Abverkauf benötigt. Darauf haben wir uns besonders konzentriert. Arbeitsproben zeigen wir Ihnen gern. Denn die sind unsere beste Referenz.

Roplasto®
Kunststoff-Fenster, Türen und Rolläden.

RENAULT
Verkaufsförderung Original Renault Ersatzteile und Renault-Boutique.

3M
Verkaufsförderung diverse Produktgruppen.

TOSHIBA
Gesamtbereich Unterhaltungselektronik.

DAIMON
Audio-Cassetten, Batterien, Taschenlampen, Video-Cassetten.

GSG KL
Immobilien

GfA Antriebe

DEUTSCHER BÄDERVERBAND E. V.
Institutionelle Werbung für die deutschen Kurorte und Heilbäder.

nira
Personen-Suchsysteme, Gegensprechanlagen.

SCHUSTER + PARTNER
Gesellschaft für Marketing und Werbung mbH

Erftstraße 68
4040 Neuss 1
Telefon 02101-27003, Telefax: 02101/27004
Telex: 8517941 sup d

Gründung: 1969
Stammkapital: 24 TDM
Umsatz 1981: 12,5 Mio
Umsatzerwartung 1982: 14 Mio.
Durchschnittsalter: 31
Pro-Kopf-Umsatz 1981: 961 TDM

Etatgrößen:
Über 3.0 Mio — 5 %
zwischen 1.5 und 3.0 Mio — 50 %
zwischen 500.000,-- und 1.5 Mio — 25 %
unter 500.000,-- — 20 %

Zahl der Mitarbeiter
am 31.12.1981 — 13

Gegenwärtige Mitarbeiterzahl: 13

Davon: Kontakt — 2
Atelier — 4
Text — 1
Media — 1
Produktion — 2
Verwaltung — 3

Zahl der Kunden: 15

Zahl der Etats: 21
Seit über 2 Jahren — 10
Seit über 5 Jahren — 6
Seit über 10 Jahren — 5

Etatverteilung:
Verbrauchsgüter — 35 %
Gebrauchsgüter — 25 %
Dienstleistungen — 25 %
Institut. Werbung — 15 %

Mediaverteilung:
Publ. Zeitschriften — 22 %
Fachzeitschriften — 7 %
Tageszeitungen — 6 %
Werbefernsehen — 11 %
Werbefunk — 6 %
Bogenanschlag — 12 %
Sales Promotion — 36 %

Inhaber/Gesellschafter:
Werner Schuster
Louise Schuster

Leitende Mitarbeiter:
Werner Schuster, Geschäftsführer, Konzeption, Beratung, Text
Louise Schuster, Finanzen, Produktion
Wolf Heier, Kreation
Olaf Marx, Beratung
Jan Michies, Kreation

Kundenliste:

Aluplastic, Berlin — GE

Baruch, Amsterdam — GE

Beltek, Mettmann — GE

Daimon, Köln — GE

Deutscher Bäderverband, Bonn — GE

Deutsche Renault AG, Brühl — TE

3M Deutschland GmbH, Neuss — TE

Dyna-Plastik-Werke GmbH, Bergisch Gladbach — GE

GfA-Gesellschaft für Antriebstechnik, Düsseldorf — GE

GVR-Gesellschaft für Verwaltungsrationalisierung, Düsseldorf — GE

KL-Treuboden Grundstücks- und Baubetreuungsgesellschaft mbH, Düsseldorf — GE

Nira Deutschland GmbH, Kaarst — GE

Sambra, Koblenz — GE

Sun Electric Deutschland GmbH, Mettmann — GE

Toshiba Europa GmbH, Bereich Unterhaltungselektronik, Neuss — GE

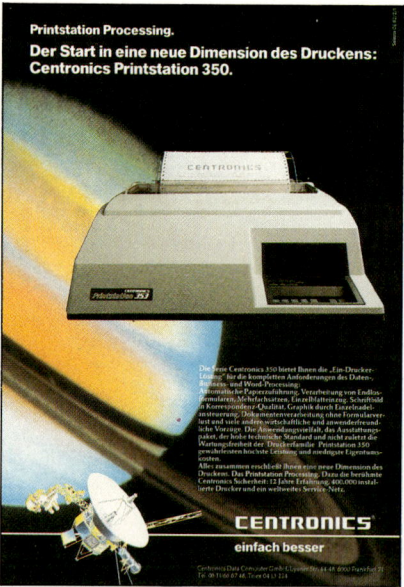

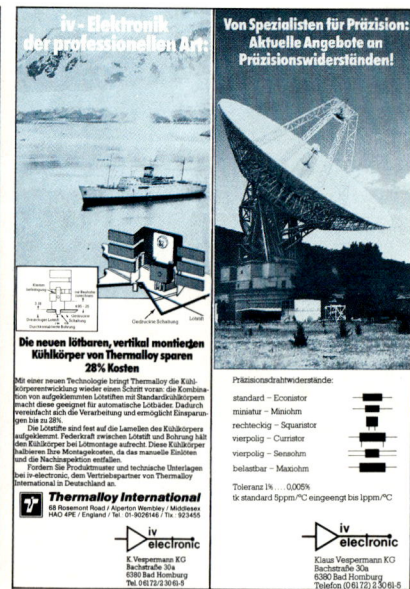

Selecta Werbung GmbH

Selecta Werbung GmbH

Selecta Werbung GmbH

Agentur für Marketing, Werbung und Verkaufsförderung
Lindenring 44
6000 Frankfurt 50
Telefon: 0611/51 80 86-89, Telex: 4 189 208

Gründung: Januar 1973
Stammkapital: 100.000,– DM
Umsatz 1981: 6,5 Mio
Umsatzerwartung 1982: 7 Mio
Durchschnittsalter: 39 Jahre
Pro-Kopf-Umsatz 1981:
650,000,– DM

Etatgrößen:
zwischen 500.000,– und 1.5 Mio   40 %
unter 500.000,–   60 %

Zahl der Mitarbeiter
am 31.12.1981:   10

Gegenwärtige
Mitarbeiterzahl: 10

Davon: Kontakt   2
Atelier   2
Text   1
Media   1
Produktion   1
PR   1
Verwaltung   2

Zahl der Kunden: 15

Zahl der Etats: 16
Seit über 2 Jahren   5
Seit über 5 Jahren   10

Etatverteilung:
Verbrauchsgüter   30 %
Gebrauchsgüter   70 %

Mediaverteilung:
Publ. Zeitschriften   44 %
Fachzeitschriften   28 %
Tageszeitungen   4 %
Direktwerbung   4 %
Sales Promotion   8 %
PR   12 %

Inhaber/Gesellschafter:
Peter Zöller, BDW

Leitende Mitarbeiter:
Hans Dupont, Art-Director
Elisabeth Weinreich, Media
Ronald Wanschura, Produktion

Kundenliste:

Beton-Spritz-Maschinen GmbH
Frankfurt/Main   GE

Centronics Data Computer GmbH
Frankfurt/Main   GE

Ellen Betrix Kosmetik
Dreieich   TE

Data Card GmbH
Frankfurt/Main
Creditkartensysteme   GE

Data Logic Computer GmbH
Frankfurt/Main   GE

Werner Dorsch
Büro-Spezial- und Sonderartikel
Ober-Roden   TE

iv-electronic K. Vespermann KG
Bad Homburg
elektronische Bauteile   GE

Montedison
Eschborn
Kunststoff/Chemiekonzern   TE

Primark Products GmbH
Frankfurt/Main
Preisauszeichnungssysteme   GE

H. Rech
Oberursel
Großküchen-Einrichtungen   GE

Reichert Automaten
Kölbingen
Spielautomaten   GE

Royal Pelz Studio
Frankfurt/Main   GE

Karl Seeger
Lederwaren GmbH
Offenbach/Main   GE

Spoerle Electronic KG
Dreieich
Bauelemente Distributor   GE

Storage Technology GmbH
Frankfurt/Main
Datenspeicher   TE

---

10 Jahre Selecta:
Wir geben einen aus!

Weil unseren Kunden das größte „Dankeschön" gebührt, haben die ihr Fläschchen Sekt schon bekommen.
  Immerhin haben sie es zum Teil schon 10, die meisten aber mehr als 5 Jahre mit uns ausgehalten. Die Vorfreude auf das Anstoßen beim Zehnjährigen kann ja wohl nicht allein der Grund für die langjährige Zusammenarbeit gewesen sein.
  Aber auch bei unseren möglicherweise zukünftigen Kunden möchten wir uns bedanken – dafür, daß Sie sich zum Beispiel aufgrund dieser Anzeige an uns wenden.
  Also: rufen Sie uns doch mal an. Oder schreiben Sie uns. Wir haben noch Sekt auf Lager und eine Menge Erfahrungen und Ideen für Sie!

SERVICEPLAN

SERVICEPLAN
Werbeagentur
Prinzregentenstraße 50
8000 München 22
Telefon: 089/22 06 91, Telex: 52 27 82

Wir sind eine Beratungsagentur. Mit Erfahrung in der Entwicklung neuer Positionierungen und Gespür für griffige Konzeptionen und Kampagnen.

Gründung: 1970
Stammkapital: 150.000,– DM
Umsatz 1981: 65.3 Mio DM
Umsatzerwartung 1982: ca. 66,0 Mio DM
Durchschnittsalter: 35 Jahre
Pro-Kopf-Umsatz 1981: 1.088.000,– DM

Etatgrößen:
Über 3.0 Mio	35 %
zwischen 1.5 und 3.0 Mio	29 %
zwischen 500.000,– u. 1.5 Mio	24 %
unter 500.000,–	12 %

Zahl der Mitarbeiter am 31.12.1981: 60

Gegenwärtige Mitarbeiterzahl: 57

Davon: Kontakt	14
Atelier	16
Text	3
Media	5
Produktion	4
Marktforschung	3
Verwaltung	6
Sonstige	6

Zahl der Kunden: 33

Zahl der Etats: 38
Seit über 2 Jahren 17
Seit über 5 Jahren 9
Seit über 10 Jahren 8

Etatverteilung:
Verbrauchsgüter	45 %
Gebrauchsgüter	39 %
Dienstleistungen	9 %
Institut. Werbung	7 %

Mediaverteilung:
Publ. Zeitschriften	41 %
Fachzeitschriften	10 %
Tageszeitungen	7 %
Werbefernsehen	9 %
Werbefunk	6 %
Direktwerbung	2 %
Bogenanschlag	12 %
Sales Promotion	13 %

Inhaber/Gesellschafter:
Dr. Peter Haller/Geschäftsführer
Rolf O. Stempel/Geschäftsführer

Leitende Mitarbeiter:
Agentur-Management:
Jürgen Griesmeyer, Prokurist
Creation: Hein Popp, Prokurist
Jürgen Schippers
Kontakt: Rolf Herschel,
Helmut Heyland, Jürgen Hülswitt,
Bernd Schwarz, Manfred Wächter
Marketing:
Dr. Otto Maran, Prokurist
Media: Rudolf Wahler, Prokurist
Produktion: Hans-Ulrich Kelp

Kundenliste:

1. Konsumgüter

Käserei Champignon GE
Heising/Allgäu,
Champignon Camembert
Austria Tabakwerke GmbH TE
München, Milde Sorte-Cigarette
Alois Pöschl GmbH & Co KG GE
Landshut
Exclusiv u. Radford's Pfeifentabak
**Weinwerbung
Mosel-Saar-Ruwer e. V.** GE
Trier
W. u. H. Küchle GmbH & Co GE
Günzburg, Backhilfen
Brauerei Gold-Ochsen GE
Ulm
Anasco GmbH GE
Wiesbaden, Kneipp-Ölbäder
Agrexco Ltd. GE
Frankfurt/M.
Israelische Avocados
Milchunion Oberbayern GE
München, Bulgara-Joghurt
Landesvereinigung der Bayerischen Milchwirtschaft e. V. GE
München, Käse aus Bayern
Danpo Vertriebs-GmbH GE
Hamburg, Dänische Tiefkühlkost
Hosta GmbH & Co GE
Crailsheim, Nippon-Süßwaren

2. Gebrauchsgüter:

Fischer-Werke GE
Tumlingen/Krs. Freudenstadt
Befestigungstechnik
Franz Schneider Verlag GE
München
Kinder- und Jugendbücher
Buchtal GmbH GE
Schwarzenfeld, Keramik-Platten

Friedrich Grohe GmbH & Co GE
Hemer, Sanitär-Armaturen
Zweckform Werk GmbH GE
Holzkirchen
Büro-Organisationssysteme
Pegulan-Werke AG GE
Frankenthal,
PVC- und Teppichböden
Knaus GmbH GE
Jandelsbrunn, Wohnwagen

3. Produktionsgüter

YTONG AG GE
München, Rohbaustoffe
**MD Papierfabriken
Heinrich Nicolaus GmbH** GE
Dachau, Grafische u. Dekorpapiere
Saargummiwerk GmbH GE
Büschfeld, Baumarktprodukte
Eternit AG GE
Berlin,
Heidelberger Betondachstein

4. Pharma

Zyma GmbH GE
München, Adrevil, Levurinetten,
Venoruton
Hormon-Chemie GmbH GE
München, Actovegin
Fink GmbH & Co GE
Herrenberg, Linusit-Leinsamen
C. H. Boehringer Sohn GE
Ingelheim,
Gastrozepin International
Dr. Karl Thomae GmbH TE
Biberach an der Riß
Entwicklungsaufgaben

5. Handel

Vedes E. G. Einkaufsgesellschaft des deutschen Spielwaren-Einzelhandels GE
Nürnberg
Spielwarenfachhandel
Gemeinschaftswerbung
Vereinigte Werkstätten für Kunst im Handwerk GE
München, Exclusive
Einrichtungshäuser

6. Dienstleister

Bayerische Vereinsbank GE
München, Firmenkunden-Geschäft
**Allianz
Lebensversicherungs-AG** TE
München, Personal-Marketing
Fraunhofer- Gesellschaft TE
München, Personal-Marketing

SIMA
COMMUNICATION GMBH

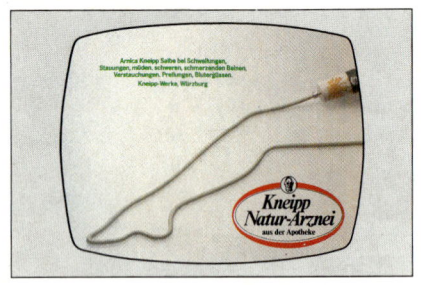

216

SIMA COMMUNICATION GMBH

Service for Integrated Marketing Activities
Mendelssohnstraße 75/77, 6000 Frankfurt am Main 1, Telefon (0611) 74 01 61, Telex 04-189 191 cerc d

Full-Service-Agentur für Conception, Creation, Communication

Leitende Mitarbeiter:
J. Slesina
P. Raesch

Gründung: 1. 4. 1976
Stammkapital: .... DM 100.000,–
Umsatz 1981: .... 12 Mio.
Umsatzerwartung 1981: . 14 Mio.
Durchschnittsalter: ..... 33 Jahre

Mitarbeiterstruktur 1981/82:
Zahl der Mitarbeiter 12
Davon: Kontakt 4
      Konzeption, Text, Gestaltung 5
      Techn. Service, Verwaltung 3

Etatgrößen:
Über 1 Mio. .... 30% der Etats
zwischen 0,5 und 1,0 Mio 50% der Etats
unter DM 500.000,– .... 20% der Etats

Etatverteilung:
Verbrauchsgüter 35%
Gebrauchsgüter................. 25%
Dienstleistungen 40%

Kundenliste:

Air Canada, Frankfurt/Main
– Passagier- und Frachtverkehrswerbung

Robert Bosch GmbH, Berlin
– Werbung und Verkaufsförderung für medizin-technische Geräte

DER Deutsches Reisebüro GmbH, Frankfurt/Main
– Touristikwerbung und Verkaufsförderung

Deutsches Grünes Kreuz, Marburg
– Aufklärungsaktionen im Bereich der Gesundheitsvorsorge

DG-Bank, Frankfurt/Main
– Verkaufsförderung

DG HYP Deutsche Genossenschafts-Hypothekenbank AG, Hamburg
– Werbung und Verkaufsförderung

Didier-Werke AG, Wiesbaden
– Finanzwerbung

Fördergemeinschaft Gutes Hören, Wendelstein
– Gemeinschaftswerbung und Verkaufsförderung für Hörgeräte

Fynsk Food Products, Arhus
– Danmark Milkshake
– Produktentwicklung

Miles GmbH, Frankfurt/Main
– Produktentwicklung
– Arzneimittelwerbung
– Fachwerbung für Chemikalien

NOVO Industrie GmbH, Mainz
– Werbung für chemische Produkte

Novotel-Gruppe S.I.E.H., Frankfurt/Main
– Hotelwerbung

Royal Canadian Mint, Vanier/Kanada
– Werbung für Goldmünzen

Dr. Karl Thomae GmbH, Biberach
– Werbung und Verkaufsförderung für
  Kneipp Kräuter Dragées
  Arnica Kneipp Salbe
  Tannol Kneipp Balsam
  Kneipp Rheuma Salbe
  Kneipp Herzsalbe
  Silomat Hustenmittel
  RhinoSpray Schnupfenmittel
– Produktentwicklung

Union Investment, Frankfurt/Main
– Internationale Werbung für Unifonds

Zambia Airways, Frankfurt/Main
– Passagierwerbung

Zambia National Tourist Board, Frankfurt/Main
– Touristikwerbung

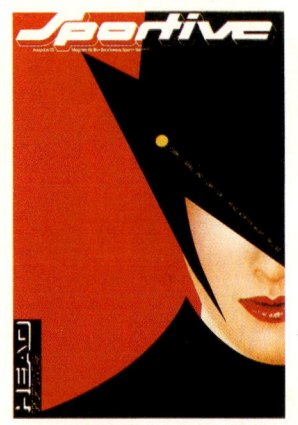

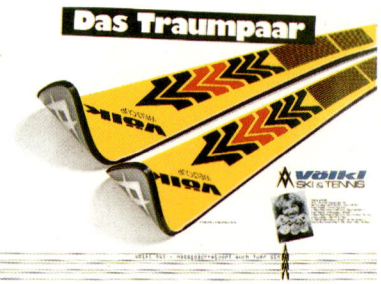

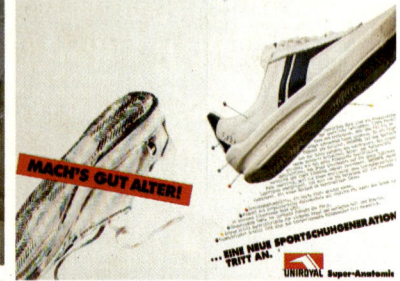

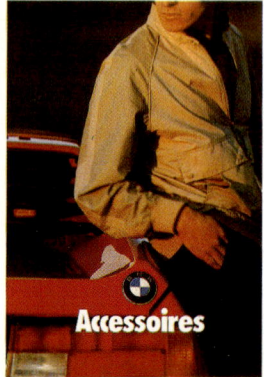

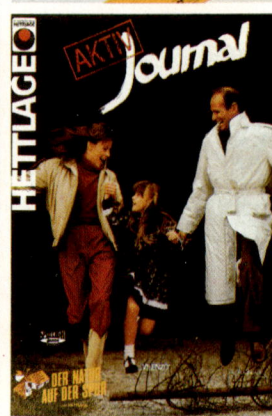

Sportive
WERBEAGENTUR

218

Sportive Werbeproduktion GmbH & Co., Absatz Idee KG.

Fraunhoferstraße 8
8033 Martinsried/München
Telefon: 089/8 57 50 31, Telex: 5-212 664

Geschäftsleitung und leitende Mitarbeiter

Sportive WERBEAGENTUR

Inhaber/Geschäftsführer:
Karl Heinz Schwaiger

Kontakt:
Jürgen Ritter
Peter Seiler
Roger Strack
Jürgen Wöhler

Produktion:
Peter Caspari

Media:
Elke Brigitte Pohl

Text + Konzeption:
Franz Lautenschläger

Atelier:
Achim Nowak
Gregor Balk

RZ-Atelier:
Manfred Karg

Fotostudio:
Josef K. Schneider
Esad Cicic (Mode)

Sportive DESIGN + VERTRIEB

Anke Jellinghaus
Wolfgang Astner

Sportive VERLAG

Verlagsleiter:
Karl-Heinz Schwaiger

Produktion:
Peter Caspari

Kundenliste:

Ariella Bademoden
Babolat Tennis-Saiten
BMW AG: Accessoires und Kalender
BMW Motorrad GmbH + Co.:
Teileförderung und Kalender
BMW-Motorsport GmbH
DTB (Deutscher Tennisbund) /
Tennis Pool Partner
DSV (Deutscher Skiverband)
Elho Sportbekleidung
FC Bayern München (Fußballclub)
Gotta Lederartikel
HEAD Sports Wear
Heller-Dirndl
Hettlage KGaA
Innsbruck Skimoden
Hyclo-Aschauer
Iveco Magirus Deutz (Teilaufg.)
IWE Möbel
Loga Möbel
Modekreis
Reusch Sporthandschuhe
Sailboard-Surfboard
San Felice Skibekleidung
Silvy Tricot Ski- und Tennisbekleidung
Sport-Scheck
Uniroyal: Unisport Sportschuhe
Uvex Skibrillen
Völkl Ski und Tennis
Wander: Sportive Protokost

LASSEN SIE SICH UNSERE BROSCHÜRE 'CAPRICORN' KOMMEN, DER DIESE ARBEITSBEISPIELE ENTNOMMEN SIND.

STEINBOCK & STEINBOCK WERBEAGENTUR GMBH
GRAFENBERGER ALLEE 235 4000 DÜSSELDORF 1
GESCHÄFTSFÜHRER EBERHARD KRÜGER
TEL. (0211) 68 68 55 TELETEX 2627-211 331 CAPRICO
SPAR- UND KREDITBANK BLZ 300 602 16, KTO-NR. 119 016

strategy

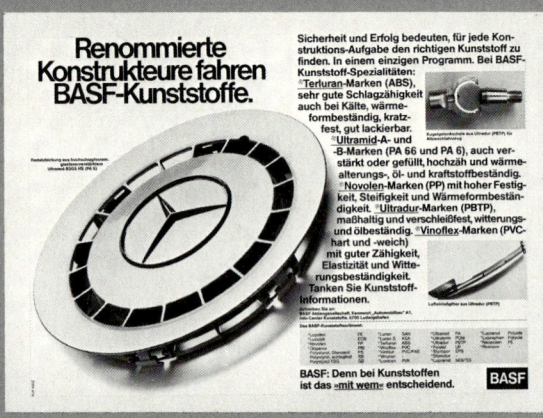

strategy Marketing- und Werbeagentur GmbH & Co. KG

Tersteegenstraße 77
4000 Düsseldorf 30
Telefon: 0211/450 765-9, Telex: 858 46 44

ab 1.3.1983:
Kaiserswertherstraße 137, Telex 858 49 45

Gründung: 1970
Stammkapital: 120.000,– DM

Zahl der Mitarbeiter am 31.12.1981:	8
Gegenwärtige Mitarbeiterzahl:	8
Davon: Kontakt	2
Atelier	4
Text	2
Media	1
Produktion	1
Zahl der Kunden:	8

Etatgrößen:
zwischen 1,5 und 3,0 Mio	70 %
zwischen 500.000,– und 1,5 Mio	30 %

Zahl der Etats:
Seit über 2 Jahren	4
Seit über 5 Jahren	2
Seit über 10 Jahren	2

Etatverteilung:
Verbrauchsgüter	20 %
Gebrauchsgüter	30 %
Dienstleistungen	30 %
Institut. Werbung	20 %

Inhaber/Gesellschafter:
Hans Otto von Hirschfeld

Leitende Mitarbeiter:
Hans Otto von Hirschfeld,
Kundenberatung + Konzeption

Bernd-D. Leuschner,
Kundenberatung

Jürgen F. Preylowski, Creation

Lothar Grellmann, Media

Siegfried Hellwig,
Kundenberatung + Produktion

Rolf Kramer, Kundenberatung

Marianne Beckmann, Verwaltung

Cooperationen/Beteiligungen:
1. Mitglied der STM, Service-Pool der Werbeagenturen strategy, trendwerbung, Markenkonzeption

2. Cooperierendes Mitglied der internationalen Agentur-Gruppe Interpartners, Brüssel

Kundenliste:

BASF Aktiengesellschaft, Kunststoffe	GE
Düsseldorfer Messegesellschaft – NOWEA –	TE
IGEDO, Internationale Modemesse, Düsseldorf	GE
CD – Cologne-Düsseldorf, Fashion-Fairs	GE
Privatbrauerei Moritz Fiege, Bochum	GE
Henkel GV, Großverbrauchsbereich Spülen, Waschen, Reinigen	GE
3 M via STM	TE
RADO-Uhren, Lengnau/Schweiz	TE
Tandberg Data, Dortmund	GE
Tonka Toys	GE
TEHALIT Kunststoffwerk GmbH, Heltersberg	TE

Strehlau+Hofe GmbH. Die Full-Service-Werbeagentu

Bei Einsendung dieses Buches erhalten Sie kostenlos wertvolle Informationen über uns.

Basler Landstraße 61, 7800 Freiburg, Tel. 0761/42606

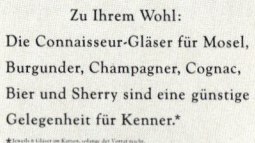

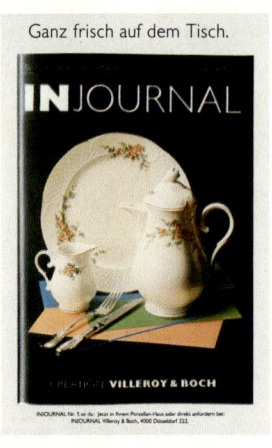

STRUWE & PARTNER

Struwe & Partner GmbH & Co. KG

Grafenberger Allee 235
4000 Düsseldorf
Telefon: 0211/68 22 03, Telex: 85 86 566

Gründung: 1. 10. 1972
Stammkapital: 50.000,– DM
Umsatz 1981: 21 Mio DM
Umsatzerwartung 1982: 17 Mio DM
Durchschnittsalter: 34 Jahre
Pro-Kopf-Umsatz 1981: 900.000,– DM

Etatgrößen:
Über 3.0 Mio	20 %
zwischen 1.5 und 3.0 Mio	45 %
zwischen 500.000,– u. 1.5 Mio	35 %

Zahl der Mitarbeiter am 31.12.1981: 20

Gegenwärtige Mitarbeiterzahl: 17

Davon:	Kontakt	6
	Atelier	5
	Text	1
	Media	1
	Produktion	1
	FFF	1
	Verwaltung	2

Zahl der Kunden: 9

Zahl der Etats: 11
Seit über 2 Jahren 5
Seit über 5 Jahren 5

Etatverteilung:
Verbrauchsgüter	60 %
Gebrauchsgüter	30 %
Dienstleistungen	10 %

Inhaber/Gesellschafter:
Dieter Struwe
Detlef Blume
Gerd Fehling

Leitende Mitarbeiter:
Dieter Struwe, Beratung
Detlef Blume, Art
Gerd Fehling, Text
Friedhelm Donauer, Produktion

Kundenliste:

AGFA – GEVAERT TE
Leverkusen
Bürosysteme/Kopiersysteme

BTF-Textilwerke, GE
Bremen
„Kleine Wolke"

Gebr. Brill Gartentechnik, GE
Witten

Garant Schuhgilde, GE
Düsseldorf
Marketing-Gemeinschaft
Schuhfachgeschäfte

Heinrich GE
Selb
Porzellan

Hettlage TE
Münster
Textil-Fachgeschäfte

International Partners TE
Marketing-Gemeinschaft
Textil-Fachgeschäfte

Graf Schaffgottsch'sche Josephinenhütte GE
Wadgassen
Gläser

Villeroy & Boch TE
Mettlach
Geschirr
Galleria Ceramica
Ceram Card

Elektrolyte.
Der neue Weg mit Boehringer Ingelheim Diagnostika.

Oder das Spektrum der photometrischen Bestimmung.

Cholesterin und Triglyceride.
Der neue Weg mit Boehringer Ingelheim Diagnostika.

Oder der System-Wechsel in der Fettstoffwechsel-Analyse.

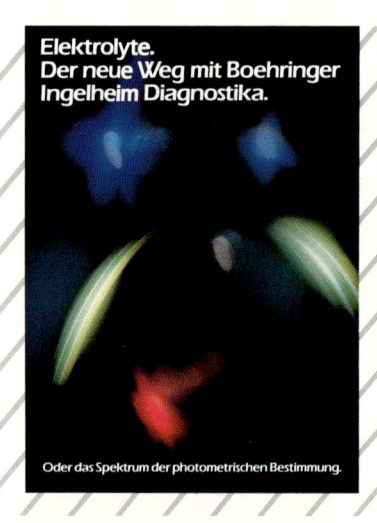

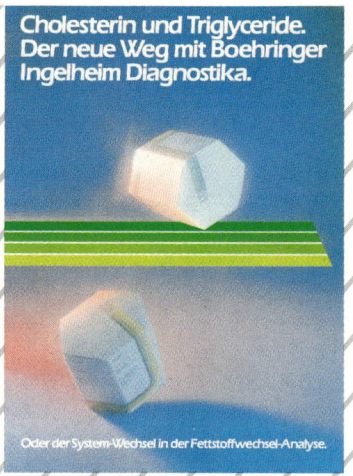

Die junge Aokanerin.
Und ihre natürliche Pflege wenn die ersten Hautprobleme kommen.

Aok First Beauty
pflegt das junge Gesicht natürlich schön und rein. Die Haut wird nicht unnötig strapaziert, sondern mild und ganz unkompliziert gepflegt. Natürliche Pflanzenauszüge und ausgesuchte Öle lindern Rötungen und Reizungen. Entzündungen wird vorgebeugt, deren Abklingen beschleunigt und alle typischen Hautunreinheiten von Anfang an bekämpft. Aok First Beauty.
Für die Natur in der Frau.

Die natürliche Aokanerin.
Und ihre tägliche Gesichtspflege.

Aok Natural Classic.
Für Frauen mit normaler bis fettiger Haut bietet Aok hochwertige Produkte auf natürlicher Wirkstoffbasis. Zum Reinigen und Beleben, zur Pflege am Tag und in der Nacht: Seesand Mandelkleie, Waschcreme Seesand Mandelkleie, Schaumwaschcreme Lavamild, Gesichtswasser Kampfer-Hamamelis, Tagescreme und Nachtcreme. Pflegen auch Sie sich natürlich, werden Sie Aokanerin. Aok Kosmetik.
Für die Natur in der Frau.

Roka. Die feine Finesse.

Die neue Frischkäsespezialität mit einer Spitze Edelpilzkäse.

DER FRISCHE TRAUM VOM LAND.
KRAFT FARMER KÄSE.

Farmer Käse, cremig lockerer Frischkäse mit kernigem Biß. Sein aromatischer, mildsahniger Geschmack erinnert an die Würze saftiger Almwiesen. Farmer Käse, ein neuer, würziger Käsegenuß für eine appetitanregende Brotzeit. Frei nach ländlichem Rezept in zwei Sorten komponiert: Farmer Käse RAHM mildsahnig und Farmer Käse KRÄUTER kräuterwürzig.

Taeschner und Wolter
Werbeagentur GmbH

Kaufingerstraße 28, 8000 München 2, Telefon: 0 89/22 05 82-83, Telex: 05 212 408

Gründung: 1976

Inhaber/Gesellschafter
Peter T. Taeschner,
Gerhard Wolter

Etatgrößen:
Über 3,0 Mio	20%
zwischen 1,5 und 3,0 Mio	15%
zwischen 500.000,– und 1,5 Mio	50%
unter DM 500.000,–	15%

Gegenwärtige Mitarbeiterzahl: 10

Zahl der Kunden: 11

Zahl der Etats: 18
Seit über 2 Jahren: 14

Etatverteilung:
Verbrauchsgüter,	80%
Gebrauchsgüter,	10%
Dienstleistungen	10%

Mediaverteilung:
Publ. Zeitschriften,	50%
Fachzeitschriften,	5%
Direktwerbung,	5%
Sales Promotion,	30%
Verschiedenes	10%

Kundenliste:

Aok Kosmetik GmbH, München:	
Aok Kosmetik Programm,	GE
Aok Bade-Kosmetik	GE
Boehringer Ingelheim Diagnostika, München:	
Diagnostika Programm,	GE
DAKO Immunreagenzien,	GE
Labtronic Geräte	GE
von Heyden Cosmetics, München:	
Sulfoderm Kosmetik-Serie für die junge Problemhaut,	GE
Sulfoderm Haar-Kosmetik-Programm	GE
von Heyden Cosmetics, Wien:	
Sulfoderm Kosmetik-Serie,	GE
Sulfoderm Haar-Serie,	GE
Höfer Babypflege	GE
Jean Nate:	
Bade- und Körperkosmetik	GE
Kraft GmbH, Eschborn:	
Sales Promotion,	TE
Produktentwicklung	TE
J. M. Gabler-Saliter Milchwerke KG:	
Saliter Kaffeesahne	GE
Weingut Schales, Flörsheim:	
Gesamtes Weinprogramm	GE
Karl Teich Werksteinbetriebe GmbH & Co, Kelheim/Donau Marmor und Granit	GE

TBWA

TBWA Tragos Bonnange Wiesendanger Ajroldi GmbH

Hansaallee 30/32
6000 Frankfurt 1
Telefon: 0611/1 52 10, Telex: 4-12 173

Gründung: 1972
Stammkapital: 400.000,– DM
Umsatz 1981: 59,3 Mio DM
Umsatzerwartung 1982: 70 Mio DM
Durchschnittsalter: 32,6 Jahre
Pro-Kopf-Umsatz 1981: 972.000,– DM

Zahl der Mitarbeiter
am 31.12.1981: 61

Gegenwärtige
Mitarbeiterzahl: 69

Davon: Kontakt 15
Traffic 5
Atelier 16
Text 10
Media 6
Produktion/Artbuying 6
Marktforschung 1
FFF 1
Verwaltung 9

Zahl der Kunden: 28

Zahl der Etats: 46
Seit über 2 Jahren 15
Seit über 5 Jahren 16
Seit über 10 Jahren s. Gründung

Etatverteilung:
Verbrauchsgüter 56 %
Gebrauchsgüter 35 %
Dienstleistungen 9 %

Mediaverteilung:
Publ. Zeitschriften 71 %
Fachzeitschriften 3 %
Tageszeitungen 2 %
Werbefernsehen 21 %
Werbefunk 3 %

Inhaber/Gesellschafter:
Cabbac AG, Zug/Schweiz

Leitende Mitarbeiter:
Geschäftsführer:
Michael Camesasca
Curt Meier
Heimar Schröter
Götz Voth

Direktoren:
Runhild Reinecke-Hipp
Heinz Huth
Jochen Peter

Filialen:
TBWA Amsterdam
TBWA Brüssel
TBWA London
TBWA Madrid
TBWA Mailand
TBWA New York
TBWA Paris
TBWA Zürich

Klientenliste Frankfurt   Juli 1982

Aerolineas Argentinas

Barilla
Italienische Teigwaren

Braun
Hair Care International
Oral Care International

Cigahotels
Italienische Hotelgruppe

Computerland
Rechenzentren

v. Cramm
Spirituosen

Dannemann (Suerdieck)
Zigarren und Zigarillos

Deutsche Certina
Uhren-Sortiment

Deutsche Granini
Trinkgenuß, Trinkgemüse,
La Bamba, Kursiegel,
Granini Sport, Cidre Pomme Jacque,
Granini Service System

Dunlop
Reifen

Gillette Papermate
Schreibgeräte

Grand Marnier
Likör

Henkell
Henkell Trocken Sekt
Mateus Rosé Wein

Jade Cosmetic
Pflegende Kosmetik, Dekorative
Kosmetik, Jade Hautklar

Latz Purina
Hundefutter, Katzenfutter

Maizena
Majala Desserts,
Mondamin Fix-Soßenbinder,
Maizena, Mondamin

Miles
Alka Seltzer

Monsanto
Herbizide: Round-up, Lasso,
Avadex

Philip Morris
Entwicklungen

Plodimex
Russischer Wodka International:
Moskovskaya, Stolichnaya

Rifle
Jeans

Rodier
Oberbekleidung

Saab
Pkw

Samsonite
Koffer, Attaché-Cases

Singapore Airlines

Sopexa
Käse aus Frankreich
Äpfel aus Frankreich
Puten aus Frankreich

Suchard
Milka Schokolade

Südzucker Verkauf GmbH

Batania ist eines von 16 Fallbeispielen, die Sie anfordern können.

Nehmen Sie uns mal unter die Lupe!

① Schaufensterplakat
② Thekendisplay
③ Gewürzturm für Point of Sale
④ 6er Geschenkpackung
⑤ 12er Geschenkpackung mit Gewürzbord und 12 Gläsern
⑥ Glas mit Patentdosierer zum Abschrauben
⑦ Lichtgeschützte Gewürzgläser
⑧ Herkunftsbezogene Etiketten-Gestaltung
⑨ Salesfolder für Handel
⑩ Beutel-Sortiment, ebenfalls mit herkunftsbezogener bzw. anwendungs-orientierter Gestaltung

T/O/P

Gesellschaft für Wirtschaftswerbung mbH & Co. Kommanditgesellschaft
TEAM FÜR OEKONOMISCHE PROZESSPLANUNG

Moorlandstraße 6 · D-4500 Osnabrück
Telefon 05 41/1 30 51 · Telex 94 627 topwa

Unser Firmenname steht für unser Arbeitsprinzip
- **Teamarbeit optimiert die Problemlösung**
- **Ökonomische Prozeßplanung minimiert die Kosten**

Und unser Arbeitsprinzip steht für die Interessen unserer Kunden
- **Mehr Leistung durch mehr Engagement**
- **Mehr Erfolg durch mehr Motivation**

Gründung: 1958

Kapital: DM 120.000,--
Honorar-Umsatz 1981: 1.485 Mio.
Honorar-Umsatzerwartung 1982: 1.560 Mio.
Durchschnittsalter: 29
Pro-Kopf-Umsatz 1981:
Honorar: 92.000,--

Etatgrößen:
zwischen 2.5 und 3.0 Mio 3
zwischen 500.000,-- und 1.5 Mio 8
unter 500.000,-- 8

Zahl der Mitarbeiter
am 31.12.1981 17

Gegenwärtige Mitarbeiterzahl: 22

Davon: Kontakt 2
Atelier 6
Text 2
Media 2
Produktion 2
Marktforschung 1
PR 1
Verwaltung 4
Sonstige 2

Zahl der Etats: 19
Seit über 2 Jahren 12
Seit über 5 Jahren 4
Seit über 10 Jahren 1

Etatverteilung:
Verbrauchsgüter 30 %
Gebrauchsgüter 35 %
Dienstleistungen 15 %
Institut. Werbung 5 %
Investitions-Güter: 15 %

Mediaverteilung:
Publ. Zeitschriften 20 %
Fachzeitschriften 20 %
Tageszeitungen 5 %
Werbefernsehen/Werbefunk 5 %
Werbefilm/Dia 3 %
Direktwerbung 12 %
Bogenanschlag 5 %
Sales Promotion 10 %
PR 10 %
Verschiedenes 10 %

Inhaber/Gesellschafter:
Annette Schlichte
Hella Schlichte
Hans-Werner Schlichte

Leitende Mitarbeiter:
Detlev Tartsch (36), Geschäftsführer
Horst Wegmann (46), Prokurist
Hans-Peter Riek (35), Produktion
Brigitte Zimmermann (31), Media
Barbara Eden (28), PR
Elisabeth Montag (33), Verwaltung/Finanzen
Wolfgang Rakers (33), Text
Johann Burmann (29), Layout

Kundenliste:

Amt für Wirtschaftsförderung, Osnabrück
Gesamt-Dienstleistung GE

Auswahl-Verlag GmbH, Münster
Baustoffe und Tapeten
Sesam Isola, Kalomur
Tapeten-Gesamt-Sortiment GE

Batania Spezereien GmbH, Kulmbach
Gewürze, Produkt-Entwicklung GE

D. Buß GmbH & Co. KG, Ottersberg
Konserven und Fertiggerichte GE

**Casala-Werke,
Carl Sasse GmbH & Co. KG,** Lauenau
Möbel: Wohnmöbel, Schulmöbel, Objekt-Einrichtungen GE

Kurverwaltung Bad Driburg, Bad Driburg
Kurangebot/Gesundheit
Gesamt-Angebot GE

**Bad Driburger Brunnen
Caspar Graf von Oeynhausen-Sierstorpff,** Bad Driburg
Getränke: Heilwasser, Mineralwasser, Erfrischungsgetränke GE

Iroquois GmbH, Osnabrück
Chemische Industrie
Gesamt-Sortiment GE

Kabelmetal, Osnabrück
Sanitär- und Heizungstechnik
PRECU Fußbodenheizung
SANCO Kupferrohre
WICU Kupferrohre GE

Klasmann Werke, Geeste
Torf, Düngemittel GE

Osnabrücker Aktien-Bierbrauerei, Osnabrück
Bier-Gesamt-Sortiment GE

Riedel-de Haen AG, Seelze
Chemische Industrie
Gesamt-Sortiment GE

Westfälische Fleischwarenfabrik Stockmeyer GmbH & Co. KG, Füchtorf
Fleisch und Wurst
Gesamt-Sortiment GE

Utz GmbH, Schüttorf
Lager- und Transportsysteme
Gesamt-Sortiment GE

H.W. Schlichte, Steinhagen
Spirituosen
Geschenkpackungs-Programm
Media-Abwicklung TE

Gewürzwerk Raps & Co., Kulmbach
Industrie-, Handwerks-, Verbraucher-Gewürze TE

HUMMEL Markenkonzeption für Deutschlands führenden Reiseveranstalter für Bahn- und Autourlaub

DREI KRONEN Entwicklung von Markenprogrammen und Verkaufsförderungsaktionen für einen bedeutenden Hartwaren-Sortimenter.

Gestaltung der Kataloge und der klassischen Werbemittel

ESSELTE Profilierung eines internationalen Unternehmens für Organisationssysteme.

NASHUA KOPIERSYSTEME

INTERNATIONALE **SPIELBANKEN** HANNOVER BAD PYRMONT

F.D.P. Die Liberalen

TOSTMANN WERBEAGENTUR GMBH

Siegesstraße 4 · Postfach 59 27 · 3000 Hannover
Telefon (05 11) 81 90 16–19

Gründung 1961

Stammkapital 300.000 DM

Mitarbeiter
am 1. 9. 1982: 20

Geschäftsführende Gesellschafter
Lotte Tostmann
Peter Winzen

Geschäftsleitung
Peter Winzen
Gerd Leßmann
Dieter Schwarz
Fritjof Vogt

Klienten

DEUTSCHE ZENTRALE FÜR TOURISMUS

DREI KRONEN
Hartwaren-Sortimenter

ESSELTE DYMO
Geschäftsbücher und Büroorganisation

EXPERTEN GRUPPE
ORIENT TEPPICHE

F.D.P.
Landesverband Niedersachsen

HAHNENKLEE
Ferienpark Werbung

HARZER VERKEHRSVERBAND

HEILBÄDERVERBAND
Niedersachsen

HUMMEL-REISE

MARLEY
Kunststoffrohre und Falttüren

DIVERSE MINISTERIEN UND FREMDENVERKEHRSORTE
in Niedersachsen

NASHUA
Kopiersysteme

OKAL-GRUPPE
Fertighäuser

SCHLÜTERSCHE VERLAGSANSTALT

SPIELBANKEN
Hannover und Bad Pyrmont

STEPHAN-SÖHNE
Nahrungsmittel Maschinen

TUI
Touristik Union International

Tostmann GmbH bietet alle Werbeagentur-Dienstleistungen an: Marketingberatung, Konzeption und Gestaltung, Mediaplanung und -abwicklung sowie Reinzeichnung und Produktionsüberwachung.

Im Mittelpunkt steht die kreative Leistung, flankiert durch anspruchsvolle technische Einrichtungen wie Reinzeichnungs-Atelier, Lithomontage, Lichtsatz, s/w-Labor sowie ein gut ausgestattetes Fotostudio für die Umsetzung.

Dies gewährleistet in der Realisationsphase ein hohes Maß an Qualität, Flexibilität und Unabhängigkeit insbesondere für solche Klienten, die Wert auf Schnelligkeit im Tageszeitungsgeschäft, in der Prospekt- und Katalogherstellung oder im Direct-Mail legen.

Betreuung des führenden deutschen Fertighaus-Herstellers.

STEPHAN Positionierung des Maschinenprogramms für die Nahrungsmittel-Herstellung.

schlütersche
Verlagsanstalt und Druckerei

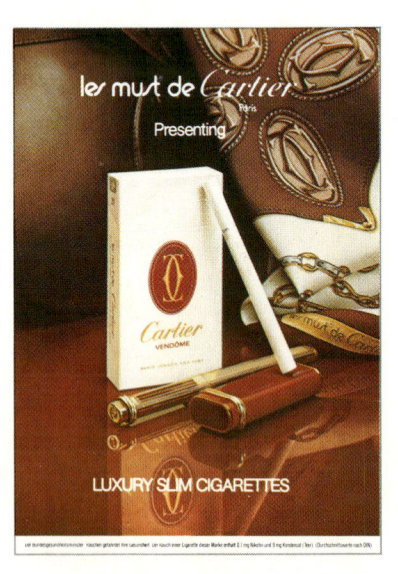

UNICONSULT
Gesellschaft für System-Kommunikation mbH
Mitglied der internationalen FCB Gruppe

UNICONSULT
Gesellschaft für System-Kommunikation mbH
Mitglied der internationalen FCB Gruppe

UNICONSULT arbeitet im Gesamtbereich kommerzieller Kommunikation auf der Grundlage strategischer Systeme, deren kreative und organisatorische Realisation wahlweise einzeln oder integriert durch ihre – in sich homogenen – Service-Divisions wahrgenommen werden.

Gesellschafter:	Uwe-Jens Zimmermann
	FCB Foote, Cone & Belding
Geschäftsführer:	Uwe-Jens Zimmermann
	Karl Fischer
	Dipl. Volkswirt Manfred Große
Leitende Mitarbeiter:	
Kreativdirektion:	Thomas R. P. Mielke
Artdirektion:	Klaus Burkhardt
Gründung:	1966
Stammkapital:	DM 200.000
Etatvolumen 1981:	DM 35 Mio
Etaterwartung 1982:	DM 35 Mio
Gegenwärtige Mitarbeiterzahl:	34
Etatgrößen:	
über 3,0 Mio:	30% der Etats
zwischen 500.000,- und 3,0 Mio:	50% der Etats
unter 500.000,-:	20% der Etats

Auszug aus der Kundenliste
Stand 1. Juli 1982

Institutionen
CMA Centrale Marketinggesellschaft der deutschen Agrarwirtschaft mbH (TE)
Griechische Zentrale für Fremdenverkehr
Presse- und Informationsamt des Landes Berlin (TE)
Senator für Bau- und Wohnungswesen des Landes Berlin
Senator für Schulwesen, Jugend und Sport des Landes Berlin
Senator für Wirtschaft und Verkehr des Landes Berlin
Senator für Wissenschaft und Kulturelle Angelegenheiten des Landes Berlin
Wirtschaftsförderung Berlin GmbH
Verkehrsamt Berlin

Handel und Dienstleistungen
Air Berlin USA
Berliner Bank AG
Capitol Air
Ischia Reisedienst
Kurfürstendamm Reisebüro
Plaza SB-Warenhausgesellschaft (TE)
Hotel Steigenberger, Berlin
Tetra Pak (TE)

Investitionsgüter
Borsig GmbH
DIAG Deutsche Industrieanlagen GmbH
Kaiser Aluminium Kabelwerke GmbH
Th. Kohl KG Apothekenbau, Regensburg

Konsumgüter
Berliner Kindl Brauerei AG
Martin Brinkmann AG (Marken: Cartier, Cartier Vendôme, Condor, Neuentwicklungen)
Gillette Deutschland GmbH (TE)
Pfanni-Werke (TE)

UNICONSULT Gesellschaft für System-Kommunikation mbH · Lassenstraße 11–13 · 1000 Berlin 33 · Tel. (030) 825 50 01 · Telex 185 571

Niederlassungen FCB Foote, Cone & Belding/Carl Byoir & Associates
AMSTERDAM · ATHEN · ATLANTA · BARCELONA · BEIRUT · BERLIN · BOSTON · BRÜSSEL · CHICAGO · DURBAN · FRANKFURT
HAMBURG · HONGKONG · HOUSTON · JOHANNESBURG · KAPSTADT · KOPENHAGEN · LISSABON · LONDON · LOS ANGELES · MADRID
MELBOURNE · MEXICO CITY · MONTREAL · NEW YORK · PARIS · PHILADELPHIA · PHOENIX · ROM · SAN FRANCISCO · SAN JUAN
SAO PAULO · SINGAPUR · STAMFORD · STOCKHOLM · SYDNEY · TORONTO · WASHINGTON

WÄCHTER WERBEAGENTUR *

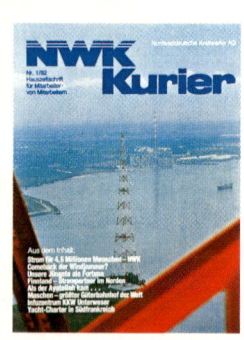

Wächter Industrie- und Wirtschaftswerbung GmbH

Außer der Schleifmühle 65, Postfach 10 04 29
2800 Bremen 1
Telefon: 0421/32 05 03, Telex: 02 45 396

Gründung:	1948
Stammkapital:	100.000 DM
Zahl der Mitarbeiter am 31.12.1981	39
Gegenwärtige Mitarbeiterzahl:	39
Davon: Kontakt	7
Atelier	7
Text	2
Media	2
Produktion	2
Marktforschung	1
Verwaltung	9
Sonstige	4
Auszubildende	5
Zahl der Kunden:	26
Zahl der Etats:	47

Inhaber/Gesellschafter:
E. H. Wächter
Rita A. Wächter
Otto H. Koschnick

Leitende Mitarbeiter:
I. Lorke, Verwaltung
U. Vandreier, Produktion
R. Müller, Media
E. Werner, Reinzeichnung
I. Hoffmann, Atelier

Ständiger freier Mitarbeiter:
Dipl.-Psychologe Erich C. Kuller

Mitglied:
WDW Wirtschaftsverband Deutscher Werbeagenturen
GFK Gesellschaft für Konsumforschung, Nürnberg

Kunden:

Bayer AG, Leverkusen
Bayflex/Bayfit/ Moltopren/ Kautschuk

BREMER VULKAN
Schiffbau und Maschinenfabrik

BWK, BREMER WOLLKÄMMEREI AG

BÜRO BREMEN WERBUNG   TE

DEGOHA Deutscher Hotel- und Gaststättenverband,
Bonn-Bad Godesberg
Aktion: "Gemeinsam für mehr Gastlichkeit"

DONUT LAND
Gebäck- und Restaurant GmbH,
Alzenau

EWE Energieversorgung Weser-Ems, Oldenburg

**FABER-Jalousien,
solarflor-Lamellenvorhänge**
Karl H. Blöcker

Fugger Liköre
STEINACKER KG, Berlin

GUSTAV F. GERDTS KG, Bremen
Armaturen (Med.)

HAARMANN & REIMER GMBH,
Holzminden
Geruchs- und Geschmackstoffe   TE

HAG GF
Vertriebs-GmbH & Co. oHG,
GOLDENE TASSE HAG GF
GASTRONOMIE SERVICE,
Bremen

HARTING ELEKTRONIK GMBH
Gesamtetat Europa
elektronische Bauelemente
elektronische Zigarettenautomaten

Firmengruppe
D. HEGEMANN & AUGUST REINERS, Bremen
Schiffswerft/Bauunternehmen

IHR PLATZ Filialkette,
Osnabrück

IZE Informationszentrale der
Deutschen Elektrizitätswirtschaft e.V., Bonn

MEISTERMARKEN-WERKE GmbH, Bremen
Naue Fasertechnik, Espelkamp

NUK Babyartikel, Klinik- und Fachhandelwerbung
mapa GmbH, Zeven

OLDENBURGISCHE LANDESBANK AG

PABST & RICHARZ GMBH & CO., Weinbrennerei, Elsfleth

STADTWERKE HANNOVER AG

WIRTSCHAFTSFÖRDERUNGS-GESELLSCHAFT WESER-JADE MBH, Bremen

Public Relation:

NWK NORDWESTDEUTSCHE KRAFTWERKE AG, Hamburg

PARACELSUS-KLINIKEN
Deutschland/USA

VDS Verband der Deutschen Schiffbau-Industrie e.V., Hamburg

ZEISS IKON PROFILZYLINDER UND SCHUTZBESCHLAG AUS STAHL.
ZEISS IKON

Zwischen teuren Kopien und zeitraubenden Druckereifahrten klafft eine 67-Zentimeter-Lücke.
OFFSETTA II von Rotaprint
67 cm
Hatten Sie gedacht, wieviel Zeit und Geld Ihnen 67 Büro-Zentimeter sparen können?
67 cm
Denn die Offsetta II von Rotaprint ist mit ihren 67 Zentimetern die ideale Ergänzung zu ihrem Kopierer. Ab einer Auflage von etwa 20 Stück ist sie Ihrem Kopierer in Zeit und Wirtschaftlichkeit weit überlegen.
Dabei ist die Offsetta II fast so einfach zu bedienen und problemlos aufzustellen, wie ein Bürogerät. Sie ist robust und langlebig, wie Sie es von einem erfahrenen Druckmaschinen-Hersteller wie Rotaprint erwarten können.
So ist die Offsetta II die logische Entscheidung z. B. für Behörden und Industrie, für Handel und Verbände, für Schulen, Universitäten und Institute. Also überall, wo häufig und schnell kleine und mittlere Auflagen zu bewältigen sind.
Fassen wir zusammen: die Offsetta II ist das schnellste Büro-Drucksystem. Und sie kommt von Rotaprint.
Weitere Informationen von Rotaprint GmbH, Reinickendorfer Straße 46, 1000 Berlin 65.
Rotaprint
Absender:

Um eine FUJI FX-I zum Rauschen zu bringen, müssen Sie schon das Verdeck aufmachen.
Die neue FUJI FX-I ist die ideale Auto-Cassette. Weil sie eine Normal-Cassette ist, wenn auch keine gewöhnliche (d.h. Ihr Auto-Cassettengerät braucht keine CrO_2-Schaltung). Und weil sie das Rauschen Ihrem Fahrzeug überläßt. Und dem Fahrtwind. Und dem Ausstellfenster. Und dem Verdeck. FUJI macht die Musik, Geräusche überlassen wir dem Auto. Basta aus.
Spaß beiseite. Das Rauschen ist eine bei Cassetten weit verbreitete Unsitte, der Einhalt zu gebieten es schon lange an der Zeit war. Denn das Grundrauschen bestimmt – zusammen mit dem maximalen Ausgangspegel – den Dynamikbereich. Gemessen in Dezibel ist dies derjenige Bereich, der von den leisesten und den lautesten ohne Verzerrungen aufnehmbaren Tönen markiert wird. Je weiter dieser Bereich ist, desto näher kommt die Aufnahme dem Original. Wir fanden, Original und Aufnahme könnten sich ruhig etwas näher kommen. Also haben wir unserer FX-I das Rauschen verboten und ihren maximalen Ausgangspegel drastisch erhöht.
Gradlinigkeit ist eine Frage des Charakters. Da unterscheiden sich Menschen und Cassetten nur geringfügig. Die FX-I zeigt sich hier von ihrer stärksten Seite: sie brilliert über den gesamten Frequenzbereich mit einer Ebenmäßigkeit, von der sich selbst Bundesautobahnen einige Kilometer abschneiden könnten.
FX-I
Standard low noise tape
maximaler Ausgangspegel
Frequenzgang
Pegel Grundrauschen
Output (dB)
Frequenz (Hz)
Fuji pure Ferrix-Partikel
PURE-FERRIX. Entscheidend ist die Oberfläche. Hier wiederum unterscheiden sich Straßen und Cassetten nur geringfügig. Die FX-I setzt auch in diesem Bereich neue Maßstäbe: ihre Beschichtung basiert auf dem FUJI-PURE-FERRIX-Material, das sich durch seine außergewöhnlich gleichförmigen und optimal angepaßten Teilchen auszeichnet; genauer gesagt, durch deren großes Längen-/Breitenverhältnis, welches wiederum verantwortlich ist für die hohe Sättigungskapazität. Ende des Satzes.
Derlei Eigenschaften sind schlichtweg einmalig für ein Tonband, das für die Verwendung bei normaler Vormagnetisierung und 120 µs Entzerrung entwickelt wurde.
FUJI FILM
Wenn Sie mit uns der Meinung sind, daß musikalische Wiedergabequalität nicht am Trittbrett Ihres Fahrzeuges enden sollte, dann rauschen Sie am besten gleich zu Ihrem nächsten FUJI-Händler und besorgen sich Ihre neue Auto-Cassette.
FUJI FX-I 60
FUJI FX-I C-60
Wenn nicht, lassen Sie uns den Sieger wissen, wenn Ihr Auto und Ihre Cassette weiterhin um die Wette rauschen.
All-Akustik Abt. A Eichsfelder Straße 2 all-akustik 3000 Hannover 21 Telefon (0511) 795072 Telex 923974 all d

Werden Sie Bankier.
GRUNDKREDITBANK
Werden Sie Teilhaber der GrundkreditBank, der zweitgrößten Berliner Genossenschaftsbank. Die GrundkreditBank gehört ausschließlich ihren Mitgliedern, bisher knapp 20.000 Kunden.
Mit Ihnen wären wir einer mehr, mit dem wir Mitsprache und Jahresgewinn teilen. Bis zu einem Beteiligungsbetrag von DM 1.500,- erhielten Sie in den vergangenen Jahren einen Ertrag von 10%.
Wenn also Ihre Bank auch Ihre Bank werden soll, dann studieren Sie in Ruhe unseren Mitglieder-Prospekt, sprechen Sie mit Ihrem Kundenberater, werden Sie Bankier.
Finden Sie den Unterschied.

ARCUS in Zahlen. Modelle: 9, Testsiege: 11, Halle 8, Stand 8 A 21.
arcus
TL 200

Lange Nächte Lange Finger
Mehr Sicherheit Zeiss Ikon Schloss
ZEISS IKON

Fürs Bausparen gibt's weiter ▮▮▮▮▮▮.
Mitmachen! 10000,- Mark gewinnen!
TEILNAHMEKARTEN HIER!
LBS Landes Bausparkasse
Bausparkasse der Sparkasse

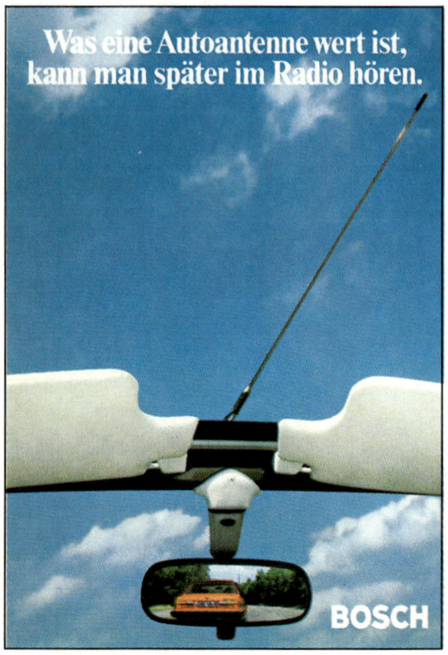
Was eine Autoantenne wert ist, kann man später im Radio hören.
BOSCH

STATT VORWORT.

Weil alle Agenturen das gleiche versprechen, versprechen wir nichts: nicht reden – handeln. Wie wir handeln, wenn wir handeln, sagt Ihnen dieser kurze Abriß. Was dabei herauskommt, sehen Sie links.

VIEL DENKEN.

Wer Werbung macht, sollte vor gute Ideen, vor bunte Bilder und nette Headlines zunächst einige klare Gedanken stellen. Wir tun das. Denn Werbung ist ein komplexes Gebilde. Nicht nur wegen ihrer vielfältigen Aufgaben. Nicht nur durch neue Medien, engere Märkte und sich wandelnde Erkenntnisse.

Werbung ist vielmehr auch deshalb so komplex, weil sie gleichermaßen auf Verstand und Wissenschaft als auch auf spontanen Ideen, auf Empfindungen und Kreativität beruht. Diese beiden grundverschiedenen Bereiche angemessen zu berücksichtigen und sinnvoll zu verbinden, ist unser Ziel.

Denn die Werbung, die Sie von uns erwarten, soll etwas bewirken: sie soll informieren, Interesse wecken, Einstellungen und Images korrigieren oder festigen. Ihren Bekanntheitsgrad erhöhen. Und sie soll mit dazu beitragen, Ihren Umsatz zu erhöhen bzw. zu sichern.

Diese Ziele müssen vor Beginn unserer Arbeit definiert sein. Ohne klare Marketing-Vorstellungen, ohne Unternehmensziele und exakte Produktpositionierungen wäre jeder Werbeerfolg reiner Zufall. Denn wer könnte zuverlässig den richtigen Weg beschreiben, ohne das Ziel zu kennen?

Erst anhand Ihrer Vorgaben – an deren Formulierung wir bereits häufig beteiligt sind – beginnt unser Denken. Viel Denken. Nicht in bunten Bildern, nicht in einzelnen Textideen. Sondern konzeptionell. Übergeordnet, langfristig, umfassend:

! Die Positionierung Ihres Unternehmens bzw. Ihrer Marke muß klar und, soweit möglich, einzigartig sein.

!! Ihr Produkt muß ein Versprechen geben. Sein Vorteil muß gezeigt und begründet werden. Unsere Werbung soll überzeugen – nicht überreden.

!!! Produkt und Marke müssen ausreichend klar kommuniziert werden. Die auffälligste Anzeige hilft nichts, wenn niemand behält, daß sie von Ihnen ist.

Solche Konzeptionen sind per Definition langfristig angelegt. Sie wirken langfristig und bewirken Langfristiges.

Unternehmen, die von der Hand in den Mund leben, sind daher nicht unsere Partner.

Weil Werbung als Instrument komplex ist, braucht sie ein professionelles Gedankenwerk. Im Sinne eines sicheren Fundaments.

Weil Werbung sich aber an Menschen richtet, braucht sie eine sensible Umsetzung. Im Sinne eines attraktiven Gebäudes.

MEHR EMPFINDEN.

Wer eine Anzeige rezipiert, denkt nicht nur. Er empfindet auch. Hat er bei Ihrer Anzeige ein positives Gefühl, so hat er zu Ihrem Produkt ein positives Gefühl.

Fühlt er sich unterhalten, liest er weiter. Langweilt er sich, blättert er um.

Alle Sympathien, die er einer schönen Darstellung, einer intelligenten Idee oder einem interessanten Text entgegenbringt, überträgt er auf Ihr Produkt. »Kleider machen Leute« funktioniert nicht im Verstand, sondern im Gefühl.

Diese Gefühle zu wecken, bedarf es Kreativität.

Kreativität verstehen wir in ihrer ursprünglichen Bedeutung: schöpferisch. Wie es im Duden steht.

Schöpferisch im Sinne von ungewöhnlich, ästhetisch und reizvoll; interessant und intelligent. Und nicht trotzdem, sondern gerade deswegen verstehbar und nachvollziehbar. Eben schöpferisch im Sinne und Interesse derer, die dieser Kreativität ausgesetzt sind: der Menschen, also Ihrer Kunden.

Weil Werbung also in erster Linie das Gefühl anspricht, müssen wir die Ziele und Wege, die wir mit dem Kopf erarbeitet haben, entsprechend umsetzen: Wir müssen selbst empfinden und fühlen, müssen unsere Lösungen so frei und spielerisch finden, wie sie später die Allgemeinheit empfindet. Wir müssen Menschen bleiben. Mit Stimmungen und Schwankungen. Mit Hochs und Tiefs, mit Stärken und Schwächen.

Weil wir unsere Kunden und deren Kunden als Menschen sehen, möchten wir auch, daß Sie uns als Menschen sehen. Denn auf dieser Basis bringen Arbeit wie Zusammenarbeit Ihnen und uns den meisten Spaß und den größten Erfolg. Beides ist unverzichtbar.

BESSER MACHEN.

Das Ziel zu definieren, ist eine Sache. Den besten Weg zu finden, eine zweite. Den gewählten Weg auf die geeignete Weise zurückzulegen, ist die dritte. Denn keine logische Überlegung, keine brillante Idee überlebt eine miserable Realisation.

Ihre Werbemittel müssen perfekt sein. Denn sie müssen bestehen gegen eine Unzahl von anderen Reizen. Besser: sie müssen sich hervorheben. Durch Schönheit, Individualität, Interessantheit und Perfektion. Pfusch und falsche Sparsamkeit in der Produktion sind der Tod jeder guten Idee.

Unser produktionstechnischer Standard darf daher nie in Frage gestellt werden.

VIEL DENKEN.
MEHR EMPFINDEN.
BESSER MACHEN.

Sie wissen jetzt ein wenig über uns. Theoretisch. Wenn Sie wissen möchten, wie die Praxis aussieht, dann hilft die Deutsche Bundespost. So oder so oder so.

Die W. A. F. Werbegesellschaft mbH
Klaus-Groth-Straße 8, 1000 Berlin 19
Telefon: 030 / 302 50 85, Telex 184 263

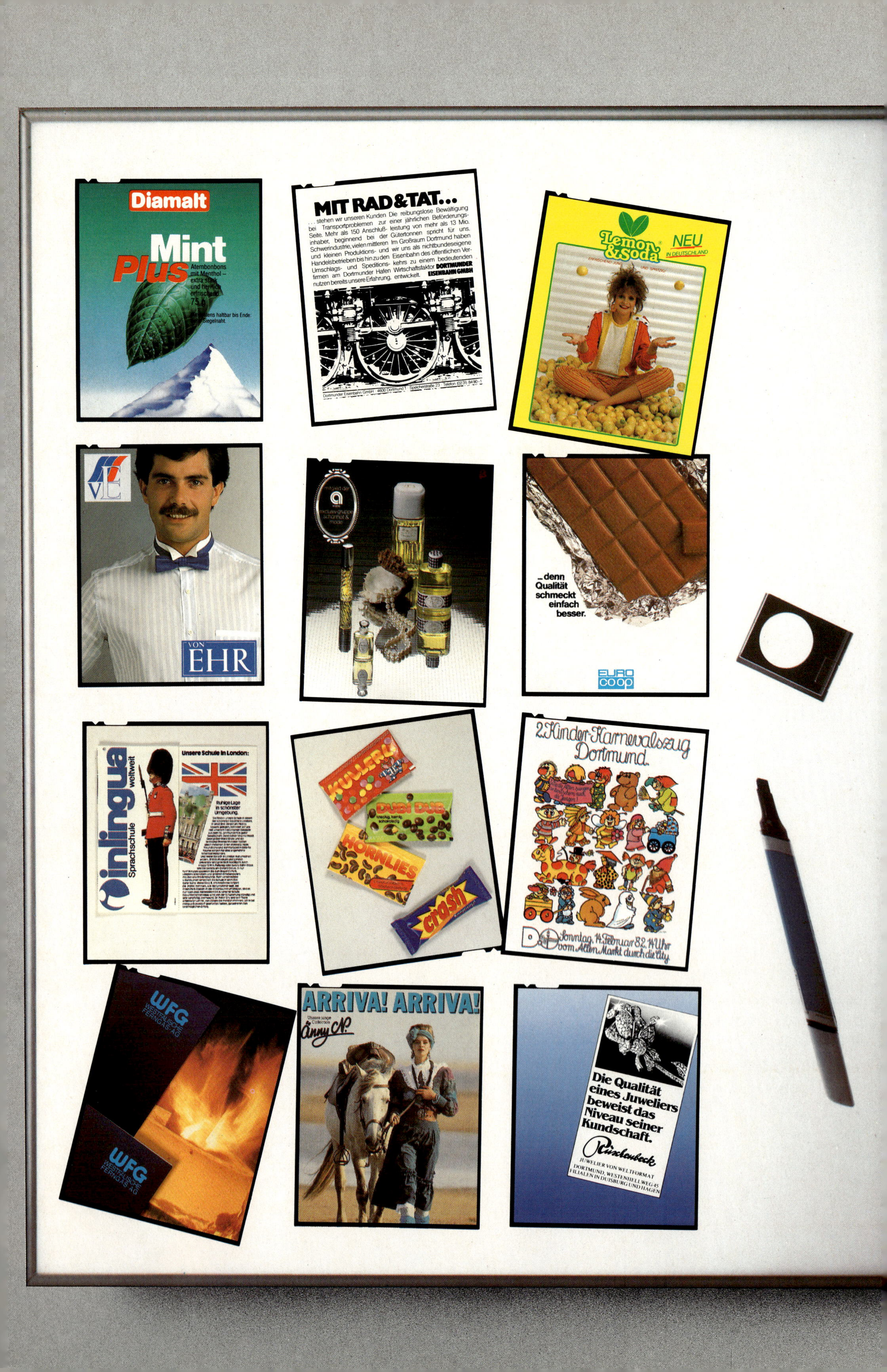
Diamalt
Mint Plus
MIT RAD & TAT...
... stehen wir unseren Kunden bei Transportproblemen zur Seite. Mehr als 150 Anschlußinhaber, beginnend bei der Schwerindustrie, vielen mittleren und kleinen Produktions- und Handelsbetrieben bis hin zu den Umschlags- und Speditionsfirmen am Dortmunder Hafen nutzen bereits unsere Erfahrung.
Die reibungslose Bewältigung einer jährlichen Beförderungsleistung von mehr als 13 Mio. Gütertonnen spricht für uns. Im Großraum Dortmund haben wir uns als nichtbundeseigene Eisenbahn des öffentlichen Verkehrs zu einem bedeutenden Wirtschaftsfaktor entwickelt.
DORTMUNDER EISENBAHN GMBH
Lemon & Soda
NEU IN DEUTSCHLAND
VON EHR
...denn Qualität schmeckt einfach besser.
EURO coop
inlingua weltweit
Sprachschule
Unsere Schule in London:
Ruhige Lage in schönster Umgebung.
DUBI DUB
HORNLIES
crash
2. Kinder-Karnevalszug Dortmund.
Sonntag, 14. Februar 82, 14 Uhr vom Alten Markt durch die City.
WFG
WESTFÄLISCHE FERNGAS AG
ARRIVA! ARRIVA!
Anny N.
Die Qualität eines Juweliers beweist das Niveau seiner Kundschaft.
Rüschenbeck
JUWELIER VON WELTFORMAT
DORTMUND, WESTENHELLWEG 45
FILIALEN IN DUISBURG UND HAGEN

WDD

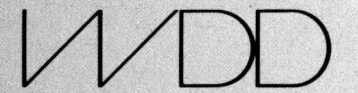

Marketing- und Werbeagentur
Betenstraße 3–5
4600 Dortmund
Tel. (0231) 528745
FS 822227

Gründung: 1968
Stammkapital: 250.000
Umsatz 1981: 27,5 Mio.
Durchschnittsalter: 35
Pro-Kopf-Umsatz: 687.500

Zahl der Mitarbeiter: 40
Kontakt 9
Atelier 8
Text 3
Media 5
Produktion 4
Repro 1
Satz 1
Verwaltung 4
Sonstige 5

Zahl der Kunden 20

Zahl der Etats:
seit über 2 Jahren 6
seit über 5 Jahren 6
seit über 10 Jahren 8

Etatverteilung:
Verbrauchsgüter 5
Gebrauchsgüter 3
Dienstleistungen 4
Institut. Werbung 2
Personaletat 6

Inhaber/Gesellschafter:
Horst Dettmar, Geschäftsführer
Ruth Dettmar

Leitende Mitarbeiter:
Geschäftsleitung:
Jürgen Steinhoff,
stellv. Geschäftsführer
Ingolf Knothe,
Prokurist

Gruppenleitung:
Ute Jutta Hoppe
Reinhold Levermann

Art Direction:
Michael Grunwald
Karl-Heinz Schmidt

Media:
Werner Oehlbeck

Produktion:
Friedhelm Wördehoff

Finanzen/Buchhaltung:
Rolf Kunitz

Mitglied im Wirtschaftsverband
Deutscher Werbeagenturen (WDW)
e.V., Düsseldorf

Kundenliste:
Absorbtions-
und Wärmetechnik GmbH,
Pfungstadt GE

aldro GmbH & Co. KG,
Rendsburg GE

Deutsche Chefaro Pharma GmbH,
Lünen PE

Dortmunder Ritterbrauerei,
Dortmund PE

Euro-Coop, Schokoladen-
und Zuckerwarenfabrik,
Dortmund GE

GERWI
Dortmund u. Münster GE

inlingua Sprachschulen TE

KATAG AG, gruppe top textil,
Bielefeld TE

Mode Monte Carlo von Ehr GmbH,
Bad Säckingen GE

Pierre Aurel,
Rendsburg GE

Presse- und Informationsamt
Stadt Dortmund GE

Rüschenbeck,
Dortmund, Hagen, Duisburg GE

Ruhrtaler
Verbandstoff-Fabrik
Paul Danz & Co.
Wetter PE

Schuster & Co., GmbH & Co. KG,
Rauchwarenhandel & Kommission,
Frankfurt GE

Stahlwerk Ergste,
Ergste PE

Dr. Thiemann GmbH,
Lünen PE

Uhde GmbH,
Dortmund PE

Viator Reisen,
Dortmund TE

Westfälische Ferngas AG,
Dortmund GE

Ausstellungsgesellschaft
Westfalenhalle GmbH,
Dortmund GE

WENSAUER & PARTNER
WERBEAGENTUR

WENSAUER & PARTNER
Werbeagentur GmbH

Franklinstraße 3, Postfach 40 09 40
7000 Stuttgart 40
Telefon 07 11/82 20 22–24
Telex 07 252103 wpw d

Wir sind eine **inhaberorientierte Beratungs- und Gestaltungs-Agentur** in überschaubarer Größe und mit dem Engagement, gute Kunden zu gewinnen. **Wir packen kräftig mit an. Was wir machen, machen wir mit größtem Einsatz und dem Willen zur Qualität.**

Wir arbeiten **hart am Produkt und an der Basis, ausschließlich marketing-orientiert.** Denn ohne Marketing läuft nichts, nicht im Kleinen und nicht im Großen.

Weil Verkaufsförderung das aktive Marketing-Instrumentarium der Zukunft ist, stehen **für uns Verkaufsförderung und handelsorientiertes Denken im Vordergrund.** Dabei denken wir nicht an das berühmte bundesweite Gewinnspiel, sondern an **speziell auf den Markt und die Handelspartner zugeschnittene Maßnahmen.**

Bei uns gibt es **keine Kontakter, sondern die Kreativen beraten ihre Kunden direkt.** Also kein Informationsdurcheinander und keine kostentreibenden Briefträger-Funktionen.

Media-Konzepte lassen wir von ausgewählten Media-Agenturen unter unserer Anleitung ausarbeiten. Den "kleinen" Media-Einkauf besorgen wir selbst. Produktionen führen wir durch, betrachten uns aber keinesfalls als "Produktions-Agentur".

Wir gehen **treuhänderisch** und mit der **Sorgfalt eines ordentlichen Kaufmannes** mit den Geldern unserer Kunden um.

Gründung: 1.9.1980
Durchschnittsalter: 32 Jahre

Zahl der Mitarbeiter
am 1.9.1982: 25

Davon: Text/Konzeption 4
Gestaltung/
Art-Direction 4
Traffic 3
Atelier 7
Produktion 1
Verwaltung 3
PR 1
Sonstige 2

Zahl der Kunden: 15
Zahl der Etats: 17

Inhaber/Gesellschafter:
Eberhard P. Wensauer
Roger T. Hoehne

Geschäftsleitung:
Eberhard P. Wensauer
Roger T. Hoehne
Günther Tibi

KUNDENLISTE   Juli 1982

BRAUEREI BECK & CO
Produktgruppen
Haake-Beck Pils   GE
Haake-Beck Edel-Hell   GE
C. H. Haake Kräusen Pils   TA
Haake-Beck Maibock   GE

CECEBA
Herrenwäsche, Strickwaren,
Sportswear   GE

COURREGES (Deutschland)
Frottiermode   GE

DAMOKA
Orientteppiche   GE

EGERIA INTERNATIONAL
Frottiermode   GE

ELLWANGER & GEIGER
Bankhaus   GE

ISOKLEPA
Wohnbadausstattung, Stufenmatten, Schmutzsperren   GE

KEMPEL & LEIBFRIED
Produktgruppe Redpoint
Jeans und Sportswear   GE

KODAK
Produktgruppe AV-Geräte   GE

METZLER INTERNATIONAL
Brillenfassungen   GE

PIFO
Wohnbadausstattung, Stufenmatten, Schmutzsperren   GE

REMUS
Spielwaren   GE

SNICKERS ORIGINAL
Berufskleidung   GE

WAIKO
Büromöbel   GE

ZINSER GRUPPE
Modehäuser   GE

BITTE BEACHTEN SIE AUCH DIE NÄCHSTEN ZWEI SEITEN!

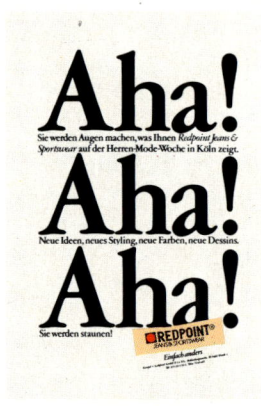

WENSAUER
& PARTNER
WERBEAGENTUR

WENSAUER & PARTNER
Werbeagentur GmbH

Franklinstraße 3, Postfach 40 09 40
7000 Stuttgart 40
Telefon 07 11/82 20 22–24
Telex 07 252 103 wpw d

In unserer Agentur gibt es eine kleine "Gruppe Textil", die recht erfolgreich für unsere Textil-Klienten arbeitet.

◀ BITTE BEACHTEN SIE AUCH DIE ZWEI SEITEN DAVOR!

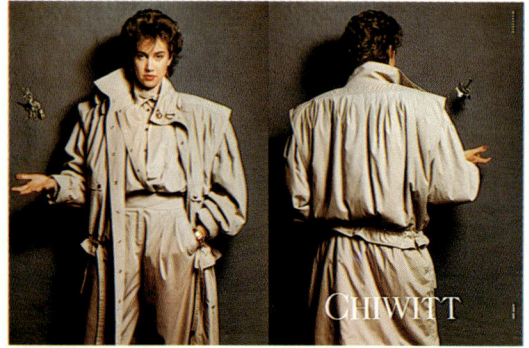

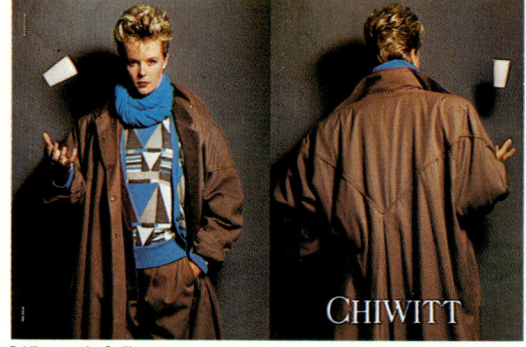

WERBUNG etc.

Publikumsanzeige 2seitig. — CHIWITT

Publikumsanzeige 2seitig. — CHIWITT

Publikumsanzeige 1seitig.

Publikumsanzeige 1seitig. — Gegen Ihre kriegen Sie unsere.

Publikumsanzeige 2seitig. — Deutschland ohne Varta-Führer. Deutschland mit Varta-Führer.

Zwei bahnbrechende Franken.
Der erste Zug. — Patrizier Pils. In einem Zug. *Frank und frei. Patrizier Bräu.*

Plakat 18/1.

Zwei berühmte Franken.
Original Dürer. — Original Patrizier. *Frank und frei. Patrizier Bräu.*

Plakat 18/1.

Poster. — LOUIS LONDON

Poster. — LOUIS LONDON

Plakat 18/1. — LOUIS LONDON

Promotion. — Schreiben Sie mit am Bier-Kochbuch vom Giessener Brauhaus. Die besten Rezepte mit Traditions Pilsner werden prämiert und mit Namen veröffentlicht. GIESSENER BRAUHAUS – Ein Bier, das Tradition hat.

Publikumsanzeige 2seitig. — Zwei von über 750 Seiten Skivergnügen.

248

WERBUNG etc.
Werbeagentur GmbH & Co.

Eschenbrünnlestraße 13, Postfach 520
7032 Sindelfingen
Telefon: 07031/87 40 41, Telex: 7 265 676 wetc d

Gründung: 1. Januar 1982	
Stammkapital: 150.000,– DM	
Umsatzerwartung 1982: 5,5 Mio.	
Durchschnittsalter: 31 Jahre	
Pro-Kopf-Umsatz 1982: 785.000,– DM	
Gegenwärtige Mitarbeiterzahl:	7
Zahl der Kunden:	8
Zahl der Etats:	11

Geschäftsführer und CD:
Dieter Brucklacher

Leitende Mitarbeiter:
alle

Kundenliste:

Allianz Kapitalanlage-gesellschaft mbH,
Stuttgart
Rentenfonds   GE

Chiwitt GmbH & Co.,
Düsseldorf   GE

Gang-Moden GmbH,
Sindelfingen   GE

Giessener Brauhaus,
Giessen   GE

Losch OHG,
Filderstadt   GE

Louis London Moden GmbH & Co.,
Sindelfingen   GE

Mairs Geographischer Verlag,
Ostfildern
Baedekers Allianz Reiseführer,
Der Große Shell Atlas,
Die Generalkarte,
Promotion Service,
Varta Führer   GE

Patrizier-Bräu AG,
Nürnberg   GE

Davon hat Marilyn Monroe geträumt.	Judy Garland wäre in Ohnmacht gefallen.	Vivian Leigh bekäme Herzklopfen.

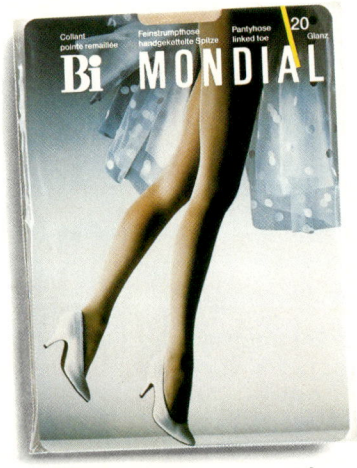

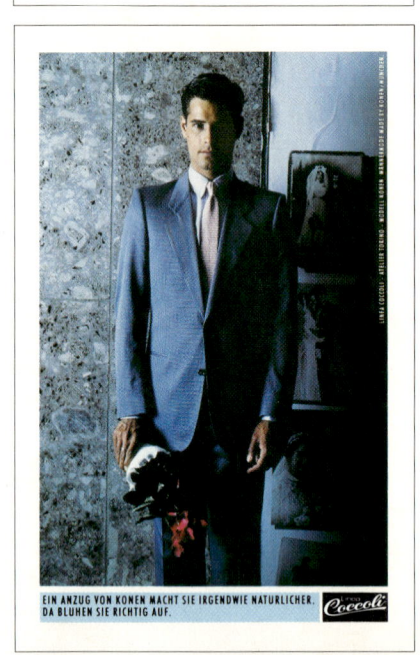

Nur 5,50

Nur 4,50

Nur 6,00

EIN ANZUG VON KONEN MACHT SIE IRGENDWIE NATÜRLICHER. DA BLÜHEN SIE RICHTIG AUF.

If you can't land short, you won't be landing long.

With airfields priority targets in any war, the ability to land and take off on shortened runways is critical.

Which is why Turbo-Union developed their 3-spool turbofan RB 199 not only with a 100% boost reheat system for short take-off but with an integral thrust reverser for the shortest possible landing.

The RB 199 powered Tornado can operate with a full weapon load from any airstrip no longer than 900 metres.

A new standard of performance – proved in service.

Turbo-Union is a Consortium formed by Rolls Royce of Great Britain, MTU of West Germany and Fiat Aviazione of Italy.

Turbo-Union Ltd. Head-Office: B.O. Box 3, Filton Bristol BS 127 QE, England. Munich-Office: Arabellastraße 4, D-8000 München 81, West Germany

turbounion

Ich, Graf Dracula, bereite Ihnen noch heute eine schlaflose Nacht. Wenn Sie zu **Videon** am Gärtnerplatz kommen, erwartet Sie hier die größte und grauenvollste Auswahl an Dracula-, Frankenstein-, Zombie-, Monster-, Horror- und Schocker-Filmen auf Video-Cassetten.

Videon Filmclub, München, Gärtnerplatz, Telefon 089/2 01 21 21

Machen Sie endlich Schluß mit diesem langweiligen Leben! Bei **Videon** am Gärtnerplatz finden Sie die spannendsten, schockierendsten und schönsten Kinofilme auf Video-Cassetten.

Videon Filmclub, München, Gärtnerplatz, Telefon 089/2 01 21 21

LA FINESSE DE <u>STRENESSE</u>.

LA FINESSE DE <u>STRENESSE</u>.

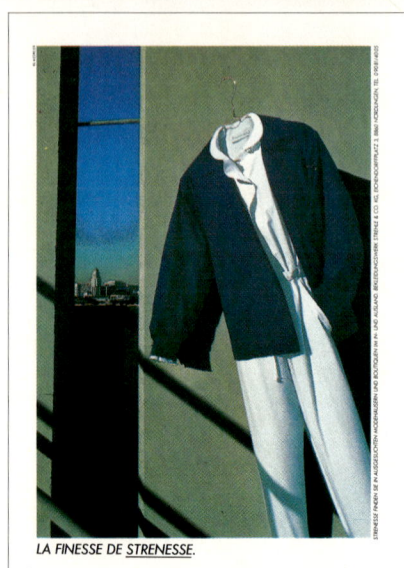

250

RG WIESMEIER

RG WIESMEIER
Werbeagentur GmbH
Maximilianstraße 30
8000 München 22
Telefon (089) 22 13 27
Telex 5 29 678 wiesm d
Geschäftsführender Gesellschafter:
Rudolf G. Wiesmeier

Kunden:
BIG PACK, Sport- und Freizeitartikel,
Bissingen
Bi Strumpffabrik GmbH, Lauingen
Deutsche Roving Vorgarnspinnerei,
Garmisch-Partenkirchen
Elefanten Schuhe, Kleve
ESS Skibindungen, Burgberg bei Sonthofen
GABOR Schuhe, Rosenheim
Carl Jaedicke Spezialfabrik für Backwaren,
Rottach-Egern
Kayser-Threde Elektronik, München
KONEN Herrenkleiderfabrik, München
Kurzentrum am Tegernsee, Bad Wiessee
MTU, München/Friedrichshafen
Panavia Aircraft, München
Plantener Ausstattungssysteme,
Fürstenfeldbruck
Turbo-Union (Fiat Aviazone, MTU,
Rolls Royce), München
Vanity Fair Homewear, New York
Videon, München

Internationale Cooperation:

The Hutton Company
20 Canning Place
London W8 5 AD

Laurent, Benichou & Associes
64, rue Fondary, 75015 Paris

Garbarski & Partners
Boulevard Lambermont 182
1030 Brüssel

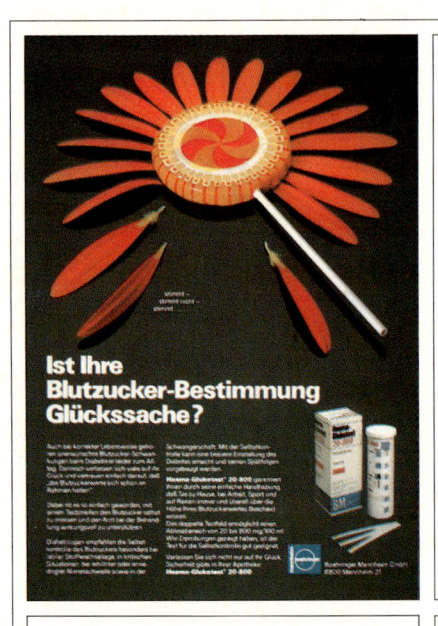

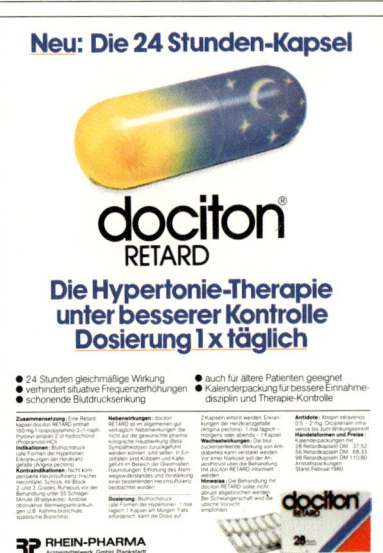

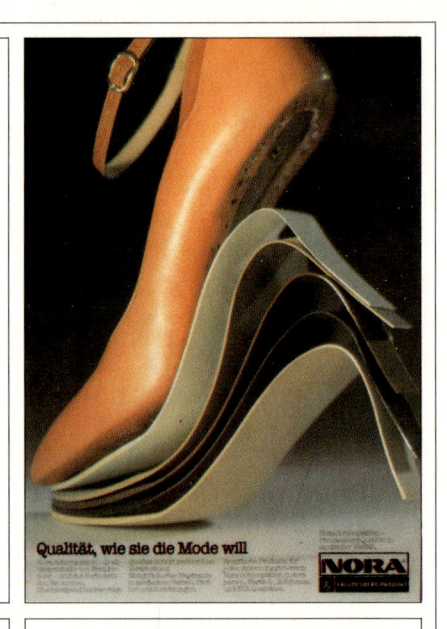

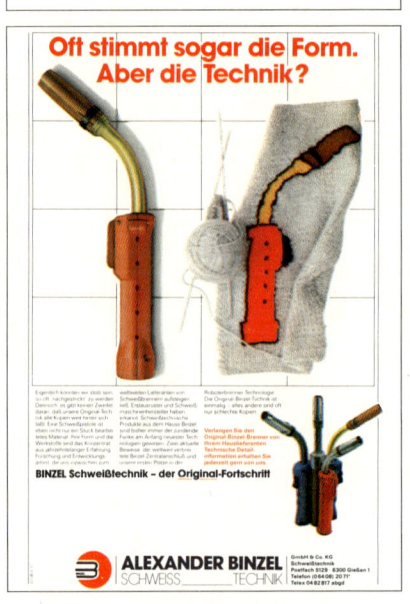

WOB-Werbeagentur
Gesellschaft für marketingbezogene Werbung
Sitz der Gesellschaft: Hirschberg a. d. B.

253

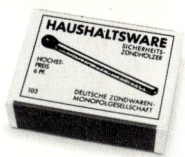

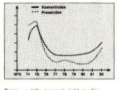

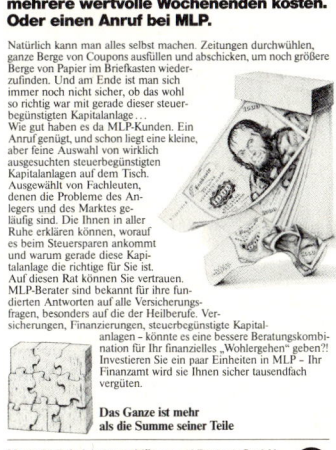

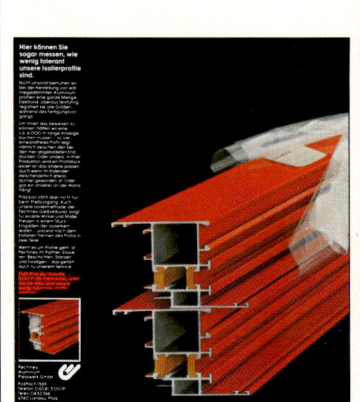

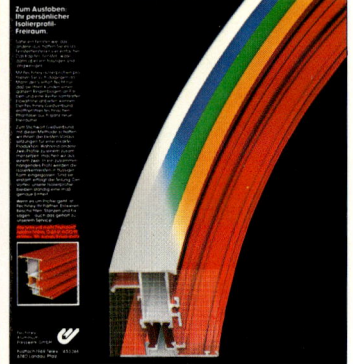

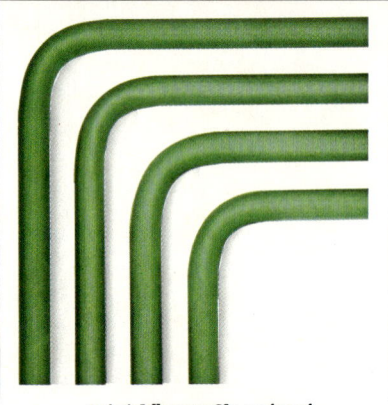

wob

WOB-Werbeagentur
Gesellschaft für marketingbezogene Werbung
ab 1.5.1983: 6806 Viernheim
Werner-Heisenberg-Straße 10

wob Werbeagentur
Gesellschaft für marketingbezogene Werbung mbH

Lilienthalstraße 3
6806 Viernheim
Telefon: 06204/4005-9, Telex: 465 423

Marketingberatung, Entwicklung und Durchführung kompletter Kommunikationsstrategien für die qualifizierte mittelständische Wirtschaft aus den Bereichen Handel, Invest, Dienstleistung und Gebrauchsgüter

Gründung: 1. April 1973
Stammkapital: 200 TDM
Umsatz 1981: Billings 14,0
Umsatzerwartung 1982:
ca. Billings 16,0
Durchschnittsalter: 29
Pro-Kopf-Umsatz 1981: 777

Etatgrößen:
zwischen 500.000,– und 1.5 Mio 48 %
unter 500.000,– 52 %

Zahl der Mitarbeiter
am 31.12.1981: 18

Gegenwärtige
Mitarbeiterzahl: 22

Davon: Kontakt 3
Atelier 7
Text 3
Media 1
Produktion 2
FFF 1
Verwaltung 3
Fotografie 2

Zahl der Kunden: 31

Zahl der Etats:
Seit über 2 Jahren 15
Seit über 5 Jahren 5

Etatverteilung:
Verbrauchsgüter 16 %
Gebrauchsgüter 64 %
Dienstleistungen 20 %

Mediaverteilung:
Publ. Zeitschriften 7 %
Fachzeitschriften 31 %
Tageszeitungen 3 %
Werbefunk 5 %
Werbefilm/Dia 4 %
Direktwerbung 12 %
Sales Promotion 35 %
PR 3 %

Inhaber/Gesellschafter:
Kurt Klein
Frank Merkel (Dipl. Kfm.)

Leitende Mitarbeiter:
GF Kurt Klein, 31
GF Frank Merkel (Dipl. Kfm.), 31
Prok. Walter Götzger, 42
HV Thomas Becker (Dipl. Des.), 31
HV Ute Lorbeer (Dipl. Des.), 36
HV Rolf Peter, 33
HV Gerhard Siegler, 31

Kundenliste: (Auszug)

Almet
Metallhalbzeuge
Düsseldorf TE

AVS KG
allgemeine Ver.-Stelle für Sachverständige,
München GE

Boehringer
Pharma
Mannheim TE

Binzel
Schweißtechnik
Gießen GE

Collan
Kosmetik
Carl Freudenberg
Weinheim GE

Dt. Gelatine Fabriken
Eberbach GE

**Briggs & Stratton –
Farymann Diesel**
Lampertheim GE

Hobas
GFK-Rohre
Basel GE

kauf gut
Einkaufsverband
Schwetzingen GE

König Elektronik
Video Software
Reichelsheim GE

Lehnert
Trennwände
Gießen GE

Marschollek, Lautenschläger und Partner
Versicherungen
Heidelberg GE

MDSI, Computer-Software,
Frankfurt GE

nmc Industrievertriebs-GmbH
Abt. Isolierungen,
Heppenheim GE

Nungesser Saaten
Darmstadt TE

PAP Aluminiumhalbzeuge
Landau GE

Pfaudler Werke AG
Tank-u. Apparate-Bau
Schwetzingen GE

Rhein Chemie Rheinau
Mannheim GE

Ring
Kommunikationssysteme
Hannover GE

Sixt
Feinmechanik
Walldorf GE

Searle Pharma
München TE

Total
Feuerlöschgeräte
Ladenburg TE

Verlag Recht + Wirtschaft
Heidelberg GE

Viledon, Luftfilter
Carl Freudenberg,
Weinheim GE

VWS-Growalit GmbH
Isoliersysteme
Hirschberg GE

Chem. Fabrik Weyl
Holzschutz
Mannheim TE

Xidex
Mikrofilme
Eschborn GE

Zur ausführlicheren Information fordern Sie doch einfach unsere Leistungsdokumentation „Zielgruppen sind auch Menschen" an.

256

WWW Woerlen Wirtschaftswerbung GmbH
Wallstraße 7, 7800 Freiburg
Telefon 0761/ 36028, Telex 772585

Werbeagentur WDW
Gründung: 1969
Stammkapital: 100.000,– DM
Umsatz 1981: 7,2 Mio DM
Umsatzerwartung 1982: 8,1 Mio DM
Durchschnittsalter: 35 Jahre

Zahl der Mitarbeiter
am 31.12.1981: 10

Gegenwärtige
Mitarbeiterzahl: 10

Davon: Kontakt 1
Marketing 1
Text 1
Grafik 3
Produktion 1
Media 1
Verwaltung 2
plus freie Mitarbeiter

Inhaber:
Karl S. Woerlen (40),
Beratung, Text

Leitende Mitarbeiter:
Marketing/Kontakt:
Wolfgang Lange (38), Prokurist
Grafik:
Dirk Waltenbauer (41)
Text:
Manfred Klier (37)
Media:
Ursula Stucky
Produktion:
Rolf Kiesselbach (38)

Kontakt-Agentur in USA:
Michel-Cather Inc.,
Two Park Ave.,
New York, N.Y. 10016

Kundenliste

M. Bäuerle, St. Georgen
Papierverarbeitungsmaschinen

Christian Binder GmbH, Tuttlingen
Schuhe

Breisgau-Haus, Staufen-Grunern
Fertighäuser

Deutz & Geldermann, Breisach
Sektkellerei

ESSILOR-EHINGER GmbH, Freiburg, Wien
Brillenfassungen, Gläser, augenoptische
Geräte

Gubor Schokoladenfabrik GmbH, Münstertal
Pralinen, Schokoladen, Bonbons

Haas, Schramberg
Spiralfedernfabriken

Hellige GmbH, Freiburg
medizin.-wissenschaftl. Apparate

Hengstler KG, Aldingen
Zählgeräte

Hengstler-Gleitzeit, Aldingen
Zeiterfassungssysteme

Institut Dr. Förster, Reutlingen
Geräte zur Werkstoffprüfung

Kieninger Uhrenfabriken KG, Aldingen
Großuhren

Kontakt-Chemie, Rastatt
Technische Sprays

Kromer, Umkirch
Fabrik für Sicherheitsschlösser

Meiko GmbH & Co., Offenburg
Geschirrspülmaschinen

Midro-Lörrach GmbH, Lörrach
Abführpräparate

Midro GmbH, Basel
Kosmetische Präparate

Siedle & Söhne GmbH, Furtwangen
Telefon- und Sprechanlagen

Schlossbrunnen Sattler KG, Schliengen-Liel
Erfrischungsgetränke

Schafheutle, Hugstetten
Schaco-Zweiglas

Südvers
Süddeutsche Versicherungsmakler GmbH,
Freiburg

Wildfang KG, Müllheim
Neoperl, Nito, Sanitärarmaturen

WVIB Wirtschaftsverband
Industrieller Unternehmen in Baden e.V.,
Freiburg

Wolber & Pfaff, Hausach
Hüte und Mützen

Maschinenfabrik Zell J. Krückels KG, Zell
Textilmaschinen

WW
WOLFF/WINDERLICH

PACKUNG   WERBUNG

ATIKA
BALM FRAICHE
BELLADY
BUERLECITHIN
DEINHARD
DR. BEST
ERNTE 23
FORMEL 3
HAG
HANDSAN

Wolff/Winderlich GmbH, Goernestraße 30, 2000 Hamburg 20, Telefon: 040/460 30 91, Telex: 02 174 870
Inhaber/Gesellschafter: Klaus Martin Wolff, Hartmut Winderlich, Klaus Meinert
Geschäftsleitung: Klaus Martin Wolff (Copy), Hartmut Winderlich (Art), Klaus Meinert (Finanzen), Brigitte Lehnert (Beratung)
Gründung: 1.4.1973, Stammkapital: 100.000,– DM, Umsatz 1981: 38.400.000,– DM, Umsatzerwartung 1982: 41.600.000,– DM
Pro-Kopf-Umsatz 1981: 1.600.000,– DM, Zahl der Mitarbeiter am 31.12.1981: 24, Gegenwärtige Mitarbeiterzahl: 25
Etatgrößen: Über 3,0 Mio 28%, zwischen 1,5 und 3,0 Mio 36%, zwischen 500.000,– und 1,5 Mio 36%

WW
WOLFF / WINDERLICH

	PACKUNG	WERBUNG
HÖRZU		✓
IKEA		✓
KABA	✓	
NIVEA	✓	
ONKO	✓	
RECRIN		✓
REEMTSMA	✓	✓
SCHERK		IN ARBEIT
SKINCLAIR		✓
TETENAL	✓	✓

Kundenliste Mai 1982
C. H. BUER GmbH, Buerlecithin Etatbetreuung (GE), Formel 3 Etatbetreuung (GE), Entwicklungsaufgaben (GE)
Wella AG, Bellady Etatbetreuung (GE), Recrin Etatbetreuung (GE), Handsan Etatbetreuung (GE), Packungsgestaltungen
Axel Springer Verlags AG, HÖRZU Leser-/Vertriebs- und Anzeigenwerbung, Etatbetreuung (GE), Entwicklungsaufgaben
H. F. & Ph. F. Reemtsma, Entwicklungsaufgaben, Packungsgestaltungen · Deinhard & Co., Cabinet Etatbetreuung
Lingner & Fischer, Dr. Best Etatbetreuung (GE), Scherk (GE), Entwicklungsaufgaben, Packungsgestaltungen
IKEA, Etatbetreuung Region Nord (GE) · Tetenal Photowerk GmbH & Co. (GE) · HAG/GF, Packungsgestaltungen

FÜR EINEN NEUEN START IN SCHWIERIGE MÄRKTE BRAUCHEN SIE PARTNER, DIE IN ALLEN DISZIPLINEN VON WERBUNG UND VERKAUFSFÖRDERUNG ERFOLGREICH* SIND.

* Wündrich-Meissen –
wir setzen auf langfristige
Partnerschaften.
Beispiel: Penaten – seit 1935
erfolgreich mit WM.

WERBEAGENTUR WÜNDRICH-MEISSEN GMBH

Gründung 1947
Umsatz 1981: 34,9 Mio
Umsatzerwartung 1982: 39,6 Mio
Mitarbeiter: 38
Zahl der Kunden: 27
Zahl des Etats: 40

Geschäftsführung:
Peter Godenrath (GF)
Dietmar Dollinger (Prok.)
Dieter Frey (Prok.)
Peter Krämer (Prok.)

Kundenberatung/Konzeption/Text:
Peter Godenrath (GF)
Peter Krämer (Prok.)
Manfred Bützer
Johann Flickinger
Frank Kleinbrahm
Bernd Lange
Günter Röder

Grafisches Atelier:
Dieter Frey (Prok.)
Marion Fischer
Thomas Mertz
Paul Orschiedt
Ralf Reidenbach

Produktion:
Peter Schwarz

Verwaltung:
Dietmar Dollinger (Prok.)

Media:
Dieter Schaumann

KUNDENLISTE

Ackermann+Schmitt, Stuttgart
Elektrowerkzeuge

Allgemeine Rentenanstalt
Lebens- und
Rentenversicherungs-AG,
Stuttgart

Autoport, Stuttgart
Süddeutschlands größter
Gebrauchtwagenmarkt.
Hahn+Spahr (VW)
Schwabengarage (Ford)
Auto-Staiger (Opel)

Auto-Staiger GmbH, Stuttgart
Opel, General Motors, Suzuki

Bauknecht Hausgeräte GmbH,
Stuttgart

Bauknecht Komplett-Küchen GmbH,
Stuttgart

Bauknecht Thermotechnik GmbH,
Stuttgart

Dr. Willy Bronnold+Co., Stuttgart
Orientteppiche

DEKRA, Stuttgart
Deutscher Kraftfahrzeug-
Überwachungs-Verein e.V.

Diät-Pils GmbH, München
(Holstenbrauerei, Hamburg,
Schultheis-Brauerei,
Weißenturm/Koblenz,
Spatenbrauerei, München,
Wicküler-Küppers-Brauerei,
Wuppertal)

Dual Vertriebsgesellschaft mbH,
St. Georgen/Schwarzwald
Unterhaltungselektronik

Dieter Grässlin,
St. Georgen/Schwarzwald
Feinwerktechnik

Haeberlein-Metzger-Edelweiß,
Nürnberg

Heuer Micro Technic,
Brügg/Schweiz

Penaten Dr. Riese & Co.,
Rhöndorf/Rhein
Gesamt-Programm

Proflax Mechanische Leinenweberei,
Laichingen
Tischdecken, Duschvorhänge

PUMA-Sportschuhfabriken
Rudolf Dassler KG, Herzogenaurach
Sportschuhe, Sportswear

Otto Riehle, Stuttgart
Fahrzeugteile

Schöller Tiefkühlkost
Nürnberg

Sonnenbühl, Wart/Schwarzwald
Kur-, Erholungs- und
Tagungszentrum

Staiger KG, Stuttgart
Großhandel Fahrräder

Strässle Datentechnik,
Stuttgart

Trend Tex fashion GmbH, Fulda
(Val. Mehler-Gruppe)
DOB, Freizeitmode

V.A.G Volkswagenwerk, Wolfsburg
TE Zubehör

Verlagsgruppe
Langen-Müller/Herbig, München
Amalthea-Verlag, Wien
Bechtle-Verlag, München/Esslingen
Mary Hahn-Verlag, Berlin
Lentz-Verlag, München
Limes-Verlagshandlung, München
Safari-Verlag, Berlin
Universitäts-Verlag, Berlin
Wirtschaftsverlag, München

Württembergische
Feuerversicherungs AG, Stuttgart

**WERBEAGENTUR
WÜNDRICH-MEISSEN
GMBH**

Kreuzotterweg 15–17, 7000 Stuttgart 31,
Telefon (0711) 861027.

Verzeichnisse

Namen	264 - 269
Firmen und Produkte	271 - 292
Anzeigenkunden	295

Namen

A
Abraham, Ulrich, 53
Achenbach, Birko, 45
Adam, Christoph, 85
Adam, Harald, 17
Ade, Peter, 135
Adelhardt, Christa, 135
Almer, Hans-Joachim R., 69
Ambach, Dieter, 131
Anselm, Günter, 147
Aschke, Achim, 33
Aschke, Peter, 33
Astner, Wolfgang, 219
Augsten, Karl-Heinz, 189

B
Baader, Fred, 95
Bach, Claudia, 189
Bär, Hansgerd, 75
Bäuerle, Dieter, 35
Baier, Günther, 65
Baier, Thomas, 147
Baisch, Raimund, 29
Bald, Heidemarie, 61
Balk, Gregor, 219
Bandert, Werner, 135
Barner, Walter, 55
Barth, Ernst, 61
Baumann, Manfred, 69
Baums, Georg, 37
Bausch, Ingeborg, 161
Becker, Thomas, 255
Beckmann, Marianne, 223
Behnken, Wolfgang, 95
Behnsen, Peter, 153
Benke, Klaus, 179
Berenfeld, Erhard, 169
Berndt, Helga, 135
Bernthaler, Elisabeth, 187
Besenbruch, Richard, 145
Besold, Heinz, 135
Dr. Bettermann, A., 189
Bieberstein, Axel, 17
Bierbaum, Heinz J., 183
Bierther, Ulrich O., 161
Bilek, Michael, 39
Blasi, Ulrich, 135
Blecher, Klaus, 99
Block, Wolfgang, 177
Blum, Marlis, 175
Blum, Wolfram, 99

Blume, Detlef, 227
Blumentritt, Detlef, 43
Bockelmann, Peter, 41
Boebel, Michael, 17
Böckel, Hans, 135
Böhm, Lothar, 21
Böning, Helmut, 95
Bogdan, Erhard, 17
Bollmann, Rolf B., 79
Bracht, Heidemarie, 79
Brinkama, Edda-Louise, 69
Brodersen, Aribert, 45
Broll, Adolf, 26
Brucklacher, Dieter, 249
Bruhn, Brigitte, 177
Büschler, Ursula, 71
Bungert, Holger, 187
Bunte, Wolfgang, 131
Burkhardt, Klaus, 237
Burmann, Johann, 233
Burow, Gerda, 135
Burow, Hans Werner, 81
Bury, Peter C., 91
Busch, Peter, 25
Buschkamp, Ilona, 181

C
Camen, Bernd, 26
Camesasca, Michael, 231
Caspari, Peter, 219
Cicic, Esad, 219

D
Deitert, Heinz Ulrich, 163
Dettmar, Horst, 243
Dettmar, Ruth, 243
Dilthey, Wernhard, 161
Dirringer, Heinz, 147
Dittrich, Walter, 121
Donauer, Friedhelm, 227
Donner, Thomas, 187
Dresbach, H., 123
Dressel, Armin, 83
Dübbers, Gerd, 175
Düx, Wulf., 141
Dupont, Hans, 213
Duvenhorst, Karin, 181

E
Eaton, Robert P., 145
Eberle, Gerd, 67

Eberle, Lotte, 67
Eck, Hartmut, 77
Eden, Barbara, 233
Effertz, Susanne, 199
Eiler, Frank, 71
Engler, Hans-Günter, 187
Erdmann, Fred T., 73
Erdmann, Gerd, 73
Ernst, Georg V., 75
Esser, H. P., 123
Esser, Peter, 67
Eysell, Hartmut, 73

F
Dr. Faltz, Ernst, 65
Fanghänel, Hartmut, 81
Fehling, Gerd, 227
Feil, Klaus, 83
Fenzl, Hannes, 113
Fietkau, Manfred, 18
Finckh, Burkhard, 167
Finke, Jürgen, 17
Fischer, Karl, 237
Flachsbarth, Klaus-Dieter, 179
Flecks, Uwe, 135
Franz, Wilhelm, 207
Frese, Friedhelm, 87
Frese, Ulrich, 87
Fricke, Jutta, 26
Fuhrmann, Rainer, 207
Funke, Michael, 26

G
Geidel, Michael, 181
Geist, Hermann, 97
Gerlach, Klaus, 121
Gess, Gisela, 135
Göldner, Werner, 33
Götzger, Walter, 255
Golatch, André Louis, 181
Gosen, Rainer von, 145
Gosse, Ulrich, 121
Gottesleben, Barbara, 99
Gottesleben, Wolfgang, 99
Graf, Dieter, 113
Graf, Gernot, 77
Graupner, Walter, 157
Gregor, Georg, 165
Grellmann, Lothar, 223
Griesmeyer, Jürgen, 215
Grimm, Klaus G., 33

An alle Kreativen, speziell an alle Packungsdesigner und Art Directors

Interprint eröffnet hiermit eine neue Ära in der Gestaltung anspruchsvoller Packungsentwürfe

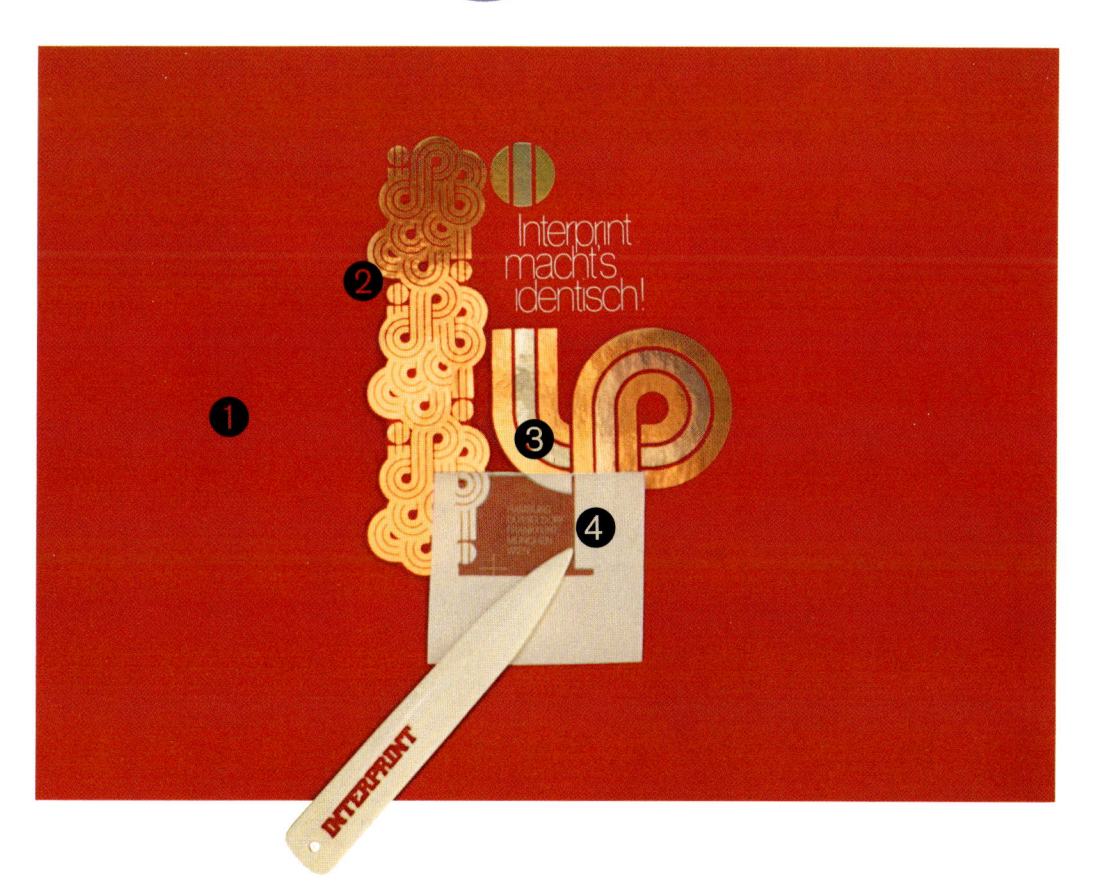

Was bisher im Vorentwurf nicht machbar war,
macht Interprint jetzt möglich:
den Packungsdummy mit der Anwendung von Gold und Silber.

Gold und Silber im Vorentwurf –
mit einem so spiegelmetallischen Glanz, wie man ihn bisher
nur mit Metallfolien oder – im Druck – mit
Heißfolienprägung erzielen konnte.

So entsteht ein Packungs-Vorentwurf:

❶ Fondfarbe: rot HKS 25. Läßt man von Interprint gleich auf den gewünschten Karton (hier: Chromolux) auftragen.

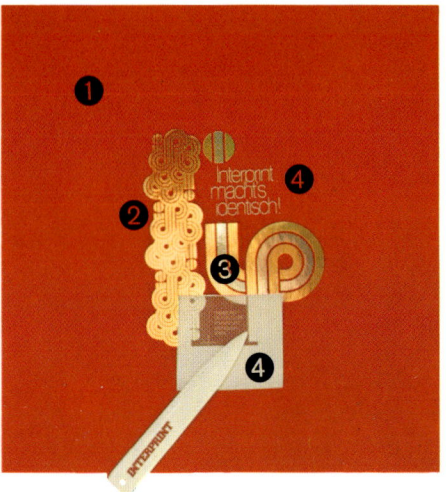

❷ Um an das Goldornament zu kommen, sendet der Graphiker eine Schwarzweiß-Vorlage an Interprint und erhält ein Transfer in Spiegelglanzgold zurück. Er reibt es selbst an und kann es auch noch nach Belieben variieren.

❸ Auch dieses Silberband wird angerieben. Gold und Silber glänzen jetzt im Entwurf spiegelmetallisch wie Gold und Silber.

❹ Schließlich wird die zarte weiße Schrift angerieben und steht auf dem dunkelroten Fond so weiß – weißer geht's nicht.

❺ Interprints lassen sich natürlich auch auf Glas anreiben, auf Metall, Plastic, auf Holzmodelle, Tuben, Flaschen, Biergläser, Vakuumbeutel, Tortendeckchen, auf Buchrücken, Haarspraydosen, Prototypen, Schilder, Schaufenster...

Gold und Silber waren bisher für jeden Dummy eine dumme Sache. Das ist jetzt vorbei.

Vorentwürfe für Packungen werden seit langem nicht mehr gepinselt, sondern mit Hilfe druckidentischer Möglichkeiten hergestellt.
Nicht nur, um dem Kunden einen endgültigen Eindruck zu vermitteln, sondern in erster Linie, um Mühe, Zeit und Kosten zu sparen.

Ungelöst war bisher nur das Problem, im Packungsdummy Gold und Silber zu zeigen. Wer den spiegelmetallischen Glanz heißfoliengeprägter Schriften schon im Vorentwurf zeigen wollte, weil er für Kosmetikpackungen, Konfektdosen, Joghurtdeckel, Batterieummantelungen, Tonbandkassetten, Sektetiketten und tausend andere Packungsaufgaben unentbehrlich war, dem war nicht zu helfen. Das ist jetzt vorbei. Interprint liefert Ihnen ab heute auch Interprints im metallischen Spiegelglanz. Als Folie oder zum Anreiben.
Verlangen Sie Muster und Informationen!

Adproof GmbH
Zippelhaus 5
D-2000 Hamburg 11
(040) 33 57 71

Interprint GmbH
Herzogstraße 79
D-4000 Düsseldorf 1
(0211) 37 27 59

Interprint GmbH & CoKG
Lindenstraße 30
D-6000 Frankfurt 1
(0611) 72 57 97

Senden Sie mir alle Informationen und Unterlagen über Interprint, vor allem auch Gratismuster in Gold und Silber zum Ausprobieren!

Name
Firma
Straße
PLZ/Ort

Interprint GmbH
Wurzerstraße 15
D-8000 München 22
(089) 22 32 94

Interprint GesmbH
Fügergasse 4
A-1060 Wien
(0222) 56 66 14

interprint

Nach Golde drängt, am Golde hängt doch alles. Sagt Interprint.
(im „Faust", I. Teil)

Namen

Gromer, Doris, 147
Große, Manfred, 237
Grün, Hartmut, 93
Grünwald, Kurt, 177
Grundmann, Klaus, 125
Grunwald, Michael, 243
Gültig, Niko, 103
Günther, Bernhard, 18
Günther, Dr. Volkmar, 91
Güse, Wolfgang, 147
Guhlmann, Wilfried, 85

H
Haase, Fritz, 43
Haeseler, Karl-Heinz, 69
Hagenbusch, Bernd, 37
Hagg, Willy, 67
Hallev, Dr. Peter, 215
Hamberg, Dirk, 107
Hamberg, Lothar, 107
Harmel, Dietrich, 21
Haselbach, Alexander, 85
Hass, Heiko H., 109
Hass, Monika, 109
Hauptmann, F. W., 18
Heckelsberger, Edwin, 155
Hee, Hans-Rainer, 145
Heier, Wolf, 211
Hein, Rolf, 163
Heinatz, Dieter, 69
Heintz, Elisabeth, 135
Heinrich, Eduard, 147
Hellwig, Siegfried, 223
Hengstenberg, Albrecht, 111
Henkel, Horst-Dieter, 167
Herchenhan, Joachim, 161
Herler, R., 111
Herrmann, Günter, 65
Herrwerth, Werner, 113
Herschel, Rolf, 215
Herterich, Jörg, 63
Heye, Friedrich Wilhelm, 121
Heyland, Helmut, 215
Heymanns, Dr. Dieter, 121
Hild, Günter, 171
Hildmann, Anton, 123
Hilla, Wolfgang, 135
Hinz, Helmut, 165
Hirschfeld, Hans Otto von, 223
Hoehne, Roger T., 245
Hörner, Hans-Dieter, 161

Hoffmann, J., 239
Hoffmeister, Peter, 103
Hötler, Hark H., 173
Homan, Carl, 33
Homan, Claus, 79
Hoppe, Ute Jutta, 243
Hülswitt, Jürgen, 215
Hüttermann, Norbert, 161
Huth, Heinz, 231
Hutt, Roy, 26

I
Iffland, Rudi, 18
Itzen, Wolfgang, 69

J
Jahns, Rudolf, 121
Jacobi, Jürgen, 157
Jellinghaus, Anke, 219
Jenkner, Uwe, 125
Jork, Norbert, 131
Junge, Wolfgang, 135

K
Kahl, Melitta, 75
Kakuschke, Hans-Dieter, 73
Kaluza, Alexander, 26
Kampmann, Peter, 109
Kanut, Pablo, 113
Kapitzki, Hans-Jürgen, 171
Karg, Manfred, 219
Karthäuser, Kurt-Jürgen, 135
Kassmann, Hans-Christoph, 87
Kath, Joachim, 139
Kelp, Hans-Ulrich, 215
Kemming, Mark, 135
Kern, Wilhelm, 151
Khuon-Wildegg, Ernst von, 143
Kiesselbach, Rolf, 257
Kipka, Brigitte, 79
Kippert, Heidi, 135
Klabunde, Christiane, 193
Klapp, Benno, 73
Kleibrink, H., 123
Klein, C. Michael, 161
Klein, Jürgen Gert, 171
Klein, Kurt, 255
Klein, Peter, 37
Kleine, Jürgen, 26
Klier, Manfred, 257
Klinz, Peter, 69

Knauss, Jürgen, 121
Knothe, Ingolf, 243
Koch, Hans, 79
Kochendörfer, Natascha, 77
Köchel, Paul Bodo, 57
Koppe, Günter W., 49
Korff, Rolf, 26
Koschnick, Otto H., 239
Krämmer, Achim Per, 33
Kramer, Rolf, 223
Kratz, Gerhard, 79
Krais, Dr. Arnulf, 147
Krapp, Achim, 139
Kraus, Horst F., 131
Krischbin, Peer, 129
Kröckel, Gerd, 173
Kruchten, B., 111
Krüger, Eberhard, 221
Krüger, Paul-Ullrich, 171
Kruggel, Wilfried, 18
Kügler, Hans-Dieter, 167
Küll, Dr. Gisela, 129
Kukwa, Klaus-J., 141
Kuller, Erich C., 239
Kunitz, Rolf, 243
Kurwig, Hans, 25

L
Laban, Hans-Jürgen, 193
Lang, Uwe, 209
Lange, Hasso, 26
Lange, Wolfgang, 257
Langen, Friedhelm, 73
Latz, Klemens, 18
Laumann, Ludwig, 26
Lehner, Claus, 149
Lehnert, Brigitte, 258
Leist, Barbara, 99
Leonhardt, Günter, 151
Leßmann, Gerd, 235
Leszinski, Dietrich, 71
Lettenewitsch, Bernd, 169
Leuschner, Bernd-D., 223
Leuthenmayr, Albert, 113
Levermann, Reinhold, 243
Lexis, Werner, 115
Linstromberg, Jürgen, 161
Livaditis, Ingeborg, 63
Löbert, Ingo, 43
Lohmann, Reinhart, 81
Lohn, Theodor, 135

Noch können Sie einsteigen:

DER KONTAKTER hat die zweite neutrale Imageuntersuchung gestartet. Die TOP FIFTY-Agenturen in der qualitativen Beurteilung ihrer Kunden.

Bestellen Sie Ihr persönliches KONTAKTER-Exemplar.

Der Kontakter
märkte & medien
verlagsgesellschaft mbh
Postfach 50 10 60
2000 Hamburg 50
Telefon 040/31 14 41

Namen

Loos, Caroline, 177
Lorbeer, Ute, 255
Lorke, I., 239

M
Mättig, Klaus G., 123
Mang, Thomas, 37
Mannstein, Prof. Coordt von, 161
Mantz, Gernot, 169
Maran, Dr. Otto, 215
Marquardt, Lothar, 193
Martens, Bettina, 189
Martin, Erwin, 127
Marx, Olaf, 211
Massmann, Traugott, 71
Matt, Jean-Remy von, 71
Matthess, Michael, 65
Matthess, Lydia, 65
Matthess, K. W., 65
Matthies, Gerhard, 145
Maubach, Ulrich, 167
Mayer, Rolf, 55
Meichle, Thomas, 191
Meier, Curt, 231
Meier, Erwin, 51
Meier-Faust, Winfried, 165
Meinen, Carl Werner, 157
Meinert, Klaus, 258
Mengersen, Curt-Dieter von, 163
Menzel, Michael, 209
Menzendorf, Helge, 167
Merkel, Frank, 255
Mertens, Dieter Kurt, 187
Meyer, Eberhard, 87
Michies, Jan, 211
Mielke, Thomas R.P., 237
Mikus, Esther, 26
Mikus, Lothar, 26
Mill, Axel, 161
Minkwitz, Renate, 43
Minsch, Hubert, 67
Moderhack, Kurt, 45
Modritz, Reinhard G., 29
Möller, Klaus, 167
Montag, Elisabeth, 233
Moritz, Edeltraut, 81
Morys, Irmela, 181
Mülhausen, Wilfried, 59
Müller, Bernward, 37
Müller, Günther, 181
Müller, Klaus-Jürgen, 37

Müller, R., 239
Münster, Dieter, 135
Mugele, Kurt, 63
Mutter, Gerhard, 187

N
Nagel, Friedrich-Wilhelm, 69
Nagler, Heiko, 69
Nauber, Hans, 55
Neuburger, Rolf-Dieter, 65
Neumann, Volker, 37
Neumann, Wilfried, 25
Neuwahl, Norbert L.C.D., 167
Nolte, Marianne, 181
Nowak, Achim, 219

O
Oehl, Werner, 63
Oehlbeck, Werner, 243
Oelkers, Helmut, 18
Oertzen, A.F. von, 173
Offhaus, Günter, 171
Ohrt, Peter K., 181
Olsen, Olaf, 173
Opitz, Dr. Lieselotte, 163
Ott, Gunter, 129

P
Pannier, Elke, 163
Penns, Horst, 33
Perthen, Helmuth, 135
Peter, Jochen, 231
Peter, Rolf, 255
Peters, Hartmut, 87
Peters, Peter, 26
Petras, Burkhard, 26
Petri, Dieter, 131
Petrik, Paula, 57
Petzold, Marietta, 163
Pläcking, Jochen, 83
Plesse, Dr. Karl H., 173
Plesse, Lore, 173
Pohl, Elke Brigitte, 219
Pomplitz, Birgit, 177
Pomplitz, Hans-Jürgen, 177
Popp, Hein, 215
Prahl, Heinz C., 167
Preissig, Annette, 75
Preylowski, Jürgen F., 223
Priemer, Adelheid, 33
Pütz, Robert, 185

Purtz, Inge, 113

R
Raesch, P., 217
Rakers, Wolfgang, 233
Rakow, Bodo, 189
Ralle, Dietz, 43
Rambacher, Peter, 135
Rauschnabel, Heinz, 147
Rehorn, Dr. J., 123
Reinecke-Hipp, Runhild, 231
Rempen, Thomas, 123
Richter, Klaus, 145
Riediger, Manfred, 185
Rieger, Franz J., 191
Riek, Hans-Peter, 233
Riemel, Fred, 71
Rieniets, Rolf, 165
Rinner, Rosa, 113
Rissel, Walther, 61
Ritter, Annemarie, 209
Ritter, Jürgen, 219
Ritz, H.-J., 87
Rönck, Peter, 45
Rohde, Manfred, 79
Romschinski, Horst, 161
Rosenbauer, Gregor, 193
Rosentreter, Dr. Jürgen, 161
Roth, Hans-Georg, 129
Rothenbücher, Harald, 115
Rothstein, Michael, 135
Ruis, Manfred, 67

S
Sacher, Dr. Werner Joh., 113+115
Sandler, Dr. Guido, 171
Saynisch, Diethelm, 163
Schaaf, Herbert, 121
Schacht, Hans Günther, 145
Schäfer, Gerhard, 195
Schaller, Dieter, 197
Scharke, Wolf, 199
Scharmann, Wolfgang, 155
Scharnberg, Jörg, 173
Scheer, Reinhold, 91
Scheibner, Erich, 85
Schildgen, Angelika, 99
Schippers, Jürgen, 215
Schirner, Michael, 91
Schlecht, Hans-R., 35
Schledermann, Karlgeorg, 18

...das ist ein Marketingleiter* ohne Messestreß

...weil er stressen läßt

*Reinhard Arendt
Abteilungsleiter Marketing-Organisation
der Cyklop International

uniplan

Das entscheidende *Mehr* im Messebau

- Konzeption
- Administration
- Organisation

als Full-Service

Das heißt:
- Wir bauen Ihnen nicht nur einen kommunikationsstarken Messestand.
- Wir nehmen Ihnen darüber hinaus die gesamte zeitaufwendige Administration und Organisation ab, von der Anmeldung bis zur kompletten Ausstattung, einschließlich des letzten Kaffeelöffels.
- Wir übergeben Ihnen Ihren Stand zum vereinbarten Termin schlüsselfertig und lassen Sie auch während der Messe in Notfällen nicht allein.
- Abbau und Transport erfolgen automatisch.

<u>Wir kümmern uns also um alles, damit Sie Ihren Kopf freihalten für das eigentliche Messe-Geschäft!</u>

COUPON

Wir senden Ihnen unsere Info-Mappe, wenn Sie uns mit diesem Coupon mal „ordentlich Bescheid sagen".
☐ Ihr Messe-Full-Service interessiert uns. Bitte rufen Sie uns zwecks Terminvereinbarung an.
☐ Bitte senden Sie uns Ihre Info-Mappe zu.

Firma: _____
Straße: _____
PLZ/Ort: _____
Telefon/Telex: _____
Gesprächspartner: _____

Zeissstraße 12–14 Postfach 2220 D-5014 Kerpen Telefon (0 22 37) 30 11-15
Telex 8 882 051 uni d Telefax (0 22 37) 30 11

Namen

Schlegel, Lothar, 63
Schlichenmaier, Frieder, 83
Schlichte, Annette, 233
Schlichte, Hans-Werner, 233
Schlichte, Hella, 233
Schlingensief, Heinz, 115
Schmerenbeck, Horst, 189
Schmidt, Karl-Heinz, 243
Schmidt, O., 123
Schmidt, Peter, 59
Schmidt, Winfried, 205
Schmidt-Bartl, Heidrun, 205
Schmidtke, Hans-Joachim, 167
Schmidtmayr, Dr. Helmut, 145
Schmitz, Helmut, 123
Schmittgall, Bernd, 207
Schneider, Josef K., 219
Schneider, Sigrid, 26
Schnoor, Günther, 65
Schnorrenberger, Peter, 43
Schöfer, Benno, 163
Scholz, Jürgen, 209
Schoormann, Uwe, 135
Schrimpf, Willi, 33
Schröder, Dieter, 175
Schröter, Heimar, 231
Schütze, Peter, 135
Schultes, Rolf Siegfried, 31
Schulz, Manfred, 73
Schumacher, Herbert, 149
Schuster, Louise, 211
Schuster, Werner, 211
Schwaiger, Karl-Heinz, 219
Schwarz, Bernd, 215
Schwarz, Dieter, 235
Seiler, Peter, 219
Sendlmeier, Helmut, 91
Sennholz, Udo, 163
Siegler, Gerhard, 255
Siegler, Manfred, 57
Simon, Gerd, 123
Skopinski, Peter, 29
Slesina, J., 217
Solbach, Hannes, 193
Sonneck, H.-U., 185
Spehr, Dieter, 55
Spiess-Reimann, Marlis, 181
Stampe, Horst, 45
Steffen, Werner, 181
Steffens, Gerhard, 125
Steinbach, Werner, 135

Steinhof, Dorothea, 57
Steinhoff, Jürgen, 243
Steinmetz, Ludwig, 29
Stempel, Rolf O., 215
Stoffel, Dieter, 39
Stoschek, Günter, 101
Stoß, Heribert, 81
Strack, Roger, 219
Strössner, Klaus, 69
Strübbe, Willi, 69
Struwe, Dieter, 227
Stucky, Ursula, 257
Stünkel, Volker, 129
Surma, Bibiana, 177
Szallies, Reinhold F., 75

T
Tadge, Rudolf, 18
Taeschner, Peter T., 229
Taoka, Soroku, 105
Tartsch, Detlev, 233
Taufenbach, Iris, 135
Tibi, Günther, 245
Tischhauser, Peter, 111
Toillié, Dr. Barbara, 79
Tostmann, Lotte, 235
Tschohl, Gina, 37
Turban, Hannelore, 145

V
Vandreier, U., 239
Veltrup, Ingrid, 69
Vogel, Ruth, 113
Vogt, Fritjof, 235
Voth, Götz, 231
Vrba, Reinhard, 157

W
Wachs, R. 111
Wächter, E. H., 239
Wächter, Manfred, 215
Wächter, Rita A., 239
Wahler, Rudolf, 215
Waltenbauer, Dirk, 257
Wandelt, Ralf, 26
Wanschura, Ronald, 213
Weber, Hans-Jürgen, 85
Wegmann, Horst, 233
Weidt, Barbara, 167
Weinreich, Elisabeth, 213
Weiser, Jutta, 163

Wendig, Eckhard B., 18
Wensauer, Eberhard P., 245
Wermter, Volkmar, 99
Werner, E., 239
Werner, Herbert G., 77
Westerheide, Dagmar, 181
Weymann, Günter, 187
Wiechmann, Andreas, 57
Wiesmeier, Rudolf G., 251
Willing, Siegfried A., 167
Winderlich, Hartmut, 258
Wineberger, Helmut, 167
Winzen, Peter, 235
Wire, Raymond Ch., 75
Witzel, Asko, 53
Wöhler, Jürgen, 219
Wördehoff, Friedhelm, 243
Woerlen, Karl S., 257
Wolf, Günter, 73
Wolf, Peter, 53
Wolff, Hans-E., 87
Wolff, Klaus Martin, 258
Wolter, Gerhard, 229
Wünsche, Gudrun, 41

Z
Zell, Monika, 63
Ziegener, Bernd A., 129
Ziegler, Gerd, 33
Ziegler, Gerhard, 135
Zilinsky, Burkhard, 93
Zimmermann, Brigitte, 233
Zimmermann, Peter, 37
Zimmermann, Uwe-Jens, 237
Zöller, Peter, 213

Die 11. Ausgabe der
Porträts Schweizer Werbeagenturen 82/83

Die Schweizer Werbewirtschaft unter der Lupe (tatsächlich mit Lupe)

Wer in und mit der Werbung arbeitet, Werbung vergibt, gestaltet, analysiert, realisiert, produziert oder verbreitet und wer über die Schweizer Werbung im Bild sein will, bedient sich der Porträts Schweizer Werbeagenturen: **das umfassende Informations- und Nachschlagewerk über die Schweizer Werbewelt.**
   Jetzt wieder neu und aktuell: noch informativer, transparenter, detaillierter, farbiger und repräsentativer. Übersichtlich gegliedert mit direktem Daumenzugriff zum
Porträtteil

Wer macht die Schweizer Werbung?

Die bedeutendsten Werbeagenturen in der Schweiz stellen sich vor.
Vierfarbig und kreativ: die besten Beispiele aus Konzepten und Kampagnen. Inserate, Plakate, TV-Spots, Verpackungen, Image-Design etc.
   Schwarz auf weiss: übersichtliches Zahlenmaterial und detaillierte Angaben über Agenturstruktur, -charakter und -kapazität, Mitarbeiter und Auftraggeber, Etatgrössen und -verteilung, nationale und internationale Tätigkeitsbereiche.

Budgetteil

Wer vergibt und wer verwaltet den Schweizer Werbefranken?

Einzige in der Schweiz offen publizierte Gesamtinformation (EDV) über mehrere tausend Werbebudgets, alphabetisch geordnet nach Firmen und Produkten. Mit neuesten, numerischen Nennungen der budgetbetreuenden Werbeagenturen.
   Schluss mit der aufwendigen Recherchierarbeit!

Agenturlisten

Wer steckt hinter der Schweizer Werbung?

Das vollständige Verzeichnis aller Schweizer Werbeagenturen und ihrer Erkennungszeichen. Und die wichtigsten Namen in der Schweizer Werbung: von H. Rud. **A**bächerli bis Rita **Z**ysset.
Bestellen Sie sich gleich jetzt die 11. und heute umfangreichste Ausgabe in Europa. Die Schweizerische Zentrale für Handelsförderung spricht vom «...einzigartigen Hilfsmittel, das den Einstieg in den Schweizer Markt erleichtert». («...une aide unique en son genre pour faciliter la pénétration du marché helvétique.»).

Über 600 Seiten (A4),
Kunstdruck farbig, in braunes Kunstleder gebunden und goldgeprägt. Mit Lupe Fr. 45.–, plus Porto. (Auf Anfrage mit Messingschild massiv, graviert. Für den Geschäftsfreund.)

Jetzt im Jahres-Abonnement!

Das Abo-Package hält Sie auf dem laufenden. Sie erhalten automatisch und druckfrisch die neuesten Publikationen **Porträts Schweizer Werbeagenturen, Porträtino** und **Print.** Im Doppel. Für Sie und Ihre Mitarbeiter. Jahres-Abonnement zu Fr. 310.–, inkl. Porto.

Porträtino: das zwischenaktualisierte Budget- und Agentur-Verzeichnis (A6). Fr. 28.–, einzeln erhältlich.

Print: die aktuellen Budget-Schnellinformationen (A6). (Nur im Abonnement)

Unter dem Patronat der Schweizer Werbewirtschaft **SW** sowie der Fachverbände **ASG** Arbeitsgemeinschaft Schweizer Grafiker, **ASW** Allianz Schweizerischer Werbeberater, **BSR** Bund Schweizerischer Reklameberater und Werbeagenturen, **GEZ** Gruppe Eigenregiezeitungen, **SAWI** Schweizerisches Ausbildungszentrum für Marketing, Werbung und Kommunikation, **Promarca** Schweizerische Gesellschaft der Konsumgüterindustrie, **SZV** Schweizerischer Verband der Zeitungs- und Zeitschriftenverleger, **VfW** Vereinigung für Werbekommunikation. Begleitet von der Vereinigung Schweizerischer Werbe-Auftraggeber und der Schweizerischen Zentrale für Handelsförderung.

Schneiden Sie mit Sicherheit besser ab!

Talon an: Bertschi Annoncen AG, Schoffelgasse 7, CH-8001 Zürich

___ Ex. Porträts Schweizer Werbeagenturen 82/83, inkl. Lupe à Fr. 45.–, plus Porto
___ mal Abonnement 1982 à Fr. 310.–, inkl. Porto

Firma
Name
Strasse   Unterschrift
PLZ/Ort

A P

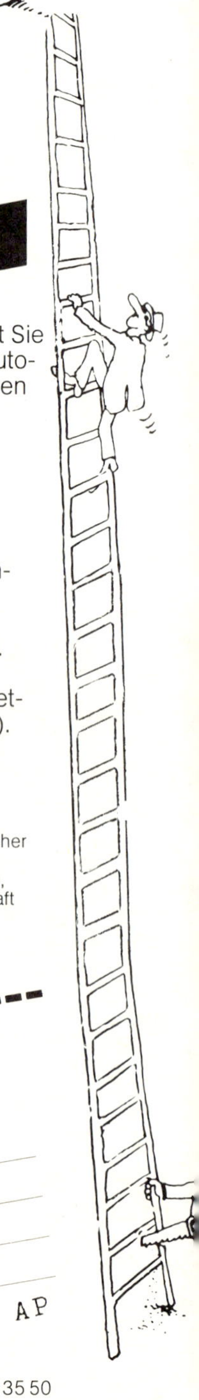

Bertschi Annoncen AG
Fachbereich Buch
Schoffelgasse 7, CH-8001 Zürich
Telefon 01/251 17 02 und 69 35 50

Telefon 01/251 17 02 und 69 35 50

Firmen und Produkte

A
Aachener u. Münchener Versicherung, 73
AB Gustaf Kähr, 173
ABBA AB Schweden, 43
Abba GmbH Hamburg, 43
ABC Barkredit-Bank, 65
ABC-Pflaster, 45
ABC Privat- und Wirtschaftsbank, 185
ABK-Gruppe, 129
AB MARABOU Schweden, 43
Absorbitions- und Wärmetechnik GmbH, 243
ACE e. V., 19
Ackermann + Schmitt, 261
ACM Endoscopie, 99
Actovegin, 215
Adam Immobilien, 171
Adrevil, 215
AEG-Telefunken, 93
Aerolineas Argentinas, 231
Aeroquip GmbH, 125
AES, 189
A-GEN, 25
AGFA-GEVAERT, 97 + 167 + 227
Agnolyt, 157
Agrexco, 215
Ahlmann Transport, 171
Air Berlin USA, 237
Air Canada, 217
Airtours International, 17
AIWA, 121
Akai, 71
AKIBA, 25
Akutec, 75
Albert Fertighaus, 135
Albert-Roussel Pharma, 155
Albertuswerke, 181
Alcan Ohler, 183
Aldenylchemie, 161
Aldi, 23
aldro GmbH, 243
Alete, 61
Alpha-Laval, 173
Alfa Romeo, 31
Alka Seltzer, 231
alldecor, 193
Allgäuer Alpenmilch, 61

Allgäuer Brauhaus, 171
Allgemeine Rentenanstalt, 261
Allianz, 203 + 215 + 249
Allkrath Pilsener, 115
Alpina color, 85
Alpinaweiß, 85
Alte Leipziger Versicherung, 145
Aluminium-Verlag, 91
Aluplastic, 211
Amalthea-Verlag, 261
Amann, 47
Ambre Solaire, 167
American Motors Company, 61
AMG, 153
AMOENA, 139
Amol, 121
Amphibolin, 85
Amphora, 73
Amt für Wirtschafts- und Stukturförderung, 133
Amt für Wirtschaftsförderung, 233
Anasco GmbH, 215
Andresen, 45
Andresen Rum, 45
Angestelltenkammer Bremen, 43
Gebr. Anraths, 157
Anzag, 31
AOK Düsseldorf, 73
Aok Kosmetik GmbH, 229
Apeco, 31
Aquata GmbH, 103
Aral AG, 165
Arbeitgeberverband Chemie für das Land Hessen, 155
Arbeitsgemeinschaft Deutsche Fliese e. V., 131
Arbeitsgemeinschaft Raumluftreiniger, 79
Arbeitskreis Oberbekleidung, 129
Arcade, 61
Architektur & Wohnen, 41
ardek, 69
Elizabeth Arden, 167
Argus GmbH, 191
Ariella, 219
Arnica, 217
Arntz-Optibelt, 169
Artus Mineralquellen, 93

Arznei Müller-Rorer, 171
Asahi Optical, 173
Asbach & Co, 85
Aschauer, 219
ASEA Lepper, 113
H. C. Asmussen, 125
Margaret Astor, 91
Atika, 209 + 258
Atlas Autoleasing, 27
Atosil, 157
aucola, 33
Auergesellschaft, 57
Auerhahn, 115
Auer-Sog, 181
Auge, Spielwaren, 135
Audi, 121
Audi NSU, 71
Augusta, 67
Pierre Aurel, 243
Aurocard, 157
Ausstellungsgesellschaft Westfalenhalle GmbH, 243
Austria Tabakwerke, 215
Auswahl-Verlag, 233
Auto-Kraft, 177
Auto-Staiger, 261
Autohaus Albrechtstraße, 142
Autohaus Jacob, 85
Autohaus Möller, 177
Autohaus Eduard Winter, 142
Autoport, 261
autorent, 177
Avadex, 231
Avenue, 69
AVIKO B. V., 79
AVS KG, 255
AZO, 131
Azzaro, 65

B
Babolat, 219
Babybel, 121
Bad Driburger Brunnen, 233
Badenfrost Indra, 147
Badenia, 147
Badenwerk, 147
Badisches Tagblatt, 147
Baedekers Allianz Reiseführer, 249

PORTRÄTS
DEUTSCHER
DRUCKEREIEN

Druck, Lithografie, Satz, Verarbeitung
märkte & medien Kontaktbuch

DEUTSCHLANDS DRUCKEREIEN.
IN EINEM BUCH.
MIT EINEM GRIFF.

Wer die richtige
Druckerei für seine Druckaufgabe
suchte, war bisher immer ganz schön
in Druck.

Einen geschlossenen Druckerei-Überblick
gab es nicht. Gute Adressen wurden von
Hand zu Hand gehandelt oder empfohlen.

Weil diese Transparenz fehlte, handelten viele
Auftraggeber oft nach dem Gewohnheits-Prinzip.
Man blieb mit seinen Aufträgen bei
„seiner Druckerei".

Das ist jetzt vorbei.

Mit dem 1982 erstmals erscheinenden
PORTRÄTS DEUTSCHER DRUCKEREIEN können
Sie die Leistungsfähigkeit des deutschen
grafischen Gewerbes voll ausschöpfen.

Die besten Druckereien, Lithoanstalten, Satz- und
Verarbeitungsbetriebe präsentieren sich in diesem Buch.

Mit ihren Arbeiten. Mit ihrer Technik. Mit ihrer
Betriebsstruktur und den wichtigen Ansprechpartnern.

Minimieren Sie Ihr Risiko – sichern Sie sich
optimale Qualität und maximale Wirtschaftlichkeit.

Mit dem richtigen Partner für Ihr Druckproblem.

Sie finden ihn in den
PORTRÄTS DEUTSCHER DRUCKEREIEN.

Für DM 85,– ab Juni 1982 vom
Verlag märkte & medien verlagsgesellschaft mbh,
Große Elbstraße 14, 2000 Hamburg 50,
Telefon Hamburg 31 14 41.

Firmen und Produkte

J. A. Bäuerle, 67
M. Bäuerle, 257
Balm Fraiche, 258
La Bamba, 231
Bankel Keramik, 135
Bankengemeinschaftswerbung, 59
Bankgesellschaft von 1889, 171
Bankhaus Hermann
Lampe, 23 + 171
Barbecue, 75
Barilla, 231
BAR-Kreditbank Frankfurt, 65
Baruch, 211
BASF, 17 + 103 + 223
B. A. T.,
17 + 65 + 121 + 123 + 151 + 209
Batania, 233
Batavia, 173
Bauer-Kompressoren, 139
Bauerngut, 183
Bauer & Schaurte
Karcher GmbH, 133
Baukauf, 113
Bauknecht, 151 + 261
Bayer AG, 109 + 161 + 239
Bayerische Baukredit, 142
Bayerische Brauerei, 195
Bayer. Milchversorgung, 135
Bayerisches Staatsministerium für
Wirtschaft und Verkehr, 131
Bayerische Vereinsbank, 215
Bayer Leverkusen, 167
Bayfit, 239
Bayflex, 239
B & B, 61
BBC, 151
BBK Pils, 195
BDF, 41 + 45
Beba, 61
Bechtle-Verlag, 261
Becker Imbiss, 87
Becton Dickinson, 163
Beecham, 209
Behringwerke, 155
Beiersdorf AG, 21 + 41 + 45 + 121
Beka, 47
Bellady, 258
Bellaplast, 77
Beltek, 211

Benckiser, 53
Bénédictine-Likör, 33
Benson & Hedges, 121
BENVENUTO, 25
Bepex, 179
Beral KG, 165
I. B. Berentzen, 27
Bergaden, 83
Berger & Partner, 113
Berg Europa, 155
Bergkrone, 173
Berlejung, 33
Berliner Bank AG, 237
Berliner Kindl Brauerei, 237
Berliner Marzipanmassenfabrik, 61
Berliner Morgenpost, 59
Berliner Wasserwerke/
Entwässerungswerke, 65
BERRYLONG, 145
Bertelsmann, 23
Berthold AG, 65
Dr. Best, 258
Beste Bohne, 209
BETEGE, 59
Beton-Spritz-Maschinen GmbH, 213
Ellen Betrix, 213
Betten-Rids, 142
De Beukelaer, 23
Beurer KG, 47
BGW, 171
Bibliographisches
Institut, 63
Bielefelder Wäschewerke
Kayser, 171
Big Pack, 251
Christian Binder, 257
Binzel, 255
Biochemische Gesellschaft, 183
bio media, 21
Biox Schuppan, 207
Birkard, 31
Birkin, 21
Bismark – rent a car, 27
Bi Strumpffabrik, 251
Blackhawk, 155
Blanco Metallwarenfabrik, 39
Blend-a-dent, 129
Blend-a-med, 129
Blendax Anti-Belag, 129

Blendax Ges. mbH, 129
Blendax-Werke, 129
Blendi, 129
Blomberger Holzindustrie
B. Hausmann, 79
Block House, 125
BMA (Mügra), 113
BMW, 177 + 219
Boddien, 189
Böhmer GmbH, 165
Boehringer, 255
Boehringer Ingelheim, 85
Boehringer Ingelheim
Diagnostika, 229
C. H. Boehringer Sohn, 215
Böllhoff, 79
Börner, 31
Börsen Alt, 115
Boes Transport-Service, 171
Bofferding-Bier, 81
Boge, 135
BOGE GmbH, 53
Bokma Genever, 37
Bonbel, 121
Bondex, 133
Bonduelle, 185
Bongrain Gérard, 61
Bonitos, 145
Boote, 41
Jacques Borel, 75
Borsig GmbH, 237
Bosch Dienste, 37
Bosch-Kruse, 177
Robert Bosch GmbH
37 + 103 + 187 + 207 + 217
Boskop, 115
Bostella, 115
Bourns GmbH, 191
Braitsch & Plessing, 67
Brandt, 135
Brandt, 67
Brauerei Aying, 113
Brauerei Beck & Co., 245
Brauerei Becker, 23
Brauerei Diebels, 113
Brauerei Dinkelacker, 113
Brauerei Distel, 113
Brauerei Eder, 53
Brauerei Gold-Ochsen, 215

274

Herrn
Ernst Müller-Neustein
Werbeagentur Neustein & Partner

Neustadt

WDW
WIRTSCHAFTSVERBAND
DEUTSCHER
WERBEAGENTUREN E. V.

Sehr geehrter Herr Müller-Neustein,

Sie gehören zu jenen deutschen Agenturunternehmern, die in den letzten Jahren durch überzeugende Kampagnen, kontinuierliches Wachstum und solide Geschäftsführung unter Fachleuten von sich reden gemacht haben. Sie meinen mit Recht, daß Sie dies zwar nicht an die große Glocke hängen müssen, aber Sie bemängeln doch auch, daß neben der Zurschaustellung der „Werbe-Industrie" die Stimme der tüchtigen und leistungsfähigen selbständigen Agenturunternehmer zu selten gehört wird.

Der Wirtschaftsverband Deutscher Werbeagenturen (WDW) will das ändern. Der Verband, dem bereits 80 Werbeagenturen verschiedener Struktur, aber gleicher Zielsetzung angehören, lädt Sie deshalb ein, Mitglied zu werden.

Nur in einer starken Gemeinschaft können Sie – unbeschadet des originären Profils Ihrer Agentur und Ihrer eigenständigen Leistungen – auch die Ziele erreichen, die Sie mit etwa 150 Kollegen gemeinsam haben: Ziele in der Öffentlichkeit, bei den Verbänden der Auftraggeber und der Medien, in der zwischenbetrieblichen Kooperation, im Ausland.

Welche Leistungen im einzelnen der WDW Ihnen bietet, lesen Sie auf dem nächsten Blatt. Entscheidend aber dürften für Sie die neuen Intentionen sein, die wir nicht vorgeben, sondern an denen mitzuarbeiten wir Sie bitten.

Mit den besten Grüßen
Ihr

Dr. Klaus Hattemer
Geschäftsführendes Vorstandsmitglied

ORANGERIESTRASSE 6,
D-4000 DÜSSELDORF 1,
TEL. 0211/32 59 96,
TELEX 8 582 529

Firmen und Produkte

Brauerei Sanwald, 63
Brauerei Spaten, 113
Braufürst GmbH, 195
Hildegard Braukmann GmbH, 137
Braun, 231
Breisgau-Haus, 257
Bremer Vulkan, 239
Bremshey, 75
Brenner, 109
Brenner Hotel KG, 171
Briggs & Stratton – Farymann Diesel, 255
Brigitte, 209
Brill Gartentechnik, 167
Gebr. Brill, 227
Martin Brinkmann AG, 173 + 189 + 237
Britti pad, 145
Bronchicum, 157
Dr. Willy Bronnold, 261
BRW – Bayerische Rundfunkwerbung, 71
BSF, 137
BSW, 135
BTF, 227
Buccaneer, 73
Buchler GmbH, 169
Buchtal GmbH, 215
Buckau-Walther AG, 27
Bürgerbräu, 113
Buerlecithin, 258
büro actuell, 53
Büro Bremen Werbung, 239
Buitoni, 103
Bulgara-Jogurt, 215
Bulthaup, 123
Bundesanstalt für Arbeit, 19
Bundesanstalt f. Arbeitsschutz u. Unfallforschung, 19
Bundesbahndirektion Karlsruhe, 147
Bundesministerium f. Arbeit u. Sozialordnung, 19
Bundesministerium f. Verkehr, 19
Bundespostministerium, 161
Bundesverband der mittelständischen Wirtschaft, 135
Bundesverband Deutscher Zahnärzte, 161

Bundesverband Flächenheizungen, 59
Bundesverband der Gas- und Wasserwirtschaft, 185
Bundesverband f. Ortskrankenkassen, 19
Bundesverband Schlüsselfertiges Bauen e. V., 87
Bundeszentrale f. Gesundheitliche Aufklärung, 19
Arthur Bunge, 177
Burda GmbH, 129
Burda Verlag, 185
Burghofkellerei, 187
D. Buß, 233
Bussemas Bürozentrum, 171
Butterfly, 142
BWK, 239
Byggemarked 4 K, 113

C
Calvador, 142
Calypso Planter's Punch, 125
Canada C. G. O. T., 167
Canada Dry, 113
Canada Reise Dienst, 193
Canderel, 121
Canea Pharma, 189
Cantadou, 121
Capacryl, 85
Caparol, 85
Capitol Air, 237
Caramba, 53
Care, 91
Caricor, 79
Carlsberg Bier GmbH, 125
Carlsberg Beer, 125
Carlsberg Elephant, 125
Carlsberg Pilsener, 125
Carlsen Verlag, 91
Carrera, 142
Carrier, 79
Carstens, 73
Carstens Marzipan, 193
Carstens SC, 73
Cartier, 237
Casala-Werke, 233
Casoni, 203
Cassella-med, 157

Castell blanch, 109
Castrol, 69
Cavallo, 27
CBT Zentralbüro d. Obst- u. Gemüseversteigerungen in d. Niederlanden, 77
CCH Gastronomie, 177
CD-Cologne, 223
CDU Bundesgeschäftsstelle, 161
CDU Landesverbände, 161
CDU Schleswig-Holstein, 133
CEC, 193
CEC Chuo Denki, 193
Ceceba, 245
CEL, 181
CELAMERCK GmbH, 85
Centronics Data Computer GmbH, 213
Ceram Card, 227
Cerardit, 171
Ceres Verlag, 171
Ceresit Werke, 23
Deutsche Certina, 231
Chambourcy, 17
Champignon Camembert, 215
Charme, 41
Deutsche Chefaro Pharma, 25 + 157 + 243
Chefmaster, 189
Chemie-Verbände Baden-Württemberg, 155
Chemical Company, 135
Chemie-Wirtschaftsförderungs-GmbH, 91
Chemische Fabrik, 171
Chem. Fabrik Weyl, 255
Chiwitt GmbH & Co, 249
Chlorhexamed, 129
Chocolat Tobler, 207
Christal Color, 167
„Chupa Chups", 135
Churrasco, 75
CIBA GEIGY GmbH, 85 + 155
Cidre Pomme Jacque, 231
Cigahotels, 231
Cilag GmbH, 157
Cilag, 161
CILLICHEMIE Ernst Vogelmann, 53

12 Argumente für den WDW

1. Interessenvertretung der Agentur-Unternehmer in den Spitzenverbänden ZAW, Bonn, EAAA, Brüssel, in Verhandlungen mit den Verbänden der Auftraggeber und der Medien sowie in der Öffentlichkeit.

2. Kollegialität bei den nationalen Verbandsveranstaltungen und bei regionalen Agentur-Chef-Treffs.

3. Regelmäßige Informationen über nationale und internationale Werbe-Entwicklungen, mit Rundschreiben und Bezugsquellen.

4. Auskunft und Rat bei der Verbandsgeschäftsstelle – bei Personal-, Vertrags- oder Publizitätsproblemen o. a.

5. Gehalts- und Sozialvergleich der Mitgliedsagenturen, jährlich, mit Verbandsbeitrag abgegolten.

6. Betriebsvergleich in Zusammenarbeit mit einem branchenkundigen Wirtschaftsprüfer, alle zwei Jahre, Abgeltung durch Umlage.

7. Mitarbeiterförderung durch Seminare, Bemühung um Berufsausbildung und Berufsbilder.

8. Vermittlung von Kontakten und Partnerschaften mit ausländischen Agenturen, auf deren Anfrage oder im Auftrag der Mitglieder.

9. Vermittlung von Kundenkontakten aufgrund der regelmäßig bei der Verbandsgeschäftsstelle eingehenden Anfragen.

10. Anzeigen-Dokumentation für die Zeitungs- und Zeitschriftenpresse, mit dem Verbandsbeitrag abgegolten.

11. Rechts-Service, in Verbindung mit einer vor allem im Wettbewerbsrecht erfahrenen Anwalts-Sozietät, zu ermäßigtem Honorar.

12. Versicherungs-Service für grundsätzlich alle Bereiche, vor allem für Vermögensschaden-Haftpflicht und für Forderungs-Verlust (Kreditversicherung).

WDW
WIRTSCHAFTSVERBAND
DEUTSCHER
WERBEAGENTUREN E. V.

ORANGERIESTRASSE 6,
D-4000 DÜSSELDORF 1,
TEL. 0211/32 59 96,
TELEX 8 582 529

Firmen und Produkte

Cinzano, 17
Citizen, 105
Cito, 163
City-Süd-Center, 179
Clairol, 31
Holger Clasen, 193
CMA, 109 + 113 + 115 + 185 + 237
Coberco, 61
Cobras, 189
Cokin, 75
Collan, 255
Colorent, 149
Colors in Optic, 189
Columbus Globen, 77
Commodore, 187
Compo GmbH, 129
Compugraphic Deutschland, 175
Computerland, 231
Condor, 171 + 237
Continental Gummi-Werke, 91 + 107
Continentale Versicherungsgruppe, 161
Contop, 163
Convent, 121
co op AG, 19
Cooper Vulkan, 175
Copal Europe, 169
Copro, 31
COR – Sitzkomfort, 151
Cora Verlag, 57
Corna Werk, 195
Cornina, 45
Corvit, 115
Courreges, 245
v. Cramm, 231
Crawford Tor, 173
Creativ Reisen, 127
Credo, 129
Crisan, 33
CWS – Lackfabrik, 53

D
DAB Meisterpils, 73
Dänenfürst, 41
Daimler-Benz AG, 37 + 63 + 123
Daimon, 61 + 211
DAKO, 229
Alois Dallmayr KG, 203

Damoka, 245
Dannemann, 231
Danpo Vertriebs-GmbH, 215
Danzer KG, 47
J. J. Darboven, 193
Darbovskaya, 193
Darbovsky, 193
D. A. S., 71
Rudolf Dassler KG, 261
Data Card, 213
Data Logic Computer, 213
Datsun, 157
Dayco, 207
Deblaston, 157
decent-S, 59
Declimed, 51
Degoha, 239
Deinhard, 33 + 258
Deinhard Lila Imperial, 33
Dekra, 261
Deutsche Biscuits Delacre GmbH, 203
Delalande, 121
Delius Klasing Verlag, 41
Delta Bau, 137
Denicotea GmbH, 109
Dennert, 143
dentamint, 59
Depilan, 207
Depuran, 157
DER, 217
Der große Shell Atlas, 249
Der Grüne Baum, 165
DESAG, 181
Desowag Bayer, 121
Deutsche Amphibolin-Werke v. Robert Murjahn, 85
Deutscher Bäderverband, 211
Deutsche Bundesbank, 19
Deutsche Bundespost, 91
Deutscher Entwicklungsdienst Gemeinnützige Gesellschaft mbH, 19
Deutsche Factoring Bank, 43
Dt. Gelatine Fabriken, 255
Deutsche Gesellschaft für Kaffeewerbung, 121
Deutscher Gewerkschaftsbund, 19
Deutsche Grammophon Ges., 21
Deutsches Grünes Kreuz, 217

Deutsche Hyperphosphat-Ges., 171
Deutscher Immobilien Fonds AG, 19
Deutscher Kinderschutzbund, 61
Deutsches Kupfer-Institut, 59
Deutsche Pfandbriefanstalt, 19+33
Deutscher Ring, 171
Deutscher Skiverband, 219
Deutscher Supplement-Verlag, 163
Deutscher Tennisbund, 219
Deutsches Weinsiegel, 61
Deutsche Zentrale für Tourismus, 235
DEUTZ-FAHR, 53
Deutz & Geldermann, 257
Devilbiss, 153
DEXIUM 500, 121
DG-Bank, 217
DG-HYP, 217
Diät-Pils GmbH, 261
DIAG, 237
Diamant Mehl, 23 + 173
Diamont-Corporation, 191
Diavita, 173
Dibona, 45 + 171
Dibona Markenvertrieb, 81
Didier-Werke, 217
Die Generalkarte, 249
Die Schlümpfe, 41
Dierolf, 179
Christian Dior, 142
Dinkelacker Brauerei AG, 63
DLW, 47
dm – drogerie markt, 139
Dom Kölsch, 97
Donut Land, 239
Doornkaat AG, 113 + 115 + 177
Werner Dorsch, 213
Dortmunder Actien-Alt, 73
Dortmunder Actien-Brauerei, 73 + 171
Dortmunder Actien-Originial, 73
Dortmunder Kronen, 23
Dortmunder Ritterbrauerei, 243
Dortmunder Union, 23
Double Q Scotch, 45
Douwe Egberts Agio, 73

278

Firmen und Produkte

Drägerwerk, 133
Georg Dralle AG, 21
Drauf + Sitz, 41
3 F-Design, 39
Drei Kronen, 235
3 M, 223
3 M Company, 145
3 M Deutschland, 37 + 199 + 211
3 S-Test, 121
Dresdner Bank, 81
DRK, 125
Dross, 142
Drum, 73
DSL Bank, 29
Dual, 261
Düsseldorfer Tapetenfabrik, 199
Duewag, 73
Dujardin & Co., 123
Dujardin Imperial, 123
Duni, 69
Dunlop, 231
Duomat B. Kaltenegger, 127
Du Pont, 23
Duque de Alba, 109
Duro Dont, 163
Duromed, 163
DUX, 171
dvf, 121
Dyckerhoff-Zementwerk, 85
Dyna-Plastik-Werke, 211
Dyrup & Co. A/S, 133

E
Eau jeune, 167
EBA, 51
Peter Eckes, 145
Edeka-Schloss-Bier, 173
Edeka Zentrale AG, 173
Eden, 167
Eden Vollwert, 167
Die gute Eden, 167
effecton, 33
Effem, 65 + 209
Egberts, 73
Egeria International, 245
EGNARO, 163
E. G. O., 39
1 A GmbH, 165
Eichbaum-Brauereien, 145

eickhoff, 69
Einhorn, 151
Leiv Eirikson, 73
Eisemann, 103
ELCO, 43
Electronic Watch Batterie, 133
Elefanten Schuhe, 251
Elevit, 135
Elho, 219
Elida Gibbs, 33
Elisabetta von Fürstenberg, 189
Ellwanger & Geiger, 245
Elsaesser, Orient-Teppiche, 143
Eminence GmbH, 91
EMSAL, 25
Enelbin, 157
Energieversorgung Weser-Ems, 87
ENIT, 113
Enkelmann Königstein, 107
ENOP-Institut, 179
E. P. G., 31
Epi-Pevaryl, 157
Epikur GmbH, 33
époque, 69
Eppendorf Gerätebau, 121
ERBA AG, 111
ERCO, 123
Erdal, 129
Erdal Rex GmbH, 25
Ergomimet, 157
Ericsson Centrum, 137
Ericsson Information Systems, 75
Eriba-Hymer, 139
erle zf, 69
Ernst-Deutsch-Theater, 189
Ernstmeier GmbH, 171
Ernte 23, 258
Ertelt + Co., 207
Eryfer, 157
Ess-Food, 41
Ess Skibindungen, 251
Esselte Dymo, 235
ESSILOR-EHINGER, 257
ESSO-Chemie, 53
Eternit AG, 215
ETO, 131
Eto, 171
Ettaler Kloster-Liqueur, 135
Van Eupen, 157

Euro-Coop, 243
EWE, 239
Exclusiv, 215
Experten Gruppe
Orient Teppiche, 235

F
FABER-Jalousien, 239
Faber Krönung, 173
Faber Rotlese, 173
Fackelmann KG, 103
Fachinformationszentrum
Leopoldshafen, 147
Fachverband für
Fassadenvollwärmeschutz, 147
Facon GmbH, 165
Fagro, 31
faigirl, 163
Fakir-Werk, 111 + 191
Family, 209
FAZ-Magazin, 95
FBC-Stähler, 133
FC Bayern München, 219
F. D. P., 171 + 235
Feine Milde, 209
Feiner alter Asmussen, 125
Feinkost Käfer, 121
Feinschmecker, 41
Feinschmecker Feinkost, 121
Feldmühle AG, 91
Feller, 219
Fels Werke, 133
FERMACELL, 133
Ferrero, 31
Ferropilot, 193
Fertighausausstellungs-
gesellschaft Werl, 133
FEWO, 169
Fiat AG, 83 + 99 + 151 + 171
Fiat LKW, 133
Fiat Transporter, 83
Fichtel & Sachs, 191
Fieldcrest, 145
Fink, 69
Fink GmbH, 51 + 109 + 215
Finzelberg, 183
Fischer-Werke, 215
Fisch und Fang, 41
FISSAN, 145

Zeichnung: Mahir-Filmstudios

LAUFEN SIE NICHT DEN KOSTEN HINTERHER. PRODUZIEREN SIE ZEICHENTRICK IN UNGARN.

Wo gibt es einen guten Zeichentrickfilm, 15 sec., schon ab DM 20.000,– als Null-Kopie? In Westeuropa bestimmt nicht mehr – aber in Ungarn. Die Mahir-Filmstudios mit ihren über 70 Zeichentrickfilm-Spezialisten haben die künstlerische Kapazität und alle technische Ausrüstung, um gute und preiswerte Zeichentrickfilme zu produzieren.

Wie professionell und unkompliziert das geht, das sagt Ihnen die märkte + medien Verlagsgesellschaft in 2000 Hamburg 50, Große Elbstraße 14, Tel. 040-31 14 41, Telex 02 51081.
Volker Meidinger und Ortrud Richter sind Ihre Gesprächspartner – vom ersten Produktionsgespräch bis zur Realisierung in Ungarn.

Firmen und Produkte

FITLINE, 25
FKF Fleischwaren- u.
Konservenfabrik, 65
Fleischer GmbH, 171
Fleischhauer, 143
FLEXWELL, 59
fließt & fertig, 41
Flipje Vla, 61
Flohr Otis, 79
Flughafen Frankfurt, 155
Fluniget, 157
Fördergemeinschaft
Gutes Hören, 217
Forbo Teppich, 79
Ford Werke AG, 75
Formel 3, 258
Forst-Brauerei, 161
FORUM STEGLITZ, 65
Wilh. Frank GmbH, 195
Franke & Heydrich, 67
Frankfurter Allgemeine Zeitung, 95
Frankfurter Bettfedernfabrik, 135
Frankl + Kirchner, 147
Frauengold N, 207
Fraunhofer-Gesellschaft, 215
Freie Volksbühne e. V. Berlin, 59
Freizeitpark De Efteling, 125
frema, 51
Freudenberg & Co., 85 + 163
„Freundin", 129
Frico/DOMO Konsumptie-
melkbedrijven, 79
Friedrich Verlag, 29
Deutsche Frigolit, 131
FriKi frisch, 61
Fromageries Bel, 121
Frucade Essenzen GmbH, 137
FSB, 79
F & S Test, 121
Fürstana, 195
Fürstin Eugenie Heilwasser, 195
Fürstenreform, 169
Fugger Liköre, 239
Funke Alt, 97
L. Funk & Söhne, 189
funny-frisch, 121
Fürstliche Brauerei
Thurn und Taxis, 53
Fynsk Food Products, 217

G
J. M. Gabler-Saliter, 229
GABOR Schuhe, 251
GAD, 183
Gail, 53
Galleria Ceramica, 227
Wilh. Gallion, 55
Gang-Moden, 249
Ganser Brauerei, 115
Ganser Kölsch, 115
Garant, 227
Gardena, 47
Garnier, 167
Garnier Traital, 167
Gaston, 41
Gastrozepin International, 215
Gatzweiler's Alt-Brauerei, 167
Gauloises, 121
Gauloises Tabak, 121
Geesthacht KG, 135
Gehwol, 183
Gelami, 69
Gemeinschaftswerbung
Aluminium-Fenster, 91
Gemey, 167
G. B. G. General Biscuits, 91
General Elektrik, 23
General Electro Music, 137
Genossenschaftsverband
Neu-Isenburg, 53
geobra BRANDSTÄTTER, 135
Geomess, 199
Géramont, 61
Gustav F. Gerdts KG, 239
Gerick, 69
Gerling, 167
Germaine Monteil, 121
Germania Brauerei, 27
Gero – H 3 – Aslan 157
Gerri, 142
Gervais-Danone, 167
GERWI, 243
„Geschützter leben", 91
Geze GmbH, 47
GfA, 211
GfK, 135
Giaco Bazzi, 203
Giessener Brauhaus, 249
Gillette Deutschland, 71 + 237

Gillette Papermate, 231
Gin & Fizz, 41
Gitanes, 121
Giulini Chemie, 163
GLÄNZER, 25
Glasurit GmbH, 27
Glaxo GmbH, 121
Glühfix, 129
GMO, 193
Gödecke AG, 91 + 161
Gold Mocca, 209
Golf, 69
Gorbatschow Wodka, 171
Gossard, 207
Gothaer Versicherungsbank, 185
Gotta, 219
Götzburg, 187
G-Partner, 195
Grace, 53
Gracile, 121
Dieter Gräßlin, 261
Graf Schaffgottsch'sche
Josephinenhütte, 227
Grand Marnier, 231
Deutsche Granini, 123 + 231
Granvalor, 65
Griechische Zentrale
für Fremdenverkehr, 237
GROHAG, 69
Großversandhaus Quelle, 135
Friedrich Grohe, 215
Grosso, 33
Gründerbrand, 115
Grünenthal, 109
Gruner + Jahr AG, 25 + 209
GRZ, 211
GSG, 87
Gubor, 257
Guhl, 121
Gummi-Henniges, 137
Gummi-Mayer, 153
Gute Fahrt, 41
Gutehoffnungshütte, 59
GVR, 211
GWG, 171
Gyno-Pevaryl, 157

281

Firmen und Produkte

H
Haake-Beck-Edel-Hell, 245
Haake-Beck Maibock, 245
Haake-Beck Pils, 245
C. H. Haake Kräusen Pils, 245
Haarmann & Reimer, 137 + 239
Haas, 257
Hacker-Pschorr-Bräu, 203
HADAK AB, 43
hadeka, 69
Haeberlein-Metzger-
Edelweiß, 261
HÄUSER, 25
Haferfleks, 45
Hag, 91 + 239 + 258
Hagenbecks Tierpark, 133
Hagerty, 197
Dr. Carl Hahn, 157
Sylvia Hahn Moden, 51
Hahn + Spahr, 261
Mary Hahn-Verlag, 261
Hahnenklee, 235
Hakle-Werke, 123
Hako Werke, 173
Halbfell, 183
HALEKO, 157
Haller Löwenbräu, 179
Hallmark Cards, 149
Hamamelis, 207
Hamburg Süd, 171
Hamburger Hifi, 193
Hamm AG, 127
Hamol, 207
Hamol International Cosmetics, 67
Handelsblatt GmbH, 37
Handsan, 258
Haniel, 55
Hannover-Messe, 133
Hannoversche Papierfabriken
Gronau AG, 137
HansaSport, 121
Hanseatische
Hochseefischerei, 171
Hapag-Lloyd AG, 151
Happel, 153
Haribo-Lakritzen, 203
Harman Deutschland, 191
Harting Elektronik, 239
Paul Hartmann, 65 + 71

Hartmann & Mittler, 113
Harzer Verkehrsverband, 235
Hasler, 71
Hassia, 31
HASTRA, 181
HAT, 189
Hauenschild KG, 171
HAWE, 59
HA WE GE, 139
HAZET, 135
Head, 219
Hebel, 149
Heckmann, 43
Heckmann Ausstellungen KG, 187
h + e, 113
Hefa Frenon, 109
D. Hegemann & August
Reiners, 239
Heinrich Heiland KG, 95
Heilbäderverband, 235
Heimwerker 2000, 39
Heineken International
Beheer B. V., 37
Christian Heinlein, 113 + 139
Heinrich, 227
Heinze GmbH, 91
Heitkamp, 165
Heller-Dirndl, 219
Hellige GmbH, 257
Hengella, 135
Rich. Hengstenberg, 111
Hengstler, 257
Hengstler-Gleitzeit, 257
Henkel, 23
Henkel & Cie., 109
Henkel GV, 223
Henkel KGaA, 37
Henkel Kosmetik, 91
Henkell, 231
Hepting + Co., 179
Herberts GmbH, 37
Dr. Herbst, 43
HERMA, 63
Hermes, 173
Herta KG, 91
Hans K. Herr, 59
Hettlage, 203 + 219 + 227
Hetzel & Co, 63
Heuer Micro Technik, 261

Heuer Time, 111
von Heyden Cosmetics, 229
F. W. Heym GmbH, 81
HGK, 127
Hidrofugal, 41
Hinte, 147
Hirsch-Brauerei Honer, 139
Hitachi Denshi, 181
Hobas, 255
Hochland, 111
Hoechst AG, 57 + 123 + 155
Höfer, 229
Höffner Möbelgesellschaft, 65
Hoehl Sekt, 29
Höhn + Höhn GmbH, 37
Josef Höner KG, 133
Hörzu, 259
Eberhard Hoesch & Söhne, 25
Hoffmann und Campe Verlag, 41
Hofmann Granit, 135
Hoh & Hahne Hohlux, 65
Holstenbrauerei, 261
Honda Deutschland
GmbH, 21 + 37
Honda, 31
Honeywell Braukmann, 191
Hormon-Chemie, 215
Horten, 37
Hosta GmbH, 215
Hostalit Z, 57
Hotel Steigenberger, 237
Hotel Wastlsäge, 59
Hudson, 151
Hudson International, 207
Hübner + Völker, 147
Huit, 153
HUMANA, 25
Hummel-Reise, 235
Hussel Holding, 43
Hypothekenbank
in Hamburg, 173

I
IBH, 127
IBM Deutschland,
55 + 63 + 91 + 187
Deutsche ICI, 87
Ideal-Standard, 185
IDE, 207

Firmen und Produkte

idee – Creativmarkt, 139
IGEDO, 223
Ihr Platz, 239
Ijsfabriek de Valk, 79
IKEA, 43 + 113 + 121 + 259
ILA, 133
Imhoff Schokoladenfabrik, 203
Imnauer Fürstenquellen, 195
IMS, 81
inbau, 85
Industrieverband
Hartschaum, 131
Industriewerke
Karlsruhe – Augsburg, 147
Infotec, 17
inlingua Sprachschulen, 243
Innsbruck Skimoden, 219
Inpharzam, 149
Institut Dr. Förster, 257
Interessengemeinschaft
Silberwaren e. V., 67
Internationales
Baumwollinstitut, 93
International Partners, 227
International
Standard Brands Inc., 73
Interpane-Gruppe, 169
Inter-Triumph, 111
Intervinum, 203
invormbau Union, 171
IPL-Sprachschule, 147
IPER / Bric-Market, 113
Iroquois, 233
Isar-Center, 113
Ischia Reisedienst, 237
Isoklepa, 245
iß Fünf, 167
it, 65
ITAG, 59
IVECO – Deutschland, 133
Iveco Magirus Deutz, 219
iv – electronic
K. Vespermann, 213
IWB, 47
IWE-Möbel, 219
IWK, 191
iwz, 55
IZE, 239
IZG, 113

J
Jacobs Cronat, 145
Jacobs GmbH, 145
Jacobs Moccapress, 145
Jacobs Multiplan, 145
Jacutin, 85
Jade Cosmetic, 231
Carl Jaedicke, 251
Jägermeister, 91
Jänecke + Schneemann, 181
Jahreszeiten-Verlag, 21 + 41
Jambosala, 121
J & B Scotch Whisky, 142
Jet & Bett, 167
Jim's Restaurant, 125
Jockey, 151
Johannisberger
Weingüterverwaltung, 171
Joka, 79
Jongen's, H. Jongen & Co., 189
Josera, 155
Jumbo Vertriebs GmbH, 37
Jung-Pumpen, 171
Junkers, 103

K
Kaba, 259
Kabelmetal, 233
Dt. Kabi, 109
KACO, 179
Käserei Champignon, 215
Kaiser Aluminium
Kabelwerke, 237
Kaiser's Kaffee-
Geschäft, 33 + 129
Franz Kaldewei, 123
Kali Chemie, 157
Kalkhoff Werke, 75
Kalksandstein, 142
Kalksandstein-Kontor, 131
Kalle, 31
Kalomur, 233
Kamill, 129
Karlsruher Versicherung, 93
Karosseriewerke Weinsberg, 171
Karstadt, 23 + 43 + 199
Kastrup + Partner, 127
KATAG AG, 243
Axel Kauer KG, 135

kauf gut, 255
Kaufhaus m. schneider, 33
Kaufring, 185
Kavalier, 67
Kayser-Threde Elektronik, 251
Kempel & Leibfried, 245
Kennametal, 155
Kernforschungszentrum, 147
G. C. Kessler & Co., 111
Paul Keune GmbH & Co. KG, 23
Kieninger Uhrenfabriken, 257
Kiessling + Partner, 71
Kilofort, 163
Kimberly-Clark GmbH, 37
King Maschinen, 127
Kiri, 121
Kitekat, 209
KKB Bank, 37
Klaas & Kock, 183
Klasmann Werke, 233
Kléber Reifen GmbH, 25
Klein + Hummel, 191
Kleine Knackzarte, 125
„Kleine Wolke", 227
Kleenex, 37
Klenk, 179
Ernst Klett Verlag, 187
Klinge-Pharma, 157 + 161
Klöckner, 43
Klöckner & Co., 37
Klosterbräu Privat, 195
KL-Treuboden
Grundstücks- u. Baubetreuungs-
gesellschaft mbH, 211
Gebr. Knauf, 187
Knaus GmbH, 215
Knecht + Partner, 107
Kneipp Heilmittelwerk, 197
Kneipp Herzsalbe, 217
Kneipp Kräuter Dragées, 217
Kneipp Rheuma Salbe, 217
Knirps, 75
Knoll, 161
Knoll / BASF, 131
KOBOLD, 163
Kodak AG, 187 + 245
Kodipharm, 163
Peter Kölln, 45
Köllnflocken, 45

BUND FREISCHAFFENDER FOTO-DESIGNER

Im Bund Freischaffender Foto-Designer haben sich 360 führende Werbe-, Mode- und Industriefotografen, Bildjournalisten und Fotolehrer der Bundesrepublik Deutschland zusammengeschlossen. Ihre Namen und Arbeitsgebiete will der BFF all jenen zugänglich machen, die mit kongenialen Partnern zusammenarbeiten möchten.

Wenn Sie mehr über uns wissen wollen —, mit Farbseiten, Arbeitsproben, persönlichen Porträts, speziellen Arbeitsgebieten und und und, so können wir Ihnen helfen.

Fordern Sie das neue Mitglieder-Verzeichnis 1983 an. Für Werbeleiter, Werbeagenturen und Firmen der werbenden Wirtschaft, für Verlage und Redaktionen kostenlos.

Geschäftsführung
Dr. Wolf Strache, Landhausstraße 59
7000 Stuttgart 1

Firmen und Produkte

Köln Messe, 161
Kölner Messe, 109
Gebr. Kömmerling, 57
König-Alt, 209
König Brauerei, 209
König Elektronik, 255
König & Flügger, 183
König Pilsener, 23 + 209
C. ITOH + Co. GmbH, 127
Th. Kohl KG, 237
Koleston, 33
Komrowski, 45
KONEN Herrenkleiderfabrik, 251
Kontakt-Chemie, 257
Kornbrennerei Schönau, 193
Korte-Licht, 87
Kortenbach & Rauh, 163
Kosita, 219
Kraft, 229
Kraft Fördertechnik, 175
Kraiburg, 142
Kromer, 257
Krone, 65
Kronland GmbH, 195
Krüger, 95
Krupp Stahl AG, 19
Krups, 109
Robert Krups Stiftung, 123
Kuchenmeister GmbH, 189
W. und H. Küchle, 215
Küppersbusch AG, 99
Kulmbacher Mönchshof-Bräu, 187
Kulturamt der Stadt Bonn, 171
KUONI, 111
Kurfürstendamm Reisebüro, 237
Kurmark, 65
Kursiegel, 231
Kurverwaltung Bad Driburg, 233
Kurzentrum am Tegernsee, 251
Kytta, 109

L
Deutsche Lada, 41
Lamy, 109
C. Josef Lamy, 151
Lancia, 99 + 151
Land Berlin, 161
Landesbausparkasse Württemberg, 187
Landesgirokasse Stuttgart, 55
Landeskreditbank, 147
Landesvereinigung der Bayerischen Milchwirtschaft e. V., 215
Landesverkehrsamt für Südtirol, 113
Landgold Milch, 179
Landis & Gyr, 163
Land Niedersachsen, 161
Langen-Müller / Herbig, 261
Langnese Honig, 45 + 171
Langnese-Iglo, 125 + 177
Langro-Chemie, 149
Lanz AG, 127
Lasso, 231
Latz Purina, 175 + 231
Albert Lauße, 177
LBS, 147
LBS Hessen, 153
LBS Immobilien, 27 + 85
Lebek, 69
Lechler Chemie, 175 + 187
Lecker – leicht, 61
Ledermann, 69
Leder-Viehoff, 85
Lee Apparel Ltd., 71
Legalon, 157
Lehnert, 255
„ leichter Genuß ", 123
Lein, 161
Lein Wirtschaftsberatung, 127
Leistritz, 135
Leithäuser GmbH & Co., 25
Ernst Leitz, 53
Lémon Hart Rum, 33
Lentz-Verlag, 261
Leonberger Bausparkasse, 37
l'estelle, 69
Levurinetten, 215
„ Libero ", 135
Lily of France, 207
Lieken Urkorn, 129
LIGNA, 133
Limes-Verlag, 261
Linde AG, 187
v. Lind & Co., 193
Lingner + Fischer, 145
Linusit, 109

Linusit-Leinsamen, 215
Liqueur Pippermint Get, 33
Liquidepur, 157
Lisner, 31
LLOYD, 43
Loga Möbel, 219
Lohmann GmbH, 137
Louis London Moden, 249
Losberger, 179
Losch oHG, 249
Lotus, Beghin, 167
LTU, 167
Lübecker Herzen, 193
Lucenta-Cosmetic, 147
Lucia, 69
Lugato Chemie, 41
Lurgi Gesellschaften, 155
Luwa, 155
Luxa d'or, 97

M
Dr. Madaus & Co., 157
Mäurer & Wirtz, 65 + 161
Märklin, 83
Magirus, 133
Magura Gustav Magenwirth, 191
MAHAG, 142
Main-Taunus-Zentrum, 53
Mainzer Volksbank, 85
Mairs Geographischer Verlag, 249
Maizena, 163 + 231
Majala, 231
manan GmbH, 123
Mann-Mobilia, 147
Mannesmann-Demag, 175
Gebr. Manns, 65
MAPA GmbH, 85
Mapal, Dr. Kress KG, 67
MARABOU GmbH Hamburg, 43
Margret-Werke, 187
„ Markenqualität aus deutschen Landen ", 115
Marley, 235
Maroc Orangen, 121
Marokko, 69
Mars GmbH, 145
Marschollek, Lautenschläger und Partner, 255
MARTINSTOLL, 55

Firmen und Produkte

Maschinenfabrik Zell
J. Krückels KG, 257
W. Mast KG, 91
Matheus Müller, 29
Mauser-Werke, 191
Mauxion, 23
MAXIMUS, 25
Mazda, 121
McCain, 45
Mc Donald's, 121
Mc Two, 91
MD Papierfabriken
Heinrich Nicolaus, 215
MDSI, 255
Meerson / Passavinti, 109
Meica, 125
Meierei C. Bolle, 59
Meier's Weltreisen, 167
Meiko, 257
„ Meine Familie und ich ", 129
Meistermarken Werke, 125 + 239
Melcher's Rat, 123
Melitta, 121 + 167
Melusin, 161
Menley + James Laboratories, 71
merci, 73
E. Merck, 55 + 155 + 161
Merian, 41
Merkur-Schule, 147
Merrel Pharma, 109 + 121
Merz + Co.,123
Merz Schaummaske, 123
Merz Spezial Dragées, 123
Messe- u. Ausstellungs-
GmbH Frankfurt, 53 + 61
Messer Griesheim, 155
ED. Messmer GmbH, 157
Meßmer Tee, 157
Metabowerke, 151
Metallwerke Plansee, 187
Metamucil, 121
Deutsche Metrohm, 191
Mettcker, 87
Graf Metternich-Quellen, 79
Metzler International, 245
Meyer GmbH, 155
H. W. Meyer, 97
MG Gebäudereinigung, 142
Midro – Lörrach, 257

Miele & Cie, 79
Milchunion Oberbayern, 215
Milchwerke Westfalen e. G., 25
Milde Sorte, 215
Miles, 31 + 161 + 217 + 231
Milkivit, 81
Milky Way, 145
MILU, 47
Mineralbrunnen Überkingen –
Teinach Ditzenbach, 151
Ministerium f. Arbeit, Gesundheit
u. Soziales des Landes NRW, 19
Minox, 71
Miss Hudson, 207
Mitsubishi Electric Europe, 185
Mittelbadische Presse, 147
MM Sekt, 29
Mobil Oil AG, 173
Modekreis, 219
Mode Monte Carlo von Ehr, 243
Möbel-Hess, 135
Möbel Kuss, 167
Möbelhaus Hendel, 59
Möller – Wedel, 173
Moët & Chandon, 142
Mövenpick, 142
Molkereizentrale Münster, 183
Molkerei-Zentrale Südwest, 147
Moll Marzipan, 61
Moltopren, 239
Mondamin, 231
Monsanto, 153 + 231
Montedison, 213
Philip Morris, 23 + 55 + 145 + 231
Moskovskaya, 231
Motorsport-Club, 135
MS Europa, 151
MSD Sharp & Dohme, 157
MSM SANYO, 33
MTU, 251
MULTIKRAFT, 157
Müller Göppingen, 163
Rudolf Müller
Splendid-Sektkellerei, 85
Müsli, 45
Mullingar's, 73
Muresko, 85
Muskel Trancopal, 121
Mustang, 151

Musterring International, 133
Myresjö-Bau, 43

N
Nanz, 113
Nashua, 167 + 235
Nasivin, 55
Natalie, 57
Jean Nate, 229
Natec, 125
National Panasonic
Vertriebsges. mbH, 21
Nations Cup, 167
Natreen, 183
Nattermann & Cie., 157
Natural Purity, 207
Naturin, 145
Naturwolle Fritzsch, 165
NAVIP – Slivovitz, 33
Nawinta, 135
NCR, 187
NEC, 127
Neff-Werke, 47
Neoperl, 257
Neril, 21
Nerval Royal, 91
Nervipan, 157
Nestlé, 17 + 139
Nestlé Diät, 61
Nestlé Die Weiße, 129
Neue Heimat, 19
Neuer Konkret Verlag, 91
Neue Westfälische, 171
Neumann Elektronik, 199
Neumeister Münchener
Kunstauktionshaus KG, 203
Neurocil, 157
New Wave Wet Gel, 33
Nexa-Lotte, 85
NICOLE, 209
Niehoff, 23
Theodorus Niemeyer, 23
Theodorus Niemeyer
Holland Tabac GmbH, 97
Nikita, 115
Nikon, 75
nilco, 191
Nira Deutschland, 211
Nissan, 157

Firmen und Produkte

Nito, 257
Niva, 41
Nivea, 259
Nixdorf Computer, 167
Nixdorf Computer AG, 185
nmc, 255
Nonchalance, 161
Nordmark, 161
Nordmark Werke, 157
Nordmende, 167
Norddeutsche Hagel-
versicherungsgesellschaft, 85
Norddeutsche Landesbank
Girozentrale, 95
Nordklima Lohner, 175
Nordwestdeutsche
Siedlungsgesellschaft mbH, 19
Nordwestlotto, 27
Nord-West-Ring-Schuhe, 81
Noris-Bank, 135
North Star Computers, 175
Nova, 41
NOVO, 217
Novotel-Gruppe, 217
NOWEA, 223
NOZ, 183
Gebr. Nubert, 67
Nürnberger Herkules Werke, 191
NUK Babyartikel, 239
Nukem, 153
Nungesser Saaten, 255
Nur 1 Tropfen, 59
Nussfit, 193
NWK, 87 + 239
Nymphenburger
Verlagshandlung, 261

O
Oberland-Glas, 113
O. C. E., 121
ocean spray cranberry, 193
Odenwald Konserven, 163
Örtliche Fernsprechbücher, 37
ÖBS, 87
Dr. Oetker, 23 + 45 + 65
Dr. August Oetker, 171
Dr. Oetker Eiskrem, 171
Dr. Oetker Haushaltsgeräte, 171
Dr. Oetker Tiefkühlkost, 171

Rudolf A. Oetker
Zentralverwaltung, 171
OfB Bauvermittlungs- und
Gewerbebau GmbH, 85
Ogos Kokosweberei, 173
Ohorongo Game Ranch, 137
Okal-Gruppe, 235
Okle, 207
Oldenburgische Landesbank, 239
Deutsche Olivetti, 155
OLT Oberflächentechnik, 207
Olymp, 47
Omegin, 197
Omni-Pac, 21
One Drop Only GmbH, 59
Onko, 91 + 259
Opal, 45
L'Oréal, 167
OREG – Ondal, 33
Orenstein & Koppel, 133
Organisationspartner GmbH, 193
L'Orientale, 167
Original Ammerländer, 125
Orthomed, 155
Oscorna, 195
Osnabrücker Aktien-Bier-
brauerei, 233
OSPA, 195
Osram, 91
Osspulvit, 157
Otto Textilwerke, 47
OWP, 111
Oxycardin, 157

P
Pabst & Richarz, 239
Page, 91
Pall Mall, 121
Pall Mall Tabak, 121
pan Adress, 51
Panavia Aircraft, 251
Pantrop, 157
PAP Aluminiumhalbzeuge, 255
Papierhygiene GmbH, 135
Pap Star, 77
Paracelsus-Kliniken, 239
Paradontax, 157
Verlag Paul Parey, 41
Parke-Davis, 161

Parker Pen, 53 + 147
Party-Service Eikemeier, 181
Partner-Markt-Zentrale, 165
Pasit, 175
Patentex oval, 123
Paternina, 109
Patrizier-Bräu AG, 135 + 249
Pattex, 37
Paulaner Salvator
Thomasbräu, 121
Pauser GmbH, 195
PDC Technology, 181
Pecotex, 31
Pegulan-Werke, 197 + 215
Peiner AG, 137
PEKA, 45
Pelikan AG, 61 + 125
Pelikan No.1, 125
Pelikan Signum, 125
Pelikan Souverän, 125
Penaten Dr. Riese, 261
Pentagon, 189
Pentax, 173
Penthouse, 17
Peptobismol, 163
Pernod, 71
Erik Persson, 177
Pestalozzi-Verlag, 135
Peter Stuyvesant, 209
Peugeot Talbot, 149 + 167
Pfanni-Werk, 111 + 237
Pfaudler Werke, 255
Pfizer GmbH, 147
Pharmacia, 109
Philips Data Systems, 133
Philips GmbH, 173 + 179
Philips Kommunikations
Industrie AG, 161
Philips N. V., 173
Photo Porst, 91
PHW Weserhütte, 161
Pifo, 245
Pionier, 69
Pit Stop Autoservice, 71
Pittjes, 163
Georg Plange KG, 173
Plange Weizenmühle, 23
Plantener Ausstattungs-
systeme, 251

Firmen und Produkte

Planters Nuß-Snacks, 73
Plantur, 123
PLAYMOBIL, 135
Plaza
SB-Warenhausgesellschaft, 237
Plodimex, 231
Plukon, 61
PLUS, 33 + 129
PM Peter Maasen, 165
PMF, 77
Polenz GmbH, 193
Polster Bär, 65
Poly Color, 91
Poly Diadem, 91
Polystar, 21
Pommery Champagner, 33
Pond's, 139
Porsche, 121 + 142
Portas, 153
Portas Deutschland, 175
Alois Pöschl, 111 + 215
PRECU, 233
PREDICTOR, 25
PREMANT, 59
Presse- und Informationsamt
des Landes Berlin, 237
Presse- u. Informationsamt
der Bundesregierung, 91
Presse- und Informationsamt
Stadt Dortmund, 243
Preussag AG, 137
Primark Products, 213
Prior, 23
PRISMA, 53
Privatbrauerei Moritz Fliege, 223
Privatbrauerei Hoepfner, 147
Privatbrauerei A. Rolinck, 137
Priveleg, 173
Proflax, 261
Prosta, 109
PROMOTION, 69
Provinzial-
Versicherung, 27 + 161
Pruvé, 23
P / S Kunststoffwerke, 169
Puma, 261
PWA Waldhof AG, 99 + 129 + 151

Q
Quelle S. A., 135
Foto Quelle, 135
Quellenhof GmbH, 97
Quisisana, 147

R
Radford's, 215
RADO, 223
Raffay, 121
Raider, 145
Ralley Malz, 115
Rank Strand Electric, 169
Rank Xerox, 121
Raps & Co., 233
Ferd. Rathjens, 125
Ravissa, 161
RDM, 125
Reamin, 33
H. Rech, 213
Recrin, 259
Red Rock Tabak, 121
Reduform, 163
Reemtsma, 95 + 209 + 259
Reformölmühle Weingarten, 51
Regatta, 41
Regenal forte, 33
Regent, 23
Regionale Energie-
versorgung ARE, 181
REHAU plastiks, 135
Reichert Automaten, 213
Reiff GmbH, 151
Reinert, 27
Reiten und Fahren, 41
Remus, 245
Renania Alt, 29
Deutsche Renault, 211
Rennverein
Gelsenkirchen-Horst, 165
Renz, 77
Reparil, 157
Resopal-Werke, 85
Reusch, 219
Fritz Reu & Co, 67
Reval, 209
Revital, 167
Rewe, 23
REWE-Zentral AG, 123

Rex, 129
Reynolds Tobacco, 23 + 71 + 175
Rhein Chemie Rheinau, 255
Rheingauer Weinbauverband, 171
Rheinhessenwein e. V., 85
Rheinischer Merkur, 161
Rhein-Neckar-Zentrum, 53
Rhenania Brauerei
Robert Wirichs KG, 29
RhinoSpray, 217
Rhône Poulenc, 109
Rider, 73
Riedel-de Haen AG, 233
Otto Riehle, 261
Rifle, 231
Ring, 255
Rinne, 145
Rimbacher Gummiwarenfabrik, 85
Rio Grande – Fruchtsäfte, 173
Alfred Ritter, 63
Ritter Chito, 163
Yves Rocher, 81
Rockwell's, 207
Rodeo-Steak, 143
Rodier, 231
Roland GmbH, 121
Roland-Werke, 169
Rolinck-Pilsener, 137
Romica Lemm & Co, 37
Rothmans King Size Filter, 173
Rothmans Pall Mall Export, 173
Roto International, 171
ROTO-Wohndachfenster, 195
rotring, 69
Rottendorf, 183
Round-up, 231
Deutsche Roving, 251
Roxy, 97
Royal Canadian Mint, 217
Royal Pelz Studio, 213
Royalin GmbH, 19
Rüschenbeck, 243
Ruhrgas AG, 91
Ruhrkohle-Verkauf GmbH, 25
Ruhrtaler Verbandstoff-Fabr., 243
Rumasa, 109
ruppert, 69
Rust-Oleum, 173
RZ Elektr. Rechenzentrum, 171

Firmen und Produkte

S
Saab, 231
Saargummiwerk, 215
Saar-Sektkellerei Faber KG, 173
Sabroe Kältetechnik, 193
Sadolin GmbH, 95
Sänger, 189
Safari-Verlag, 261
SAG, 155
Sailbord-Surfbretter, 219
Saint Mignar, 207
Salzgitter AG, 133
Sambra, 211
Samsonite, 231
San Felice, 219
Sana, 209
Sanasthmyl, 121
SANCO, 233
Jil Sander, 209
SANICRYL, 25
Sanol Schwarz, 121 + 157
Saroten, 157
Sarotti GmbH, 129
Sarotti Pralinen, 129
Sarotti Tafelschokolade, 129
Dr. Sasse, 161
Sauerstoffwerk Westfalen AG, 27
August Sauter GmbH, 191
SB-BauMärkte, 113
Scotch Britti, 145
Schächter-Schinken, 81
Schärf Büromöbel, 197
Schafheutle, 257
Dr. Scheller GmbH, 163
Schenk, 67
Carl Schenck, 131
Scherax GmbH, 103
Scherk, 259
Scheurich, E., 147
Dr. Schieffer GmbH, 123
Schiesser, 69
Schlemmer GmbH, 147
H. W. Schlichte, 233
Schloss-Brauerei, 17
Schloß Holte Druck, 171
Schloss VAUX-Sekt, 81

Schlossbrunnen Sattler KG, 257
Schlütersche Verlagsanstalt, 235
Schmelter & Claas, 27
August Schmid, 67
Schmidt & Tischmeyer, 171
R. & G. Schmöle, 59
Schneider Rundfunkwerke, 149
Franz Schneider Verlag, 215
Schober, 51
Schöller, 143 + 261
Schönauer Alter Gutskorn, 193
SCHÖNER WOHNEN, 25
Schöpflin GmbH, 135
Scholtz, 45
Schott, 85
Schramm-Sortimenter GmbH, 59
Schroer, 183
Schubert & Salzer, 131
Schüco Heinz Schürmann, 25
Schürholz, 149
Schütz-Dental GmbH, 107
Schulte & Dieckhoff, 45
Schultheis-Brauerei, 261
Schurpack, 45
Schuster & Co., 243
Herbert W. Schuster, 171
Schwab Versand, 25 + 113
Schwabengarage, 261
Schwan-STABILO, 135
Schwartauer Werke, 193
Pharma Schwarz, 157
Schwarze, 183
Schwarzhaupt KG, 121
Schwarzwälder Bote, 55
Schwarzwald Klinik, 171
Louis Schweizer, 171
Schweppes, 91
Schweppes GmbH, 91
G. D. Searle, 121 + 255
Secumed, 91
Sedativa, 109
Karl Seeger, 213
Seestadt Bremerhaven, 43
Segger KG, 27
Seiko Time, 37
Sekt Schloß Königstein, 173
selber machen, 21
Senat der Freien
Hansestadt Bremen, 43

Senator für Bau- und Wohnungswesen des Landes Berlin, 237
Senator für Schulwesen, Jugend und Sport des Landes Berlin, 237
Senator für Wirtschaft und Verkehr des Landes Berlin, 237
Senator für Wissenschaft und Kulturelle Angelegenheiten des Landes Berlin, 237
Karl H. Sengewald, 79
Servus, 91
Sesam Isola, 233
Shark Wassersportgeräte, 25
Sharp, 105
Sharp Eletronics, 173
Deutsche Shell AG, 41
Shell Heizungs-Dienst, 41
Shell Quadro TX, 41
Sheraton International, 61
Sherry Dry Sack, 33
Shiseido, 105
4711, 23
Siedle & Söhne, 257
Siegwerk Farbenfabrik, 185
Hans Sievert, 79
Sikkens, 145
Silomat, 217
Silvy Tricot, 219
Simex, 185
Sinalco AG, 171
Singapore Airlines, 231
Sixt, 255
Skinclair, 259
SL, 173
Smail, 83
Snickers Original, 245
Société Arabe d'Edition et de Presse, 99
Söhnlein Brillant, 129
Söhnlein Rheingold, 129 + 171
Sofex, 91
Softis, 151
Solitaire GmbH, 99
Sollich, 79
Deutsche Solvay-Werke, 185
Sonnenbühl, 261
Sonnenschein, 31
Sony, 75
Sopexa, 231

Firmen und Produkte

Sorbidilat, 109
Sozialdemokratische Partei Deutschland, 43 + 93
Sparkassen- und Giroverband Rheinland-Pfalz, 85
Sparkassenverlag Stuttgart, 55
Spatenbrauerei, 261
SPD Landesverband Bayern, 91
Sperry Univac, 73
Spiegel Marketing, 65
Spielbanken, 235
Spirou, 41
Splendid, 85
Spoerle Electronic, 213
Sport + Hobby, 103
Sport-Toto GmbH, 85
Sport-Scheck, 219
Sportlife, 193
B. Sprengel GmbH, 203
Sprenger KG, 169
Axel-Springer Verlag, 59
Staatliche Toto-Lotto GmbH, 147
Staatliches Zahlenlotto Rheinland-Pfalz, 85
Stada AG, 109
Stadt Bochum, 165
Stadt Dülmen, 79
Stadt Karlsruhe, Presse- u. Informationsamt, 147
Stadt Karlsruhe, Verkehrsverein, 147
Stadt Leer, 79
Stadt Minden, 79
Stadt Münster, 27
Stadt Nürnberg, 135
Stadt Paderborn, 79
Stadt Schwäbisch Gmünd, 67
Stadt Sindelfingen, 51
Stadt Solingen, 161
Stadt Stein, 135
Stadtsparkasse Köln, 27
Stadtwerke Hannover, 239
Stadtwerke Münster, 27
Stadtwerke Wolfsburg, 169
Stahlwerk Ergste, 243
Staiger KG, 261
State of New York, 145
Steidle, 179

Margarete Steiff, 207
Steigerwald Arzneimittelwerk GmbH, 33
Steinacker KG, 239
Steinike & Weinlig, 173
Stephan-Söhne, 235
Stern-Brauerei Carl Funke, 91 + 97
Stern Pils, 91
Steucon, 153
Stiebel Eltron, 29
Stielow GmbH, 133
Stifts Pils, 97
Stiftsherren Pils, 97
Stihl, 187
Stinnes-Baustoff GmbH, 113
Stinnes Coop, 113
Stinnes Trefz AG, 113
Stock Import, 203
Stockmar KG, 165
Stockmeyer GmbH, 233
Stolichnaya, 231
Storage Technology, 213
August Storck, 73
Strässle Datentechnik, 261
Strahler 80, 129
Streif AG, 123
Stryker, 31
Stuttgarter Straßenbahnen AG, 187
Subcutan, 207
Suchard, 167 + 231
Süddeutsche Zeitung, 151
Süddeutscher Verlag, 151
Südvers, 257
Südwestbank AG, 77
Südzucker Verkauf, 231
Sügro Interchoc, 67
SüßFix, 129
Sütex, 207
Suggestion, 161
Sulfoderm, 229
SULO, 133
Sun Electric Deutschland, 211
Sundance, 219
Sundi Citrussaft, 193
Superposter Werbegesellschaft, 91
Supreme, 91
Surf, 41

Surig, 145
SWA, 191
SWF, 147
system professional, 33

T
Tabac Original, 65
Takeda-Pharma, 161
Tandberg Data, 223
Tannol, 217
Tanqueray Gin, 33
Tapeten – Passage, 199
TARAX, 25
Taxis, 179
Taylorix, 33
Tchibo, 175 + 209
TDK, 105
Technics HIFI, 21
Techno, 77
Technologie-Vermittlungs-Agentur, 57
Technowa, 59
Teekanne GmbH, 129
TEHALIT, 223
Karl Teich, 229
TEKRUM-Werk, 63
Telefunken, 17
Tempo-Sanys, 135
Tengelmann, 199
Tengelmann, 33
tesa, 45
testasa-e, 157
Tetenal, 259
Tetra Pack, 145
Tetra Pak, 31 + 33 + 237
Tetra Pak Rausing, 93
Tetra Werke, 79
Lutz Teutloff, 69
Teves Thompson, 79
Deutsche Texaco AG, 21
Texas, 173
Textar GmbH, 109
Theater Heute, 29
Dr. Thiemann, 161 + 243
Thienemann Verlag, 39
Dr. Karl Thomae, 215 + 217
Thompson Siegel, 23
Paul Thor GmbH, 59
Thyssen Industrie, 133

Firmen und Produkte

Tiderta, 31
Tin-Tin, 167
Tixit, 85
TK, 45
TKM, 189
Chocolat Tobler, 67
Tomy Spielwaren GmbH, 23
Tonka Toys, 223
top textil, 69
Torfstreuverband, 133
Total, 255
Touristik Union
International, 133 + 135 + 235
Toyota, 17
Transair, 167
Transeuropa Reisen, 135
Treets, 145
Trelock, 27
Trend Tex Fashion, 261
Treufinanz, 27
Trevira, 57
Triosan, 157
Trockne Mauer, 41
H. Trommsdorf GmbH, 157
Tropica Light, 125
Tropon Werke, 157
Trumpf, 23 + 121
Tuba, 129
TUF-Schuhe, 145
Turbo-Union, 251
TURM, 183
Tutti's + Co, 189

U
Ültje, 81 + 171
Ültje Knulli Bullis, 45
Uhde GmbH, 243
UHU, 145
UHU-DIY, 145
Ultra-Clin, 129
Ultra rich, 167
Umwelt und Energie GmbH, 193
Uniconfis, 135
unipor-Ziegel, 169
Union Investment, 217
Uniroyal, 219
Uniroyal Englebert, 37
United Technologies
Corporation, 79

Universität Karlsruhe, 147
Universitäts-Verlag, 261
Uralyt, 157
Urgos, 77
Utz, 233
Uvex, 219

V
Vacutainer, 163
Västkust-Stugan, 173
V.A.G., 261
VALVO, 173 + 189
Vanity Fair Homewear, 251
VARTA, 133
Varta Führer, 249
VDM, 155
VDS, 239
VEBA/STINNES AG, 113
Vedes, 215
VéGé, 183
Veith Pirelli, 131
C. & A. Veltins Brauerei, 123
Veltins Pilsener, 123
Vendôme, 237
Veno B 15, 163
Venoruton, 215
Verband der Automobil-
industrie, 19
Verband der Metallindustriellen
Niedersachsen, 137
Verband der spanischen
Möbelindustrie (Anieme), 109
Verbraucher Bank AG, 41
Vereinigte Elektrizitätswerke
Westfalen AG, 27
Vereinigte Papierwerke, 139
Vereinigte Papierwerke
Schickedanz, 135
Vereinigte Werkstätten für
Kunst im Handwerk, 215
Vergölst GmbH, 107
Verkehrsamt Berlin, 237
Verkehrs- und Tarifverbund
Stuttgart, 187
Verkehrsverein der Freien
Hansestadt Bremen e.V., 43
Verkehrsverein Seebach, 147
Verlag Recht + Wirtschaft, 255
Verpoorten, 109

Versicherungsgruppe
Hannover, 137
Vetter GmbH, 185
G. Vetter, 121
via STM, 223
Viator Reisen, 243
VICDAN, 163
Victoria Versicherungs AG, 37
Vidal Grau, 109
Videon, 251
Vileda GmbH, 163
Viledon, 255
Vilesan, 163
Villeroy & Boch, 23 + 227
Vinaigreries de l'est, Vinor, 147
Vins Rene Lansaque, 107
vital, 41
Vital-Hotelgesellschaft, 171
Vitamalz, 91
Vitamalz GmbH, 91
Vitamol, 207
de Vivanco & Co., 193
Vlieseline, 85
Hugo Vogelsang, 107
Völkl, 219
Volksfürsorge, 19
Volkswagenwerk, 91
Volma Wirkwaren, 151
Vorwerk/Fischer Haus, 163
Vossen, 69
VW, 121
VWS – Growalit, 255

W
Waibel KG, 207
Waiko, 207 + 245
Waldbaur, 203
Wand & Boden, 39
Wander, 219
WCG, 183
WDR, 161
Weber + Ott, 135
Weberbank KG, 65
Wega, 75
Weingut Schales, 229
Weinwerbung Mosel-Saar-
Ruwer e.V., 215
Weißenturm, 261
Wella, 55

Firmen und Produkte

Wella AG, 33
Wellaflex, 55
Welonda, 33
Weltkunst Verlag, 203
WENO, 169
Werner's, 189
Werner & Mertz, 129
Wertkauf, 147
Werzalit, 179
Westdeutsche Landesbank, 27
Westdeutsche Nahrungsmittelwerke, 167
Westfälisch-Alt, 137
Westfälische Ferngas AG, 243
Westfälisch-Lippischer Sparkassen- und Giroverband, 27
Westfalia-Werke, 103
Westfell GmbH, 81
Wetscher Möbel, 113
Wever & Co., 165
Whaledent GmbH, 107
White Horse, 129
WIBAU, 127
Wichers, 189
Wicküler-Küpper – Brauerei, 129 + 261
Wicküler Pilsener, 129
WICU, 233
wiele-interieur, 59
Wildbadquelle, 113
Wildfang KG, 257
Wild und Hund, 41
M. H. Wilkens & Söhne, 137
Wilkhahn Wilkening + Hahne, 95
Wilkinson Sword, 37
Dr. Willmar Schwabe, 155
Windsor, 43
Windsor-Kleiderwerke, 171
Winkhaus, 27
Winner, 73
Wintershall AG, 137
Wintershall Mineralöl GmbH, 137
Winthrop GmbH, 103 + 121
Wirtschaftsförderung Berlin GmbH, 237
Wirtschaftsförderungsgesellschaft Weserjade mbH, 239

Wirtschaftsvereinigung der Berliner Ernährungs-industrie e.V., 65
Wirtschaftsverlag, 261
Jean Wirtz, 127
Wisamt, 163
WMF, 67 + 131
Wodka Moskovskaya, 185
Woelm, 161
Wohnbau GmbH, 181
Wolber & Pfaff, 257
Dr. Wolman GmbH, 103
Woolite, 37
World Airways, 145
World Vision International, 93
Deutsche Wrigley, 111
WSK, 65
WTB Westdeutsche Kreditbank GmbH, 19
Württembergische Feuerversicherungs AG, 261
Deutsche Wurlitzer, 79
WVIB, 257
Wyeth, 27

X
Xidex, 255

Y
Yacht, 41
Yamaha, 105
Yarell, 47
Youngster, 219
YTONG AG, 215

Z
Zambia National Tourist Board, 217
Zambia Airways, 217
ZANKER HAUS-GERÄTE GMBH, 99
Zarges, 149
Carl Zeiss, 47
Zeitungsgruppe Westfalen, 27
ZENKER + QUELLE, 99
Zentis, 23
ZentRa, 23
Zentralkellerei Rheinischer Winzergenossenschaften e. G., 85

Zettelmeyer GmbH, 127
Zewa wisch & weg, 129
Zick Zack Werk, 67
Ziegelforum, 113
Zinser Gruppe, 245
zuhause, 41
Zweckform Werk, 215
Zyma GmbH, 215

Anzeigenkunden

argentofot Wenske + Co. KG	Beilage
Bertschi Annoncen AG	270
BFF Bund Freischaffender Foto-Designer e. V.	284
Bundesanstalt für Arbeit, Künstlerdienste	8
Dieter F. Freiland, DYE TRANSFER	U 4
Interprint München	264 a + b
Kleinhempel, Fotografisches Atelier und Fotodienst	U 2
LN-Druck Lübeck	6-7
märkte & medien verlagsgesllschaft mbh DER KONTAKTER	266
märkte & medien verlagsgesellschaft mbh MAHIR-Filmstudio Budapest	280
märkte & medien verlagsgesellschaft mbh PORTRÄTS DEUTSCHER DRUCKEREIEN	272-273
Rotring Werke Riepe KG	5
Drei Eulen Verlag	14
uniplan Messebau	268
WDW Wirtschaftsverband Deutscher Werbeagenturen e. V.	275, 277
Zanders Feinpapiere AG	U 3